年鉴编委会

2020 中共江苏省委党校 江苏省行政学院 年鉴

江苏人民出版社

图书在版编目（CIP）数据

中共江苏省委党校　江苏省行政学院年鉴. 2020/年鉴编委会编. --南京：江苏人民出版社，2021.3

ISBN 978-7-214-25623-2

Ⅰ. ①中… Ⅱ. ①年… Ⅲ. ①中国共产党—党校—江苏—2020—年鉴 Ⅳ. ①D261.41-54

中国版本图书馆CIP数据核字（2020）第209699号

书　　名　中共江苏省委党校　江苏省行政学院年鉴（2020）
编　　者　年鉴编委会
责任编辑　黄　山
装帧设计　许文菲
出版发行　江苏人民出版社
地　　址　南京市湖南路1号A楼，邮编：210009
网　　址　http://www.jspph.com
照　　排　江苏凤凰制版有限公司
印　　刷　苏州市越洋印刷有限公司
开　　本　787毫米×1092毫米　1/16
印　　张　21.25　插页15
字　　数　357千字
版　　次　2021年3月第1版
印　　次　2021年3月第1次印刷
标准书号　ISBN 978-7-214-25623-2
定　　价　298.00元（精装）

11月7日　省委书记、省人大常委会主任娄勤俭在省委党校调研并宣讲十九届四中全会精神

9月9日　全国政协常委、全国政协农业和农村委员会主任、省党史学会会长罗志军出席在省委党校、省行政学院举办的庆祝中华人民共和国成立70周年书画摄影展

3月4日 省委常委、省委组织部部长、省委党校校长郭文奇出席省委党校、省行政学院2019年春季学期开学典礼

4月3日 省委常委、省委宣传部部长王燕文为主体班学员作专题辅导报告

4 月 23 日　省人大常委会副主任曲福田为主体班学员作专题辅导报告

5 月 11 日　省委常委、省委组织部部长、省委党校校长、省行政学院院长郭文奇出席江苏省党支部书记学院揭牌仪式

9月17日　省委常委、省委统战部部长杨岳为主体班学员作专题辅导报告

9月17日　省委常委、省委秘书长樊金龙出席江苏省中共党史学会
庆祝中华人民共和国成立70周年学术研讨会并致辞

6月10日　省委党校、省行政学院召开“不忘初心、牢记使命”主题教育动员会议

6月18日　省委党校、省行政学院领导班子赴改扩建后的党性教育主题教室开展“不忘初心、牢记使命”主题教育学习活动

6 月 25 日　常务副校长桑学成给全体党员上党课

7 月 3 日　省委党校、省行政学院教职工举行“不忘初心、牢记使命”
庆祝新中国成立 70 周年文艺汇演

7月5日　省委党校、省行政学院全体党员干部赴雨花台革命烈士陵园开展“缅怀革命先烈、重温入党誓词”主题教育活动

7月11日　“时代楷模”赵亚夫同志为省委党校、省行政学院全体党员干部作先进事迹报告

7月12日　常务副校长桑学成赴南京市委党校开展主题教育调研活动

8月2日　省委党校、省行政学院召开“不忘初心、牢记使命”主题教育专题调研成果交流会

1月11日　省委党校、省行政学院召开“用学术讲政治”工作推进会

1月18日　省委党校、省行政学院召开全省党校（行政学院）系统第一期“三个一批”人才培养对象总结表彰会暨第二期“三个一批”人才培养对象座谈会

1月24日　省委党校、省行政学院举行离退休老同志迎春团拜会

3月4日　省委党校、省行政学院举行2019年春季学期开学典礼

4月23日　省委党校、省行政学院举办“新时代 新悦读——庆祝新中国成立70周年”专题书展

5月16日　省委党校、省行政学院2019年春季学期主体班学员来到侵华日军南京大屠杀遇难同胞纪念馆开展现场教学活动

5 月 25 日　省委党校、省行政学院举办马克思主义高端论坛

6 月 4 日　省委党校、省行政学院党性教育主题教室新馆正式启用

6月17日　省委党校、省行政学院举行2019届硕士研究生毕业典礼暨学位授予仪式

6月19日　老挝干部考察团访问省委党校、省行政学院

6月29日　第八届“江苏党的建设高层论坛”在省委党校、省行政学院举行

9月3日　柬埔寨青年政治精英代表团访问省委党校、省行政学院

9月4日　省委党校、省行政学院举行2019年秋季学期开学典礼

9月4日　省委党校、省行政学院组织党员干部赴省党风廉政警示教育基地开展警示教育

9月9日　省委党校、省行政学院召开2019年教师节座谈会

9月11日　“周恩来精神与新时代”学术论坛在省委党校、省行政学院举行

9月24日　省委党校、省行政学院召开省委第七巡视组巡视省委党校、省行政学院工作动员会议

9月29日　省委党校、省行政学院举行“我和我的祖国”
庆祝中华人民共和国成立70周年文艺汇演

10 月 14 日　省委党校、省行政学院主体班学员第十四期“励学读书会”在“晚讲堂”举行

11 月 4 日　全省党校系统第十三届科研协作会暨庆祝新中国成立 70 周年理论研讨会在省委党校、省行政学院召开

11 月 7 日　突尼斯国家行政学院院长艾斯迈·希赫丽·拉比迪一行访问省委党校、省行政学院

11 月 18 日　省委党校、省行政学院组织行政管理人员赴红旗渠干部学院开展
"不忘初心、牢记使命"专题培训

12 月 3 日　全省党校（行政学院）系统办公室、业务指导工作暨通讯员培训会议在省委党校、省行政学院召开

12 月 25 日　省委党校、省行政学院召开研究生教育 20 周年座谈会

《中共江苏省委党校　江苏省行政学院年鉴》（2020）编纂委员会

《中共江苏省委党校　江苏省行政学院年鉴》（2020）编辑部

主　任　卜利民

副主任　刘　丰　费伟民

编　辑　种明富　徐　颖　文嘉英　徐　桢　矫立明

前　言

《中共江苏省委党校　江苏省行政学院年鉴》是一部记述中共江苏省委党校、江苏省行政学院（本年鉴中，“中共江苏省委党校、江苏省行政学院”简称“校院”）事业发展状况的年度资料性学术资料集，集中展示中共江苏省委党校、江苏省行政学院干部培训、思想引领、理论建设、决策咨询等工作成效。

《中共江苏省委党校　江苏省行政学院年鉴（2020）》坚持以习近平新时代中国特色社会主义思想为指导，深入贯彻党的十九大精神，围绕贯彻落实习近平总书记关于党校办学治校系列重要指示精神和全国、全省党校（行政学院）工作会议精神，坚持解放思想、实事求是原则，由中共江苏省委党校、江苏省行政学院年鉴编委会编纂，全面系统、科学客观地记载和反映了2019年度校院各类重要信息和数据，真实记录、全面反映了校院改革发展的历程，供校内外有关单位参考交流。

《中共江苏省委党校　江苏省行政学院年鉴（2020）》按照年度性、科学化和规范化的要求，设省领导在校院的重要活动、省部级领导在校院的重要讲话、工作概况、“不忘初心、牢记使命”主题教育、机构设置、教学培训、科研资政、学科建设、队伍建设、教研部门工作、管理服务、机关党建、涉外培训交流、业务指导、奖励表彰等15个栏目，编写形式以条目为主，兼有概述、表格、图片等。

本年鉴入编材料，由各部门撰写或提供，并经过部门主要负责人审核，资料具有较高的准确性、可靠性和权威性。在此感谢所有关心、支持和参与年鉴编撰工作的同志。错误疏漏之处，敬请各级领导和读者批评指正。

《中共江苏省委党校　江苏省行政学院年鉴》编委会

2020 年 9 月

目　录

省领导在校院的重要活动

省部级领导在校院的重要讲话

工作概况

“不忘初心、牢记使命”主题教育

机构设置

教学培训

科研资政

学科建设

队伍建设

教研部门工作

管理服务

机关党建

涉外培训交流

业务指导

奖励表彰

省领导在校院的重要活动

娄勤俭在省委党校调研并宣讲十九届四中全会精神

11月7日下午，省委书记娄勤俭在省委党校调研并宣讲十九届四中全会精神。他强调，学习宣传和贯彻落实十九届四中全会精神是当前和今后一个时期的重大政治任务，要坚持不懈用习近平新时代中国特色社会主义思想武装头脑，把党员干部的思想和行动统一到中央决策部署上来，把社会各界的智慧和力量凝聚到落实全会提出的重大任务上来，不断增强“四个意识”、坚定“四个自信”、做到“两个维护”，努力创造更多“走在前列”的实践成果。省委常委、省委组织部部长、省委党校校长、省行政学院院长郭文奇，省委常委、省委秘书长郭元强，省委副秘书长、省委研究室主任杨琦，省委副秘书长、省委党建办主任尹卫东参加调研。

娄勤俭考察了省委党校校史馆、古籍文献室、党性教育主题教室、应急管理实训室、媒体沟通实训室、主体班教室等，听取了党校深化教学改革、完善教学布局等创新做法介绍，肯定了党校工作成绩。随后，娄勤俭主持召开座谈会，听取了省委党校常务副校长桑学成关于党校工作情况和学习宣传贯彻四中全会精神工作情况汇报，并就学习理解全会精神与校委班子全体成员进行了深入交流。

娄勤俭指出，在“两个一百年”奋斗目标历史交汇点上，党的十九届四中全会重点研究坚持和完善中国特色社会主义制度、推进国家治理体系和治理能力现代化这个关系党和国家长治久安的重大议题，对于引领和保障中华民族实现伟大复兴，具有开创性、里程碑意义。娄勤俭从“坚持和巩固”“完善和发展”“遵守和执行”三个方面，宣讲了全会精神并交流了学习体会。娄勤俭指出，在人类文明发展史上，除了中国特色社会主义制度外，没有任何一种国家制度能够在这样短的历史时期创造出世所罕见的经济快速发展奇迹、社会长期稳定奇迹，要坚定制度自信，把中国特色社会主义制度坚持好、巩固好。《中共中央关于坚持和完善中国特色社会主义制度、推进国家治理体系和治理能力现代化若干重大问题的决定》阐明了必须牢牢坚持的重大制度和原则，部署了推进制度建设的重大任务和举措，为推动各方面制度更加成熟更加定型明确了时间表、路线图，要深刻理解《决定》提出的总体要求、总体目标和重点任务，与时俱进完善和发展中国特色社会主义制度和国家治理体系。中国特色社会主义根本制度、基本制度、重要制度，是对党和国家各方面事业作出的制度安排，要严格按照制度要求去做，形成贯彻落实的有效机制，尽快把制度优势转化为治理效能。

娄勤俭强调，要推动全会各项决策部署在江苏不折不扣落实到位，让先进生产力在高质量发展中得到进一步解放，社会活力在高效率治理中得到进一步迸发，人的全面发展在高品质生活中得到进一步实现，努力在治理体系和治理能力现代化上走在前列。我们在高水平全面建成小康社会的同时，已经展开了基本实现现代化的探索，新征程中既要解决好长期积累的深层次问题，也会不断面临新情况新问题，这些都要从治理体系和能力上研究解决，特别是要在事关江苏高质量发展的重点领域、关键环节上，如产业发展、区域发展、乡村社区、生态环境等领域治理体系和能力上率先探索、走在前列。

娄勤俭指出，宣传宣讲四中全会精神，要紧扣深化学习习近平新时代中国特色社会主义思想，结合“不忘初心、牢记使命”主题教育，结合江苏改革发展稳定的生动实践，讲准确、讲清楚、讲实在、讲精彩，切忌形式主义，确保取得实实在在的效果。党校要充分发挥自身优势，带头学习宣传全会精神，开展深入研讨，组织好课堂教学、专题报告、社会宣讲等。要抓紧组织相关课题研究，从治理体系和治理能力现代化的高度深入开展调研，为省委决策提供高质量的参考建议。

娄勤俭强调，全省党校要以习近平新时代中国特色社会主义思想为指导，深入贯彻习近平总书记关于党校工作的重要讲话精神，严格按照《中国共产党党校（行政学院）工作条例》开展工作，坚持党校姓党这个根本原则、实事求是这个马克思主义的灵魂，对标对表新思想，解放思想、统一思想，把握时代性规律性，体现理论性实践性，统筹用好校内外各种资源，切实加强队伍建设管理，不断提高办学质量和水平。

郭文奇出席省委党校、省行政学院 2019年春季学期开学典礼

3月4日，省委党校、省行政学院举行2019年春季学期开学典礼。省委常委、省委组织部部长、省委党校校长郭文奇出席并讲话，强调党员干部要深入学习贯彻习近平总书记关于加强党的政治建设的重要论述，全面落实中央《关于加强党的政治建设的意见》精神，把提高政治能力作为加强政治建设的重要方面和关键内容，切实担负起党和人民赋予的政治责任。

郭文奇在讲话中指出，提高政治能力是巩固党的执政地位、坚持和发展中国特色社会主义的必然要求，是有效应对风险挑战、推动我省高质量发展走在前列的重要保证，是深化全面从严治党、保持党的先进性纯洁性的迫切需要，是党员干部走好从政之路、履行好职责使命的根本所在。要准确把握政治能力的时代内涵和实践要求，永葆对党绝对忠诚的政治品格，坚守理想信念不动摇，坚定维护核心不动摇，坚决贯彻中央要求不动摇；提升驾驭复杂局面的政治智慧，增强明辨是非的敏锐性、防患于未然的预见性、凝聚攻坚克难合力的领导水平；强化党和人民事业至上的政治担当，切实把政治担当体现到改革创新、为民造福、从严管党治党上；保持为民务实清廉的政治操守，树政德高线、立价值基线、划行为底线，真正做到守土有责、守土尽责。

郭文奇强调，党员干部要以知行合一提升政治能力，在强化理论武装中提高政治觉悟，在严肃党内生活中加强政治修养，在加强实践历练中积累政治经验，真正使自己的政治能力与事业发展需要相适应。省委党校要把政治能力建设作为重要任务，强化党的创新理论武装和党性党纪党规教育，推动学员以更加过硬的政治能力和工作本领投身改革发展实践，为建设“强富美高”新江苏作出更大贡献。

省纪委副书记、省监委副主任黄继鹏，省委组织部常务副部长王立平，省委宣传部副部长赵金松，校院领导胡志军、钱学伟、陈开颜、孙文华，以及省有关部门职能处室负责同志、各设区市市委组织部干部教育培训处处长也出席了开学典礼。省委党校常务副校长、省行政学院常务副院长桑学成主持开学典礼。

省委党校、省行政学院第 6 期新任省管干部任职培训班等 8 个主体班次的学员和校院副处级以上干部、教师代表、昆山分校负责同志参加了开学典礼。

王燕文为主体班学员作专题辅导报告

4月3日，省委常委、省委宣传部部长王燕文应邀来省委党校作“建设具有强大凝聚力和引领力的社会主义意识形态”的专题报告。常务副校长桑学成主持报告会，第32期省管干部进修班等7个主体班次的学员聆听了报告。

王燕文在报告中围绕意识形态工作的极端重要性、习近平总书记关于意识形态工作的重要论述、当前意识形态领域面临的形势、建设具有强大凝聚力和引领力的社会主义意识形态、意识形态工作领导权等五个方面作了深入阐述。她指出，意识形态关乎旗帜和道路、关乎党的前途命运和国家长治久安、关乎民族的凝聚力和向心力，我们必须深刻领会、准确把握习近平总书记关于意识形态工作的重要论述，自觉用以指导和推动意识形态工作实践。

王燕文强调，要在学懂弄通做实习近平新时代中国特色社会主义思想上下功夫，巩固壮大主流思想舆论，大力加强传播手段建设和创新，深入推进社会主义核心价值观建设，培养担当民族复兴大任的时代新人，有的放矢开展辨析引导，敢于善于开展意识形态斗争。

王燕文要求，党委（党组）要全面压紧压实意识形态工作的主体责任，一把手要落实“第一责任”，分管领导要落实直接责任，班子其他成员要履行“一岗双责”。各级领导干部要带头深入排查防范意识形态领域的风险，切实加强各类意识形态阵地的管理，不断提高做好意识形态工作的能力，努力建设具有强大凝聚力和引领力的社会主义意识形态。

省委党校常务副校长、省行政学院常务副院长桑学成在主持报告会时要求，与会学员和教职工要把学习贯彻习近平总书记关于意识形态工作的重要论述作为一项长期重要的政治任务，并按照王燕文部长的报告要求，认真履行好意识形态工作责任制，牢牢把握意识形态工作领导权，切实做到守土有责、守土负责、守土尽责。

学员们普遍反映，王燕文同志的报告站位高、视野宽、思考深、讲得透，体现了中央精神和省委要求的融会贯通，体现了理论与实践的有机结合，具有很强的思想性、针对性和指导性，为今后在实际工作中把牢方向、坚守意识形态阵地、做好意识形态工作提供了重要遵循。

根据校委理论学习中心组年度学习计划安排，校领导，机关党委、机关纪委、教务处、科研处、学员处全体人员，教研部、信息管理处、校刊部、《学报》等部门主要负责人也听取了报告会。

曲福田为主体班学员作专题辅导报告

4月23日，省人大常委会副主任曲福田应邀来省委党校作“推动经济高质量发展走在全国前列及立法保障”的专题报告。常务副校长桑学成主持报告会，第32期省管干部进修班等7个主体班次的学员聆听了报告。

曲福田从改革开放40年来江苏的经济发展、经济高质量发展的内涵及本质要求、江苏经济高质量发展面临的主要问题、江苏实现经济高质量发展走在前列的路径和举措、江苏经济高质量发展走在前列的立法保障等五个方面，阐述了对解放思想、创新机制、以高质量立法护航高质量发展的深入思考。曲福田说，江苏经济发展经过40年不平凡的历程，取得了举世瞩目的历史性成就，实现了前所未有的历史性变革，但当前发展不平衡不充分的问题仍旧突出，经济转向高质量发展依然任重道远。他指出，面对新形势新任务，必须解放思想、创新机制，围绕坚守实体经济、构建现代产业体系，全力推动江苏制造向江苏创造转变、江苏速度向江苏质量转变、江苏产品向江苏品牌转变，加快建设具有全球影响力的产业科技创新中心和具有国际竞争力的先进制造业基地。曲福田强调，地方立法必须适应新时代新要求，与时俱进，完善发展，要为推动高质量发展走在前列、建设“强富美高”新江苏提供坚强法治保障。

省委党校常务副校长、省行政学院常务副院长桑学成在主持报告会时要求，与会学员要以习近平新时代中国特色社会主义思想为指导，深入贯彻党的十九大精神，认真贯彻落实习近平总书记视察江苏重要讲话和中央经济工作会议精神，并按照曲福田同志的要求，提高政治站位，坚持党的领导，紧扣高质量发展要求，围绕中心、服务大局，为经济高质量发展营造良好的制度环境。

学员们普遍反映，曲福田同志的报告把中央精神和省委要求融会贯通，把历史与现实紧密联系，把理论与实践有机结合，站位高、思考深、信息量大、说理性强、贴近度高，具有很强的理论性和针对性，对于我们在推动经济高质量发展的同时提升政府立法工作的质量和水平，具有重要的指导作用。

郭文奇出席省委党校、省行政学院2019年春季学期第一批主体班毕业典礼

4月30日，省委党校、省行政学院举行2019年春季学期第一批主体班毕业典礼。省委常委、省委组织部部长、省委党校校长、省行政学院院长郭文奇出席毕业典礼，并为学员颁发荣誉奖牌和毕业证书。

第32期省管干部进修班、第31期县处级干部进修班、第17期处级公务员任职培训班、第9期选调生培训班、第19期乡镇党委书记进修班等5个主体班次的学员参加了毕业典礼，6位学员代表作学习小结发言，畅谈两个月的学习体会，普遍感到本期学习培训是一次精神补给、党性洗礼、能力加油、作风养成的过程。大家一致认为，省委党校、省行政学院坚持把习近平新时代中国特色社会主义思想和党的十九大精神作为教学培训的重中之重，打造系列课程体系，使学员们在学习贯彻习近平新时代中国特色社会主义思想上取得了新收获，在加强党性锻炼上取得了新成效，在提升履职能力上实现了新进步，在加强学风建设上呈现出新气象。大家纷纷表示，回到工作岗位后，将继续认真学习、深刻领会、全面贯彻习近平新时代中国特色社会主义思想和党的十九大精神，切实做到常学常新、真学真信、学思践悟，牢记初心使命、不断修炼自我，增强“四个意识”，坚定“四个自信”，做到“两个维护”，以良好的作风形象投身江苏高质量发展的生动实践，以“强富美高”新江苏建设的优异实绩向新中国成立70周年献礼。

省纪委副书记、省监委副主任黄继鹏，省委副秘书长尹卫东，省委组织部常务副部长王立平，省委宣传部副部长赵金松等出席毕业典礼。省委党校、省行政学院领导，省有关部门职能处室的负责同志也出席了毕业典礼。省委党校常务副校长、省行政学院常务副院长桑学成主持毕业典礼。

郭文奇出席省委党校、省行政学院 2019年春季学期第二批主体班开学典礼

5月7日，省委党校、省行政学院举行2019年春季学期第二批主体班开学典礼。省委常委、省委组织部部长、省委党校校长、省行政学院院长郭文奇出席，并作了题为“领导干部要做新时代担当作为的表率”的辅导报告，强调领导干部要带头深入学习贯彻习近平总书记关于激励干部担当作为的重要论述，敢于负责、勇于担当，在知行合一中主动担当作为。

郭文奇指出，担当是一种必然要求，党的性质决定我们必须担当，伟大事业呼唤我们主动担当，风险挑战需要我们敢于担当，管党治党要求我们人人担当。担当是一种分内责任，必须紧扣时代要求，在深化思想解放、推进发展重点、突破改革难点、解决民生热点、消除稳定痛点、落实党建要点上体现担当。担当是一种能力本领，必须掌握规律方法，把握好方向与方法、决心与齐心、带头与带领、魄力与定力、高线与底线“五对关系”。担当是一种精神境界，必须强化内在自觉，靠绝对忠诚把稳担当之“舵”，靠拼搏进取落实担当之“责”，靠自我修炼提升担当之“才”，靠无私无畏筑牢担当之“基”。

郭文奇强调，敢担当善作为，既靠干部个人自觉，也需要党组织激励和培养。各级党委和组织部门，要以鲜明用人导向激励担当，以有效培养措施锤炼担当，以健全制度机制保护担当，形成“为担当者担当、为负责者负责”的良好氛围。党校是培训主渠道主阵地，要引导干部强化担当的理论素养、党性觉悟和能力本领，为推动高质量发展走在前列、加快建设“强富美高”新江苏作出新的更大贡献。

省纪委副书记、省监委副主任黄继鹏，省委副秘书长尹卫东，省委组织

部常务副部长王立平，省委宣传部副部长赵金松，省委党校、省行政学院领导钱学伟、孙文华，以及省有关部门职能处室负责同志出席开学典礼。省委党校常务副校长、省行政学院常务副院长桑学成主持开学典礼。

郭文奇出席江苏省党支部书记学院揭牌仪式并讲话

5月11日，江苏省党支部书记学院揭牌仪式暨首期党支部书记示范培训班开班式在省委党校举行。省委常委、省委组织部部长、省委党校校长郭文奇出席仪式并讲话。

郭文奇指出，建立党支部书记学院，具有很强的创新性、示范性、引领性，具有重要的现实意义。一是顺应时代之势，充分彰显一切工作到支部、一切工作靠支部的鲜明导向。二是贯彻条例之举，推动各级党员领导干部重视党支部、善抓党支部。三是回应基层之需，提供别的地方学不到、支部书记最感兴趣、学了以后很难忘记的培训阵地。

郭文奇要求，把党支部书记学院打造成为锤炼党性的政治熔炉，坚持把“学院姓党”作为根本原则，把党的政治方向作为办学方向，把党的政治要求作为办学要求，布理想信念之光，传社会主义之道。把党支部书记学院打造成为激活支部的动力引擎，成为支部书记的“加油站”、支部标准化建设的“孵化器”、促进支部发挥作用的“助推器”，让小支部有大舞台、小支书有大作为。把党支部书记学院打造成为培育支书精神的红色基地，深入挖掘、传承弘扬老支书精神，培养造就一批又一批新时代新支书，让党支部书记学院真正成为广大支部书记人人向往的精神家园。

郭文奇强调，省委组织部、省委党校、省党支部书记学院要坚持高起点谋划、高标准推进，共同做好工作，努力使支部书记学院成为广大支书学思践悟新思想的新课堂、高层次大规模培训支书的新阵地、党员教育培训工作改革创新的新学校，为推动全面从严治党向基层延伸、建强支部战斗堡垒发挥应有的作用。

省委党校常务副校长、省行政学院常务副院长桑学成在发言中说，省委党校作为全省干部教育培训的主渠道、主阵地，特别是作为党支部书记学院办学单位，理应在党支部书记教育培训、教学科研等方面扛起责任、有所作为、作出贡献。坚持正确方向，突出政治之训；聚焦服务大局，落实应尽之责；加强自身建设，筑牢履职之基；发挥示范作用，探索创新之路，努力把学院建设成为全国知名的党支部书记培训专业学院。

省委组织部副部长、省委“两新”工委书记周为号主持仪式。省委党建办副主任洪浩，省党支部书记学院有关负责同志，首期示范培训班全体学员，特聘教师，各设区市市委组织部职能处室负责同志等参加仪式。

省党支部书记学院负责同志和首期示范培训班学员代表作了交流发言。

杨岳为主体班学员作专题辅导报告

5 月 15 日，省委常委、省委统战部部长杨岳应邀来省委党校作题为“深入学习贯彻习近平总书记关于加强和改进统一战线工作的重要思想，不断汇聚新时代共同奋斗的磅礴力量”的辅导报告。常务副校长桑学成主持报告会，第 33 期省管干部进修班等 7 个主体班次的学员以及省委统战部有关负责同志和机关干部参加。

杨岳从深刻理解习近平总书记关于统一战线地位作用的重要论述、充分认识统一战线的法宝作用，深刻领会习近平总书记关于统一战线各领域工作的重大部署、进一步推动统战工作创新发展，深刻把握习近平总书记关于统战工作原则和方法的重要要求、进一步提高统战工作水平等三个方面，深刻阐述了新形势下需不需要统一战线、需要什么样的统一战线、怎样巩固和发展统一战线等重大问题，解读了中央和省委有关大政方针和决策部署，介绍了江苏各领域统战工作的喜人成果，并结合实际讲解了开展统战工作的方法要求。

省委党校常务副校长、省行政学院常务副院长桑学成在主持报告会时要求，与会学员要把学习贯彻习近平总书记关于加强和改进统一战线工作的重要思想作为一项长期重要的政治任务，并按照杨岳部长的报告要求，在实际工作中、生活中不断巩固壮大爱国统一战线，为建设“强富美高”新江苏作出新贡献。

本次报告会是我省深入贯彻《中国共产党统一战线工作条例（试行）》和中央组织部、中央统战部等五部门《关于各级党校、行政学院、干部学院、社会主义学院进一步加强统一战线理论政策教学的若干意见》的系列举措之一，旨在使领导干部强化统一战线意识、熟悉统一战线理论、提升统战工作能力。学员们普遍认为，杨岳部长的报告站位高、思考深、信息量大、说理性强、贴近度高，对于深入学习贯彻习近平总书记关于加强和改进统一战线工作的重要思想，做好新时代统战工作，具有积极的推动作用。

郭文奇出席省委党校、省行政学院举行2019年春季学期毕业典礼

7月4日，省委党校、省行政学院举行2019年春季学期毕业典礼。省委常委、省委组织部部长、省委党校校长、省行政学院院长郭文奇出席毕业典礼，并为学员颁发荣誉奖牌和毕业证书。

第33期省管干部进修班、第32期县处级干部进修班、第17期县处级中青年干部培训一班、第7期县处级中青年干部培训二班、第20期乡镇党委书记进修班、第9期青年团干部进修班等6个主体班次的学员参加毕业典礼，7位学员代表作学习小结发言。大家一致认为，通过在党校两到四个月的学习培训，政治素质和理论素养得到进一步提升，党性修养和宗旨意识得到进一步强化，工作能力和领导水平得到进一步提高。学员们表示，本期培训恰逢全党开展“不忘初心、牢记使命”主题教育，大家全面深入学习了习近平新时代中国特色社会主义思想，进一步增强了对这一马克思主义中国化最新成果的政治认同、思想认同、理论认同、情感认同，加深了对中国共产党人初心使命、政治品格和价值追求的领悟，锤炼了与职责使命相匹配的政治能力，筑牢了理想信念根基，增强了干事创业的本领。大家纷纷表示，回到工作岗位后，要把学习成果运用到建设“强富美高”新江苏、推动高质量发展走在前列的生动实践中，增强“四个意识”，坚定“四个自信”，做到“两个维护”，努力做忠诚干净担当的好干部，以优异成绩迎接新中国成立70周年。

省纪委副书记、省监委副主任黄继鹏，省委副秘书长、省委党建办主任尹卫东，省纪委监委派驻省委组织部纪检监察组组长姜爱军，省委组织部副部长洪浩，省委宣传部副部长赵金松出席毕业典礼。省委党校、省行政学院领导，省有关部门职能处室负责同志也出席了毕业典礼。省委党校常务副校长、省行政学院常务副院长桑学成主持毕业典礼。

郭文奇出席省委党校、省行政学院2019年秋季学期开学典礼

9月3日，省委党校、省行政学院举行2019年秋季学期开学典礼。省委常委、省委组织部部长、省委党校校长、省行政学院院长郭文奇出席典礼并讲话，要求全省党员干部勇于自我革命，践行初心使命，在自我净化、自我完善、自我革新、自我提高中锤炼忠诚干净担当的政治品格。

郭文奇在讲话中指出，在全党开展“不忘初心、牢记使命”主题教育，是以习近平同志为核心的党中央统揽“四个伟大”作出的重大部署。总书记在中央政治局第十五次集体学习时强调，“做到不忘初心、牢记使命，并不是一件容易的事情，必须有强烈的自我革命精神”，这既是对开展好主题教育提出的重大要求，也是对广大党员干部锤炼坚强党性、提升自我修养的殷切希望。

郭文奇强调，勇于自我革命是我们党不断发展壮大的精神密码、永葆先进纯洁的必然要求，也是党员干部走稳走好从政之路的关键所在。广大党员干部要坚定信仰信念，时时检视、处处坚守、事事践行，让理想的旗帜始终在心头高高飘扬；要站稳群众立场，真正敬畏群众、造福群众、依靠群众，让改革发展成果更多惠及人民；要持续拼搏奋斗，增强敢为天下先的勇气、谋定而后动的睿智、越是艰险越向前的胆略，让敢担当勇作为成为自觉追求；要坚持求真务实，以埋头苦干的定力、踏石留印的狠劲、蚂蚁啃骨的韧性抓好工作落实；要弘扬共产党人价值观，坚持修德配位、正心止欲、慎权克己，永葆政治本色；要增强勇于自我革命的自觉，通过强化理论武装定向领航、严肃党内生活添薪加火、学习先进楷模锚定坐标、主动接受监督助力增压，真正使自我革命成为一种习惯。

郭文奇指出，省委高度重视年轻干部队伍建设，这次专门设置3个中青年干部培训班，抽调129名年轻干部参加培训。广大年轻干部要按照习近平

总书记提出的“信念坚、政治强、本领高、作风硬”要求，以自我革命精神不断锤炼自己，永葆政治忠诚，激扬蓬勃朝气，增强斗争本领，锻造优良作风，真正成为推动江苏高质量发展的强大生力军。

省纪委副书记、省监委副主任周广智，省纪委监委派驻省委组织部纪检监察组组长姜爱军，省委组织部副部长洪浩，省委宣传部副部长赵金松，省委党校、省行政学院领导，以及省有关部门职能处室负责同志也出席了开学典礼。省委党校常务副校长、省行政学院常务副院长桑学成主持开学典礼。

省委党校、省行政学院第 34 期省管干部进修班等 8 个班次的学员，以及省委党校、省行政学院副处级以上干部，昆山分校负责同志参加了开学典礼。

郭文奇出席中青班学员座谈会并讲话

10月17日，省委常委、省委组织部部长、省委党校校长、省行政学院院长郭文奇来到省委党校，看望中青班学员，出席座谈会并讲话，充分肯定学员们前一阶段的学习成效，勉励年轻干部牢牢把握国家发展、民族复兴的黄金时期，干事创业、大有可为的最佳机遇，争当新时代特质鲜明的优秀年轻干部。座谈会由省委组织部常务副部长王立平主持，省委党校常务副校长、省行政学院常务副院长桑学成、省委组织部副部长洪浩等出席。省委党校中青一、二、三班全体学员参加座谈。

郭文奇在讲话中指出，中央高度重视年轻干部工作，习近平总书记立足党和国家事业发展百年大计，突出强调要培养造就一代又一代可靠接班人，今年先后两次出席中央党校中青班开班式并发表重要讲话，对培养选拔年轻干部作出一系列重要指示，这既是对做好年轻干部工作提出的重大要求，也是对广大年轻干部寄予的殷切希望。本期中青班学员年纪轻、来源广、职责重，更要着力锻造符合新时代要求的政治品格和鲜明特质。

郭文奇强调，年轻干部要围绕忠诚、担当、斗争、进取、敬畏五个关键词，不断加强思想淬炼、政治历练、实践锻炼，努力成为推动各项事业发展的强大生力军。要抓好理论学习，坚定理想信念，坚决贯彻习近平新时代中国特色社会主义思想，做到对党绝对忠诚、政治上绝对可靠，做“一心向党志不移”的优秀年轻干部。要知行合一、脚踏实地，在推进发展重点、攻克改革难点、解决民生热点、落实党建要点上体现担当，做“敢叫日月换新天”的优秀年轻干部。要时刻保持高昂的斗争精神、把握正确的斗争方向、练就过硬的斗争本领，做“乱云飞渡仍从容”的优秀年轻干部。要不断拓展知识的外延、突破惯例的禁锢、追求至善的境界，做“会当水击三千里”的优秀年轻干部。要扎紧权力“笼子”、严守纪律“底线”、常修政德“地基”，敬畏组织、敬畏权力、敬畏人民、敬畏法纪，做“谦逊务实不浮躁”的优秀年轻干部。

郭文奇要求，全省各级组织部门要坚决贯彻落实习近平总书记关于培养选拔年轻干部工作重要指示和中央、省委决策部署，思想上更加重视、谋划上更加系统、举措上更加务实、行动上更加迅速，切实加大发现培养选拔力度，把省委研究制定的 20 条措施落到实处，为推动高质量发展走在前列、建设“强富美高”新江苏注入源源不断的新鲜力量。

座谈会上，卞兆伦等 8 位学员代表班级汇报了参加省委党校学习培训的相关情况，交流了学习体会和收获，特别是个人在思想认识、党性修养、担当意识、干事本领等方面得到的锻炼和提升，表达了对组织关心关怀的感恩、对学习培训机会的珍惜、对党校精心安排的感谢。同时，大家还围绕年轻干部的发现选拔培养、学习培训、干部交流、实践锻炼等方面提出了建议。

郭文奇出席省委党校、省行政学院 2019 年秋季学期第一批主体班毕业典礼

11 月 1 日，省委党校、省行政学院举行 2019 年秋季学期第一批主体班毕业典礼。省委常委、省委组织部部长、省委党校校长、省行政学院院长郭文奇出席毕业典礼，并为学员颁发荣誉奖牌和毕业证书。

第 34 期省管干部进修班、第 33 期县处级干部进修班、第 18 期处级公务员任职培训班、第 10 期选调生培训班等 4 个主体班次的学员参加了毕业典礼，5 位学员代表作学习小结发言。大家一致认为，党校两个月的学习培训，是一次全面、系统、深刻的精神补钙、党性洗礼、知识充电、能力加油、作风养成的过程，在强化理论教育中进一步提升了政治素养，在强化党性教育中进一步坚定了理想信念，在强化能力培训中进一步增强了履职本领，在强化教育管理中进一步涵养了优良作风。

大家纷纷表示，回到工作岗位后，将继续深入学习领会习近平新时代中国特色社会主义思想和党的十九大精神，认真学习贯彻党的十九届四中全会精神，坚持学思用贯通、知信行统一，在实践中学真知、悟真谛，切实做到常学常新、学思践悟，不断增强“四个意识”，坚定“四个自信”，做到“两个维护”，以良好的作风形象投身江苏高质量发展的生动实践，为建设“强富美高”新江苏作出新的更大贡献。

省纪委副书记、省监委副主任黄继鹏，省委副秘书长、省委党建办主任尹卫东，省纪委省监委派驻省委组织部纪检监察组组长姜爱军，省委组织部副部长洪浩，省委宣传部副部长赵金松出席毕业典礼。省委党校、省行政学院领导，省有关部门职能处室的负责同志也出席了毕业典礼。省委党校常务副校长、省行政学院常务副院长桑学成主持毕业典礼。

郭文奇出席省委党校、省行政学院 2019年秋季学期第二阶段开学典礼

11月5日，省委党校、省行政学院举行2019年秋季学期第二批主体班开学典礼。省委常委、省委组织部部长、省委党校校长、省行政学院院长郭文奇出席，并作了《党员干部要自觉提升历史思维能力》的开学动员讲话，要求全体学员认真学习历史特别是党史、新中国史，做到知史爱党、知史爱国，不断增强守初心、担使命的思想和行动自觉。

郭文奇指出，要注重以史明道，读懂中华民族5000多年文明史、近代以来170多年斗争史、中国共产党近100年奋斗史、新中国70年发展史，在深刻把握社会发展规律中更加坚定“四个自信”。要注重以史资政，强化“安而不忘危、治而不忘乱”的忧患意识，涵养“唯才是举、任人唯贤”的用人智慧，在学习借鉴古往今来治国理政经验中更加科学地推动改革发展。要注重以史为鉴，强化发展为民的价值导向、民生优先的实践导向和民意为重的评价导向，在深刻反思朝代更迭教训中更加牢固地站稳人民立场。要注重以史励志，高昂“千磨万击还坚韧”的奋发精神，弘扬“积跬步以至千里”的实干作风，增强“天工人巧日争新”的创新勇气，在传承弘扬中华民族优良传统中更加奋发干事创业。要注重以史修身，坚守忠诚老实的做人原则，修炼宠辱不惊的为官心态，恪守廉洁奉公的从政规矩，养成反躬自省的良好习惯，在继承发扬先贤志士高尚追求中更加自觉砥砺修养。

省纪委副书记、省监委副主任黄继鹏，省委副秘书长、省委党建办主任尹卫东，省纪委省监委派驻省委组织部纪检监察组组长姜爱军，省委组织部副部长洪浩，省委宣传部副部长赵金松，省委党校、省行政学院领导胡志军、钱学伟、陈开颜、孙文华，以及省有关部门职能处室负责同志出

席开学典礼。省委党校常务副校长、省行政学院常务副院长桑学成主持开学典礼。

省委党校、省行政学院第35期省管干部进修班等6个班次的学员，省委党校、省行政学院副处级以上干部参加了开学典礼。

郭文奇出席省委党校、省行政学院2019年秋季学期毕业典礼

1月3日上午，省委党校、省行政学院举行2019年秋季学期毕业典礼。省委常委、省委组织部部长、省委党校校长、省行政学院院长郭文奇出席毕业典礼并为学员颁发荣誉奖牌和毕（结）业证书。

第35期省管干部进修班等4个主体班次的学员参加了毕业典礼，5位学员代表作学习小结发言，畅谈两个月的学习体会。学员们表示，本期培训，恰逢新中国成立70周年、“不忘初心、牢记使命”主题教育深入开展和党的十九届四中全会胜利召开，培训时机及时重要，既是一次全面深刻的思想净化和党性洗礼，又是一次系统有效的知识充电和能力加油。学员们普遍认为，省委党校把学习贯彻习近平新时代中国特色社会主义思想和党的十九届四中全会精神作为教学培训的重中之重，围绕“高质量发展”“三大攻坚战”“区块链”等热点难点问题精心安排教学专题、打造系列课程，引导学员把思想和行动统一到中央决策部署上来、统一到省委工作要求上来，使学员们在理论武装中提升政治素养，在党性锤炼中坚定理想信念，在能力培训中增强履职本领，在遵规守纪中强化优良作风。

学员们纷纷表示，回到工作岗位后，要继续认真学习、深刻领会、全面贯彻习近平新时代中国特色社会主义思想和党的十九届四中全会精神，做到学思用贯通、知信行统一，不断增强“四个意识”，坚定“四个自信”，做到“两个维护”，以只争朝夕、不负韶华的精神状态和攻坚克难、一往无前的奋斗姿态，积极投身江苏高质量发展的生动实践，为推动高质量发展走在前列、加快建设“强富美高”新江苏作出新的更大贡献。

省纪委副书记、省监委副主任黄继鹏，省纪委省监委派驻省委组织部纪

检监察组组长姜爱军，省委组织部副部长洪浩，省委宣传部副部长赵金松等出席毕业典礼。省委党校、省行政学院领导，省有关部门职能处室的负责同志和校院副处级以上干部也出席了毕业典礼。省委党校常务副校长、省行政学院常务副院长桑学成主持毕业典礼。

省部级领导在校院的重要讲话

郭文奇在省委党校、省行政学院 2019年春季学期开学典礼上的讲话

锤炼与职责使命相匹配的政治能力

郭文奇

（2019年3月4日）

今天，省委党校、省行政学院举行2019年春季学期开学典礼。受娄勤俭书记、吴政隆省长委托，我代表省委省政府、代表省委党校校委会，对各位学员的到来表示热烈的欢迎！

党的十八大以来，习近平总书记高度重视政治建设，多次发表重要论述、作出重要指示。前不久，中央又制定出台了《关于加强党的政治建设的意见》，从坚定政治信仰、坚持党的政治领导、提高政治能力、净化政治生态、强化组织实施等方面，对新时期党的政治建设作出了全面部署，充分体现了以习近平同志为核心的党中央把政治建设作为党的根本性建设的坚定决心和鲜明导向，我们要认真学习贯彻。提高党员干部的政治能力是加强政治建设的重要方面和关键内容。借今天党校开学的机会，我结合学习领会总书记重要讲话和中央《意见》精神，围绕"锤炼与职责使命相匹配的政治能力"这个主题，与大家作个交流。

一、提高政治能力是贯穿党的事业发展始终和党员干部终身的重大课题

我们党自成立以来，就把加强政治建设、提高政治能力作为立党之基、前进之本，这是党从内忧外患中发端、自挫折磨难中奋起、在风险挑战中壮大的关键所在。早在1929年，毛泽东同志就在古田会议上提出"政治训练"的重大主张，强调要将"政治观念没有错误"作为新发展党员的重要标准。

改革开放以后，邓小平、江泽民、胡锦涛等党和国家领导同志都明确要求，领导干部要善于从政治上看待和处理问题。党的十八大以来，习近平总书记着眼推进“四个伟大”，系统阐述了提高政治能力的重大意义和内涵要求，反复强调“各级领导干部要提高政治能力，切实担负起党和人民赋予的政治责任”。可以说，加强政治建设、提高政治能力，抓住的是当下，传承的是根脉，面向的是未来，事关党的事业兴旺发达和党的肌体健康。

（一）提高政治能力是巩固党的执政地位、坚持和发展中国特色社会主义的必然要求。当今世界正处于百年未有之大变局，随着国际力量对比持续朝着有利于我国的方向发展，西方敌对势力对我国发展壮大越来越如鲠在喉、如芒在背。他们一方面加紧对我国进行遏制和打压，妄图削弱我们的竞争能力、阻碍我们的发展进程，另一方面加紧从意识形态上对我国进行西化分化，同我们争夺群众、争夺人心的手段不断翻新。面对两条道路、两种制度激烈较量的新态势，如何坚持和加强党的领导、坚持和发展中国特色社会主义，如何践行党的宗旨、筑牢党的执政根基，如何深入贯彻总体国家安全观、坚决消除一切影响政治安全的隐患，是对各级党组织和党员干部现实而严峻的考验。我们只有不断提高政治能力，才能辨别政治是非、把准政治方向，在风云变幻的世界形势面前始终保持清醒的头脑，做到不畏浮云遮望眼；也只有切实提高政治能力，才能保持政治定力、驾驭政治局面，把中国特色社会主义事业不断推向前进。

（二）提高政治能力是有效应对风险挑战、推动我省高质量发展走在前列的重要保证。当前我省正处于发展关键期、改革攻坚期、矛盾凸显期，经济社会发展面临的外部环境和内在条件都发生了深刻而复杂的变化，各类不确定不稳定因素、各种可预见和难以预见的风险明显增多。今年初，习近平总书记在省部级主要领导干部专题研讨班上，专门就各领域重大风险作出深刻分析。江苏发展走在前列，遇到的问题比较多也比较早，总书记所指出的重大风险，在我省都有所表现，各种潜在性、继发性、突发性风险隐患不能低估，比如经济下行压力加大导致金融和债务风险加剧、关键核心技术仍受制于人、重大群体性事件风险突出、中美贸易摩擦外部风险加大等等。上周三，省委专门用一整天时间对贯彻落实总书记指示要求、打好防范化解重大风险的主动战攻坚战进行研究部署。面对复杂形势和严峻挑战，只有切实加强政治建设、提高政治能力，才能充分发挥各级党组织政治领导作用和党员干部先锋模范作用，凝聚起攻坚克难的强大力量，有效应对前进道路上的各种风险，推动江苏高质量发展走在前列。

（三）提高政治能力是深化全面从严治党、保持党的先进性纯洁性的迫切需要。我们党的先进性，首先体现在政治上的先进性，包括崇高的政治理想、高尚的政治追求、严明的政治纪律等等，如果政治上的先进性丧失了，党的先进性纯洁性就无从谈起。纵观十八大以来党中央推进全面从严治党的各项工作，不论是加强党的全面领导、严肃党内政治生活，还是强化党内监督、从严正风肃纪，都始终把政治建设摆在首位，把讲政治作为第一位的要求，从而巩固了党的集中统一领导，确保了全党步调一致、行动统一。但也要清醒地看到，党面临的“四大考验”具有长期性和复杂性，面临的“四种危险”具有尖锐性和严峻性，党内存在的思想不纯、政治不纯、组织不纯、作风不纯等突出问题尚未得到根本解决。这些问题都同政治问题紧密相关，都是因为党的政治建设还没有抓紧抓实、党员干部政治能力还不够强，如果不能从政治上来认识和解决，就会陷入头痛医头、脚痛医脚的被动局面。只有把旗帜鲜明讲政治贯穿全面从严治党始终，切实增强从政治上审视问题、分析问题、解决问题的高度自觉，才能真正抓住关键、抓住根本，不断提高党的建设质量。

（四）提高政治能力是党员干部走好从政之路、履行好职责使命的根本所在。政治能力是干部的“第一能力”，也是衡量干部能否挑重担的“第一标准”。这两年，我们坚持以党的政治建设为统领，创新实施“五突出五强化”机制，学习教育注重政治意识、选人用人严格政治标准、干部管理强化政治规矩，干部队伍的政治能力得到有效提升。但同新时代新任务相比，还存在不少亟待解决的突出问题：有的政治观念淡薄，认为讲政治是高级干部的事，与己无关；有的“四个意识”不强，对中央大政方针口无遮拦、妄加评论；有的对错误言行缺乏政治敏锐性和鉴别力，对不良风气听之任之；还有的无视党的政治纪律、政治规矩，拉圈子、立山头、搞团团伙伙。“木桶原理”告诉我们，一个木桶的桶壁如果有短板就装不满水，如果底板有漏洞就装不了水。对党员干部来说，工作能力好比是桶壁的木板，政治能力则是木桶的底板，底板有漏洞，桶壁再长也将“滴水不剩”。实践反复证明，党员干部如果缺乏政治能力，思想上就缺少了“定盘星”，就会在纷繁复杂的社会思潮中迷失政治方向；行动上就丧失了“动力源”，就会淡漠为党和人民事业不懈奋斗的干事激情；廉洁上就丢掉了“防火墙”，就会在各种物欲诱惑考验面前败下阵来。我们只有切实加强政治历练，锤炼过硬的政治能力，才能保持应有的政治本色，在从政之路上行稳致远。

二、准确把握政治能力的时代内涵和实践要求

习近平总书记深刻指出，政治能力就是把握方向、把握大势、把握全局的能力，就是辨别政治是非、保持政治定力、驾驭政治局面、防范政治风险的能力。这是对政治能力时代内涵的精辟概括，为党员干部提高政治能力提供了根本遵循。“把握方向、把握大势、把握全局”是战略谋划上的体现，“辨别政治是非、保持政治定力、驾驭政治局面、防范政治风险”是工作层面的要求，两者相互关联、相辅相成。结合个人学习思考，我认为，党员干部的政治能力主要体现在以下几个方面：

一是对党绝对忠诚的政治品格。“天下至德，莫大于忠”。很多同志都读过著名战略专家、国防大学金一南教授的《苦难辉煌》这本书，他在书中提出一个深刻的观点：我们党并不是从胜利走向胜利，而是从一次次失败甚至惨败中走向胜利的。在一次次失败中，有的人思想出现了迷茫、信念发生了动摇，有的人当了逃兵甚至成为叛徒，而更多共产党人则认准了马克思主义真理，即使面临生死抉择也始终对党忠贞不渝。现在我们处于和平年代，对忠诚的考验虽不像革命年代那样直截了当，但依然无时不在、无处不在。“人民的好公仆”焦裕禄强忍病痛折磨，为改变兰考面貌奋斗到生命最后一刻；全国道德模范杨善洲退休之后扎进荒山植树造林，践行了“只要生命不结束，服务人民不停止”的诺言；守岛英雄王继才把为党奋斗作为毕生追求，在荒芜的小岛上一守就是 32 年。反之，周永康、薄熙来、郭伯雄、徐才厚、令计划、孙政才等人野心膨胀，大搞政治阴谋活动；衡阳破坏选举案和南充、辽宁拉票贿选案，严重挑战党的政治底线，这些都是对党不忠诚的典型表现。正反两方面事例深刻警示我们，对一个政党来说，忠诚是立党之基，没有党员的忠诚，规模再大、人数再多也只是一盘散沙；对一个党员干部来说，忠诚是立身之本，没有忠诚的品格，本领再高、能力再强也不是党和人民所需要的。

政治忠诚不是抽象的，而是具体的，体现在党员干部思想和言行的方方面面，最关键的要做到三条：一是坚守理想信念不动摇。“树之茂盛靠根深，人之忠诚靠铸魂”。共产党人只有高扬理想信念旗帜，精神才能强大，追求才能执着，行动才有力量。我们要持之以恒补钙铸魂、立根固本，把对共产主义的信仰、对中国特色社会主义的信念持之为明镜、内化为自觉，守好共产党人的“精神家园”、挺起共产党人的“精神脊梁”。二是坚定维护核心不动摇。“万山磅礴，必有主峰”，一个国家、一个政党，领导核心至关重要。习近平总书记在党中央和全党的核心地位，是在领导推进“四个伟大”过程中形成的，是历史的选择、人民的选择。我们要把自觉践行“两个维护”作为最高政治原则和根本政治要求，坚决维护以习近平同志为核心的党中央一锤定音、定于一尊的权威，同时要善于辨别各种“低级红”“高级黑”，坚决防止简单化、片面化甚至功利化，以正确的行动践行“两个维护”。三是坚决贯彻中央要求不动摇。“政令如山，党纪如铁”。政治忠诚的一个重要体现，就是确保中央政令畅通、令行禁止。我们每一位党员干部都要善于从政治和全局的高度看问题，谋划重大战略、制定重要政策、推进重点工作都要自觉从大局出发，经常对标对表，及时校准偏差，坚决纠正偏离和违背中央意图的行为，尤其要认真贯彻落实习近平总书记对江苏工作的一系列重要讲话指示精神，决不能空喊口号不抓落实，也不能以改革创新之名突破原则，更不能背离上级要求另搞一套，确保中央精神真正在江苏落地生根、开花结果。

二是驾驭复杂局面的政治智慧。这是提升政治能力的重要目的，也是检验政治能力高低的“试金石”。现实工作中我们常常会发现，有些干部总能在矛盾丛生的地方很快抽丝剥茧、理出头绪，迅速打开工作局面，而有的干部却在困难矛盾面前手足无措、进退失据，这说到底还是政治驾驭能力的差异。当前我省发展面临诸多风险挑战，既有长期累积的老问题，也有不断产生的新矛盾，我们只有善于从政治上应对各种风险挑战、驾驭复杂局面，才能更好地解决“成长中的烦恼”“发展中的羁绊”，最大限度消除不确定、不稳定因素，稳中求进实现更好发展。

驾驭复杂局面是一种综合能力，需要以下四种素养作支撑：一是明辨是非的敏锐性。能否从政治上辨别是与非、对与错、真与假，是党员干部政治能力强弱的重要体现，尤其是在当前意识形态斗争日趋激烈、各种政治观点鱼龙混杂的情况下，如何做到明察秋毫、坚守立场，是对每一名党员干部的现实考验。党员干部要善于用政治眼光、政治思维、政治逻辑来观察分析问题，注重提高政治上的洞察力、判断力，在事关政治原则的重大问题上，脑子要特别清醒、眼睛要特别明亮、立场要特别坚定，坚决防止和克服分不清是非、辨不明方向的“政治麻痹症”。二是防患于未然的预见性。明者防祸于未萌，智者图患于将来。风险有已知和未知，尽管有的风险“看不见、摸不着”，但在思想准备上绝不能“想不到”。党员干部一定要牢记“安而不忘危，治而不忘乱”，增强忧患意识，强化底线思维，善于在有利中发现不利、在承平中预见危机，下好先手棋、打好主动仗，牢牢掌握工作主动权。三是谋全局抓重点的工作方式。复杂局面之所以复杂，就在于各种问题相互缠绕、多个因素相互掣肘，这要求我们既打破就事论事的思维惯性，增强思考问题的系统性、解决问题的协同性，又抓住主要矛盾和矛盾的主要方面，努力实现纲举目张。作为领导干部，一定要准确把握工作的宏观趋向是什么，中观层面的推进态势是什么，微观层面的关键环节又是什么，处理好整体和局部的关系，既坚持系统思维整体推进，又紧盯关键环节聚力突破，以重点难点问题的有效解决带动各项工作的整体提升。四是凝聚攻坚克难合力的领导水平。复杂局面涉及点多、覆盖面广，孤军作战往往收效甚微，同心协力才能事半功倍。从某种角度说，面对复杂的工作，自己一人做是匹夫之勇，带领大家一起干才显领导水平。作为领导干部，既要发挥好“领”的作用，身先士卒、当好表率，要求别人做的自己首先去做，真正成为带领干部群众战风险、渡难关的主心骨；又要履行好“导”的职责，统筹各种资源、集中各方智慧，调动一切可以调动的力量，努力画出最大同心圆，开拓发展新局面。

三是党和人民事业至上的政治担当。政治担当是履行政治责任的关键因素，政治能力过硬的干部必定是敢担当善作为的干部。回望40年波澜壮阔的改革开放历程，从农村改革的艰难破冰，到国有企业的改革突围，再到市场经济的艰辛探索，党和人民事业发展的每一项突破，都离不开许许多多党员干部的强烈担当。当前在全面从严治党深入推进的情况下，一些干部借口管得严了、约束多了，只想当官不想干事、只想揽权不想担责、只想出彩不想出力，用一些群众的话说，是“一线岗位、二线心态、离线状态”；面对困难和矛盾，有些干部怕冒风险丢了“位子”、怕得罪人少了“路子”、怕担责任出了“乱子”；还有少数人左右逢源，好像在政治上表现得很成熟，但实际上是不问政治是非、不讲政治原则的圆滑官。这样的干部肩膀不宽、骨头不硬，关键时刻根本靠不住。在全面深化改革、推动转型发展的道路上，我们难免会碰到很多“烫手山芋”，敢不敢接这些“烫手山芋”，最需要担当，也最考验担当。省委制定实施“三项机制”，目的就是要激励广大干部挺起担当的脊梁，着力营造为担当者担当、让实干者实惠、使吃苦者吃香的良好干事创业环境。无为就是错，无功就是过。我们每一位党员干部都应当把为党分忧、为民造福作为根本政治担当，时刻提醒自己勤政不做懒官、善政不做庸官、为政不做太平官，真正做到守土有责、守土尽责。

政治担当不是喊空洞的口号、搞苍白的表态、做无用的虚功，重在看行动、看实效。要把政治担当体现到改革创新上。当前我省发展已经进入爬坡过坎的攻坚阶段，很多工作既无过往先例可循，也无现成经验可鉴，难免会遇岔路、绕弯路、走错路。但越是这样，越需要党员干部不惧犯错、不怕试错，敢走前人未走的路。我们在工作中要紧盯那些制约发展的“瓶颈”、影响发展的“软肋”，大胆探索尝试，准确识变、科学应变、主动求变，少些因循守旧的固化思维，多些脑洞大开的创新做法，少划“上下一般粗”的“延长线”，多划创造性落实的“提升线”，用创新实干开创高质量发展新局面。要把政治担当体现到为民造福上。人心是最大的政治。我们党为人民而生、因人民而兴，改善民生、造福百姓是党的一切奋斗的逻辑起点。权力的本质是责任，权力的本色是为民，党员干部要牢固树立以人民为中心的发展思想，坚持发展为民的价值取向、民生优先的行动指向、民意为重的评价导向，真正做到民有所盼、政有所应。要把政治担当体现到从严管党治党上。领导干部是“关键少数”，在管党治党上具有“关键作用”。分析那些党内矛盾问题比较突出的地方和单位，很多都是领导班子特别是一把手怕得罪人、不敢担当。组织把我们放在领导岗位上，我们就不能当老好人，必须拿出“越是艰险越向前”的政治勇气和“狭路相逢勇者胜”的斗争精神，动真碰硬、敢抓敢管，以“眼里揉不进沙子”的认真劲、较真劲，向形形色色的顽瘴痼疾开刀，真正把矛盾问题解决在职责范围内，绝不能让“责任田”变为

"撂荒地"。

四是为民务实清廉的政治操守。清廉自守是对党员干部最基本的政治要求，在诱惑侵蚀面前的政治免疫力是最基本的政治能力。我们常讲，党员干部有两个生命，一个是生理生命，一个是政治生命。要让政治生命健康持久，就要时刻做到"拒腐蚀、永不沾"。这些年，省委每年都召开全省领导干部警示教育大会，以案明纪、警钟长鸣，引导各级干部清醒认识到腐败行为成本之高、危害之深、代价之大，但仍有人不知止不收敛，以身试法、身陷囹圄，令人痛惜。党员干部不是生活在真空里，时刻面临着隐蔽变异的渗透、形形色色的诱惑、花样百出的围猎，要在从政之路上行稳致远，就必须在内心深处树立不放纵、不越轨、不逾矩的自律信条，筑牢抵御诱惑侵蚀的铜墙铁壁。

政治免疫力是一种内在的防御机制，要求党员干部必须形成强大的"抗体"，在任何情况下都稳得住心神、抗得住诱惑、经得住考验。一是树政德高线。政德是领导干部从政之基，为官最怕才疏而任重，最忌德薄而位尊。焦裕禄、杨善洲、谷文昌等优秀干部，他们之所以被人民群众铭记于心、广为传颂，正是因为他们有好的政德；反观那些政治上蜕变、经济上贪婪、生活上腐化的干部，从根本上说都源自官德缺失。为官先做人、立身先立德，党员干部要时刻牢记"小成靠智，大成靠德"的古训，以德修身、以德润才、以德服人，努力塑造有风骨、有境界的政治人格。二是立价值基线。"政声人去后，民意闲谈中"，为官的价值不在于拥有什么，而在于留下什么。我们要始终保持崇高的事业追求，以平和之心对待名和利，对事业多一份"想不开"的执着、对职位多一份想得开的随缘，决不能让名利成为背负在自己身上的无形枷锁。三是划行为底线。有原则的干部走得远，有底线的干部不摔跤。要认清"欲望的背后是陷阱、贪婪的尽头是毁灭"，对权力和法纪始终保持敬畏，对诱惑和"围猎"始终保持戒备，不以"小节无碍"放松自己，不以"下不为例"开脱自己，不以"别人不知"放纵自己，以实际行动维护好党员干部的良好形象。

三、在知行合一中不断提高政治能力

党员干部的政治能力不是与生俱来的，也不是一蹴而就的。中央《关于加强党的政治建设的意见》强调，领导干部要加强政治能力训练和政治实践历练。我们每一位党员干部都要认真贯彻中央要求，在长期、自觉地学习实践中不断砥砺，真正使自己的政治能力与担任的领导职责相匹配、与事业发展需要相适应。

一要在强化理论武装中提高政治觉悟。政治上的清醒来自理论上的坚定。当前一些党员干部之所以看不清政治现象的本质、想不到政治问题的深处、抓不住政治建设的要害，说到底还是理论学习不系统、不深入。对党员干部而言，理论学习不够看似普遍缺点，实为致命弱点，必须坚持不懈用习近平新时代中国特色社会主义思想武装头脑，多吸理论之“氧”、勤补精神之“钙”，以理论根基厚植政治根基。要学出更加坚定的政治信仰，通过学习不断加强主观世界改造，切实拧紧世界观、人生观、价值观这个“总开关”，始终坚守共产党人的精神高地，真正把“四个自信”扎得更深、树得更牢。要学出更加科学的思维方式，努力掌握贯穿新思想的马克思主义立场观点方法，不断增强战略思维、系统思维、创新思维，有效克服各种摇摆性、片面性、盲目性，切实避免政治上的迷茫、思想上的迷惑、行为上的迷失。要学出更加高强的实践本领，坚持学用结合、学做相长，紧密联系工作实际深入思考，把科学理论具体化、有形化，尽快补上知识空白、经验盲区、能力弱项，更加自觉地在科学理论指导下不断解放思想，开创各项工作新局面。

二要在严肃党内生活中加强政治修养。党内政治生活是扫除各种“政治灰尘”的重要法宝。这些年我省各级党组织党内政治生活质量不断提高，但仍然存在制度执行不到位、实践效果不理想的问题，有的在贯彻民主集中制上把走流程当作民主、把要权威当作集中，有的自我批评怕引火烧身难收场、批评他人怕直指问题伤感情，有的在执行请示报告制度上报小事瞒大事、报好事瞒坏事。实践反复证明，只有真正把党内政治生活严起来、实起来，才能有效解决自身存在的问题，锻造过硬的政治素质。要把贯彻民主集中制作为必备素养，正确处理民主和集中的辩证关系，保持平等待人、与人为善的真诚态度和虚怀若谷、海纳百川的宽阔胸怀，始终做到果断不武断、兼听不偏听、对事不对人。要把开展批评和自我批评作为有力武器，坚决消除“批评领导怕穿小鞋、批评同志怕伤和气、自我批评怕丢面子”的思想顾虑，既有“闻过则喜”的勇气，也有“闻过必改”的决心，努力在“反求诸己”中达到“排毒治病”的效果。要把执行请示报告制度作为重要纪律，认真落实中央新出台的《重大事项请示报告条例》，重要工作及时向组织请示汇报，个人重大事项及时向组织报告，违纪问题及时向组织坦陈，自觉做组织面前的“透明人”。要把营造健康工作关系作为重要原则，对领导尊重不迎合、对同事团结不“结团”、对下级信任不放任，自觉做到有境界、有底线、有品位地交往，决不让封建糟粕侵蚀党内生活、商品交换原则污染政治生态。

三要在加强实践历练中积累政治经验。古今中外，凡是成就一番事业的人，无不是在时代的风口浪尖上经历风吹浪打磨炼出来的。实践出真知，历练塑风骨。现在一些干部不缺学历缺阅历，不缺经历缺磨砺，简历看上去很完美，但每一步都是蜻蜓点水、浅尝辄止，基本功不扎实、真本事不够多，这样的干部是很难担当重任的，必须勇于投身复杂斗争实践，不断提高自身政治能力。党员干部积累政治经验，基层一线是最好的课堂，基层最需要好干部，基层也最能成就好干部，要抓住干部异地交流、上派下挂、驻村扶贫、担任村第一书记等契机，主动到艰苦地区、发展一线去经风雨、见世面，到复杂环境、吃劲岗位上长才干、壮筋骨，努力在“千淘万漉虽辛苦”的实践历练中收获“吹尽狂沙始到金”的斗争本领。经验教训是最好的教材，要经常性地进行深度反思，像下棋复盘一样，既善于从“过五关斩六将”的成功实践中总结经验，又勇于从“败走麦城”的挫折失误中汲取教训；既善于借鉴别人的有效做法，又积极探寻更加科学的方法路径，努力做到“吃一堑长一智”“经一事强一能”。人民群众是最好的老师，要牢记“为了谁、依靠谁、我是谁”，自觉摆正与群众的位置，始终带着感情融入群众，“走”到群众身边去、“坐”到群众板凳上，拜人民为师，向能者求教，向智者问策，从群众中汲取修身立德的丰富“养分”和坚定前行的智慧力量，努力在人民群众的沃土中成长为“参天大树”。

到党校学习是党员干部提高政治能力的难得机会，省委党校要充分发挥主渠道主阵地作用，加强党员干部的政治培训。要把政治能力建设作为党校教育的重要任务，强化党的创新理论武装和党性党纪党规教育，推动学员在政治忠诚、政治担当、政治操守上有新提升，真正把党校打造成党员干部提高政治能力的“训练营”。提高政治能力任重道远，希望同志们做好领导干部与党校学员的角色转换，静下心来认真学习，联系实际深入思考，带着问题系统研究，真正使学习培训成为充电赋能的“加油站”、干事创业的“发动机”，以更加过硬的政治能力和工作本领投身改革发展实践，为全省冲刺高水平全面小康、推动高质量发展走在前列作出更大贡献。

最后，祝大家在党校期间学习顺利、生活愉快!

（中共江苏省委常委、省委组织部部长、省委党校校长）

郭文奇在省委党校、省行政学院2019年春季学期第二批主体班开学典礼上的讲话

领导干部要做新时代担当作为的表率

郭文奇

（2019年5月7日）

今天，省委党校、省行政学院举行2019年春季学期第二批主体班开学典礼。受娄勤俭书记、吴政隆省长委托，我代表省委省政府、代表省委党校校委会，对各位学员的到来表示热烈欢迎！

新时代呼唤新担当，新征程需要新作为。十八大以来，党中央高度重视领导干部的担当精神，习近平总书记对激励干部担当作为发表一系列重要论述，指出敢于担当是领导干部必备的基本素质，有多大担当才能干多大事业。去年5月，中央专门出台了激励干部新时代新担当新作为的《意见》。今年3月1日，习近平总书记又在中央党校中青年干部培训班开班式上强调，能否敢于负责、勇于担当，最能看出一个干部的党性和作风，领导干部要在知行合一中主动担当作为。借今天党校开学的机会，我结合学习领会习近平总书记重要论述精神，围绕“领导干部要做新时代担当作为的表率”这个主题，与大家做个交流。

一、担当是一种必然要求，领导干部必须站在政治高度认识“为什么担当”

担当是成就一切事业的坚实根基。中国共产党的所有成就和光辉，归根到底源于舍我其谁、砥柱中流的政治担当，源于救亡图存、振兴中华的历史担当，源于不忘初心、造福于民的时代担当。领导干部必须牢记“有为才能有位”的道理，把组织要求、人民期盼和个人职责统一起来，深刻认识共产

党人担当作为的政治逻辑、理论逻辑和实践逻辑。

1. 铁肩自然担道义，党的性质决定我们必须担当。中国共产党是危难之际应运而生的党，是以民族和国家命运为己任的党，是人民和历史最终选择的党。先锋属性是担当的“源代码”。《党章》开宗明义，“中国共产党是中国工人阶级的先锋队，同时是中国人民和中华民族的先锋队”。“两个先锋队”不是自封和自夸，而是以先进理论为指导、以崇高理想为目标、以坚强组织为保证的必然体现，从根本上决定了必须想在前、干在前、冲在前。革命基因是担当的“本底色”。为有牺牲多壮志，敢教日月换新天。从 1921 年建党到 1949 年建国，无数革命先辈筚路蓝缕，可以查到姓名的牺牲党员就有 370 万，用生命和鲜血铸就了共和国的丰碑；从建国初期的“两弹一星”、大庆油田，到改革开放后的富起来、强起来，无数共产党人战天斗地，书写了中华民族的事业辉煌；从延安整风、粉碎“四人帮”，到十八大以后全面从严治党，我们党刀刃向内，不断实现自我革命、自我净化。正是浸润在灵魂深处的革命精神、斗争精神，“构成我们党在前进道路上战胜各种困难和风险、不断夺取新胜利的强大精神力量和宝贵精神财富”。为民服务是担当的“内动力”。为民族谋复兴、为百姓谋幸福，是我们党的初心所在、力量所在。过去我们党在数十个政党中脱颖而出、在与国民党的全面较量中最终胜出，归根到底源于担当有为、赢得民心。现在和将来仍然必须如履薄冰，坚持以人民为中心，用为民服务的实际行动赢得拥护，才能不断巩固执政地位，跳出“其兴也勃焉，其亡也忽焉”的“历史周期率”。

2. 行百里者半九十，伟大事业呼唤我们主动担当。十八大以来，以习近平同志为核心的党中央，带领全党全国人民砥砺奋进、攻坚克难，推动历史性变革、取得历史性成就，开启了中国特色社会主义新时代。新时代是奋斗者的时代，领导干部更应带头扛起奋斗大旗，把党和人民的事业不断推向前进。远大理想是奋斗出来的。只有几代人、十几代人，甚至几十代人坚持不懈地努力奋斗，以愚公移山、精卫填海的气魄坚定不移地走下去，崇高理想才会一步一步变成现实。民族复兴是奋斗出来的。今天，我们比历史上任何时期都更接近、更有信心和能力实现中华民族伟大复兴的目标，但这绝不是轻轻松松、敲锣打鼓就能实现的，全党必须准备付出更为艰巨、更为艰苦的努力。人民幸福也是奋斗出来的。只有奋斗的人生才称得上幸福的人生。

我们必须坚持以人民为中心，为了人民不懈奋斗，团结人民共同奋斗，才能不断实现人民对美好生活的向往。

3. 人间正道是沧桑，风险挑战需要我们敢于担当。艰难困苦，玉汝于成。我们党过去的道路遍布荆棘，前进的道路也绝不会是一片坦途。从国际上看，大国战略竞争日趋激烈，世界不稳定不确定因素增多。大家都知道所谓“修昔底德陷阱”，我们并不愿主动去招惹谁，但“树欲静而风不止”。美国加紧从多方面采取遏制和干扰手段对我国进行打压，不断在人权、宗教、涉台、涉藏、涉疆、南海等问题上寻衅找事，最近甚至发展到采取政治手段压制民营企业，企图迟滞或中断中华民族伟大复兴的进程。从国内看，随着我国经济社会深刻变化、利益格局深刻调整，各种深层次矛盾和问题不断显现。在今年1月省部级主要领导培训班上，习近平总书记就坚持底线思维着力防范重大风险发表重要讲话，对防范化解政治、意识形态、经济、科技、社会、外部环境、党的建设等领域重大风险，作出深刻分析，提出明确要求。越是面临风险挑战，越需要领导干部敢担当、善担当，面对大是大非敢于亮剑，面对矛盾敢于迎难而上，面对危机敢于挺身而出，面对失误敢于承担责任，面对歪风邪气敢于坚决斗争，确保党和人民事业行稳致远。

4. 打铁还需自身硬，管党治党要求我们人人担当。办好中国的事关键在党。正如习近平总书记所指出的，党面临的执政考验、改革开放考验、市场经济考验、外部环境考验具有长期性和复杂性，面临的精神懈怠危险、能力不足危险、脱离群众危险、消极腐败危险具有尖锐性和严峻性。十八大以来，党中央以巨大的政治勇气，以作风建设和反腐败斗争为突破口，推进全面从严治党取得历史性成就。但管党治党永远在路上，政治上硬起来才能全党一心，思想上硬起来才能把握方向，组织上硬起来才能坚强有力，作风上硬起来才能永葆生机。党员领导干部必须自觉担负管党治党职责，以身作则，久久为功，确保党在世界形势深刻变化的历史进程中始终走在时代前列，在应对国内外各种风险和考验的历史进程中始终成为全国人民的主心骨，在坚持和发展中国特色社会主义的历史进程中始终成为坚强领导核心。

江苏干部具有敢于担当、善于担当、乐于担当的好传统，改革开放40年来，先后创造出昆山之路、园区经验等担当作为的实践经验，形成“四千四万”精神、张家港精神、“三创三先”精神等担当作为的时代精神，涌现出吴仁宝、秦振华、赵亚夫、王继才等担当作为的先进典型。人们常说江苏是“干部经济”，这充分体现出江苏干部在发展进程中的重要作用，也是对江苏干部担当作为的一种褒奖。但必须清醒地看到，当前也有一些干部存在为官不为、懒政怠政现象，主要体现为“三无三不”：一是无热情不想担当，进取动力衰退，遇见困难绕着走，对群众诉求视而不见、敷衍塞责；二是无胆识不敢担当，害怕各种风险，凡事找先例、找依据，拿“上级规定”作“挡箭牌”，只要不出事、宁愿不做事；三是无本事不会担当，新办法不会用，老办法不管用，硬办法不敢用，软办法不顶用。这些现象与全面从严治党的初衷背道而驰，与建设新江苏的要求相去甚远，必须引起高度重视，切实加以解决，真正让担当作为成为新时代江苏干部的鲜明特质。

二、担当是一种分内责任，领导干部必须紧扣时代要求把握“什么是担当”

担当是历史的、具体的，要体现使命所在、民心所在、职责所在。敢担当不能乱担当，有作为不能乱作为。新时代的领导干部要在哪些方面体现担当、展现作为？我认为，至少要体现在这样六个方面：

1. 突出高定位领航，在深化思想解放上体现担当。解放思想是马克思主义活的灵魂。作为事业“领路人”，领导干部思想是否解放、理念是否先进、思路是否清晰，直接关系一个地区、一个单位改革发展全局。一些干部“身体进入新时代、思想停在过去时、行动还是老一套”，这与新时代新任务新要求是极不适应的。去年以来，省委在全省部署开展解放思想大讨论活动，深入学习贯彻习近平新时代中国特色社会主义思想，着力破除长期发展中形成的思维定势和路径依赖，全省上下对发展中的突出短板和深层次问题有了更加清醒的认知，一些重大社会关切问题、历史遗留问题得到初步解决。但解放思想无止境，领导干部必须带头落实省委娄书记要求，着力解决“理解不深入、行动跟不上、落实缺乏创造性”问题，在解放思想上实现新的拓展。一是对标科学理论向“高”处拓展。解放思想不是脱离实际的空想、违背规律的乱想，是在科学理论指导下的思想拓展、观念更新。必须更加自觉地以新思想定向领航、从新思想寻策问道，跨越不符合的思维“藩篱”，冲破不适应的经验“迷雾”，激发推动改革发展的磅礴力量。二是聚力解决问题向“深”处拓展。解放思想既是深刻的认识论，也是重要的实践论和方法论。必须把“准星”瞄准到解决深层次问题上，找准思想“深化”的发力点、工作“深抓”的突破口，真正啃掉一批久拖不决的“硬骨头”，取得一批有利长远的新突破。三是把握历史方位向“优”处拓展。联系决胜高水平全面小康、开启基本现代化新征程的历史节点，对照江苏为全国发展探路的重大使命，自觉把江苏放到世界格局和未来维度中审视把握，把自身工作放到国际国内先进标杆下比较衡量，以思想认识的先人一步、高人一筹，赢得将来发展的优势与先机。

2. 突出高质量发展，在推进发展重点上体现担当。我省发展势头比较好，一直处在全国第一方阵，但按照“高质量发展走在前列”的目标定位来审视，绝不能盲目乐观，不能一边喊着“走在前列”，一边却不知不觉掉队落伍。从全球产业链来看，我省产业总体上还处在中低端。能不能在外部环境趋紧的背景下，夯实动能支撑、增创新的优势、赢得发展主动，比的是决心，拼的是智慧，最终看的是担当。

具体到不同地区、不同行业、不同单位，高质量发展有不同的具体要求，领导干部要始终抓好三个重点：一是影响重大的全局性工作。比如，一个地方如何以供给侧改革为抓手转换发展动能、以先进制造业为重点强化产业支撑，一个部门如何更好地履行核心职能、有效服务大局，一个企业如何做大做强主营业务、提升资产管理效益，一个高校如何加强内涵建设、强化学科特色优势，等等。二是提升水平的探索性发展。高质量发展是逆水行舟、滚石上坡，没有突破就没有进步，不解决问题就不会有提升。在经济下行压力加大的情况下，不仅要有转型出关的勇气，更要拿出破茧重生的实招，以解放思想为动力，以解决问题为牵引，大力推进探索性发展、创新性发展、引领性发展。三是关系长远的基础性建设。比如基层队伍建设、基础信息建设、基本制度建设，一下两下做不好、成效短期见不到、总结基本写不进，但都是高质量发展最基础的保证，必须下笨功夫、真功夫抓实抓好。

3. 突出高水平治理，在突破改革难点上体现担当。当前，我省全面深化改革已进入“深水区”，到了一个愈进愈难、愈进愈险而又不进则退、非进不可的阶段。唯有深化改革，才能有效破解发展中的深层次矛盾，巩固“稳”的基础，增添“进”的动力。各地各单位改革重点难点不尽相同，但都必须把握推进治理体系和治理能力现代化的目标取向，瞄准“卡脖子”的难题，拿出“打硬仗”的勇气，以集成化改革促进治理水平整体性攀升：一是在冲破体制瓶颈上下功夫。深化科技体制改革、投融资体制改革、国资国企混合所有制改革，进一步激发发展动力；完善社会治理体制改革，健全社会保障体系、住房制度、收入分配制度，探索创新更加有效的社会治理方式。二是在优化管理体系上下功夫。稳步推进党政机构改革，优化机构职能设置、干部资源配置，切实提升运行效能和服务能力；深化“不见面审批”改革，推动政务服务“一张网”向镇村延伸；完善市场管理体系改革，建立公开透明的市场规则和法治化营商环境。三是在完善制度机制上下功夫。新形势下的竞争，越来越多地体现为制度层面、环境层面的竞争。领导干部要带头围绕本地本单位的重大战略、重要职能、重点任务，系统梳理相关制度办法，该废的废，该改的改，改立的立，从制度层面增强竞争力、构筑新优势。

4. 突出高起点推进，在解决民生热点上体现担当。前些天，我到村里调研，跟一个老支书聊天，问他“每天主要干些啥”，他说“老百姓需要什么，我们就干什么”，这个话很朴实，让我很感动。他这个村搞得好，经验总结千万条，我看最管用的是这条。我们党就是因民而生、因民而兴，让老百姓过上好日子是我们一切工作的出发点和落脚点。

领导干部担当作为，也要推行供给侧改革，老百姓需要什么，我们就努力干好什么，老百姓有什么困难，我们就努力解决什么困难，切实把发展成果体现到群众获得感、幸福感上。要瞄准美好生活做好事。江苏经济相对发达，具备条件的地方，应当让人民群众率先过上更美好、更宽裕的生活。坚持富民优先，发展富民产业，支持就业创业，促进城乡居民收入稳步增长。围绕提高生活品质，大力发展文化、卫生、体育、旅游等社会事业，满足多样化的民生需求。要突出关键领域办实事。深入推进教育改革，扎实推进普高扩招，落实高考新方案配套措施。完善养老兜底保障体系，加快建设多元化、高水平社会养老服务体系，确保老有所养。全力打赢污染防治攻坚战，为人民群众创造良好生态环境。要围绕重点人群解难事。扎实推进精准脱贫，重点解决好“病残孤老灾”特殊贫困人口和省定重点经济薄弱村脱贫问题，以乡村振兴战略为引领，以整体发展促进全面脱贫。需要强调的是，改善民生需要尽力而为、量力而行，认真落实“坚守底线、突出重点、完善制度、引导预期”的要求，确保工作扎扎实实向前推进，形成能承受、可持续、群众满意的良性格局。

5. 突出高效能管控，在消除稳定痛点上体现担当。明者防祸于未萌，智者图患于将来。维护社会安全稳定是压倒一切的政治任务，也是各级领导干部义不容辞的政治责任。去年以来，我省以果断措施依法处置了“钱宝案”、镇江“6·19”非法集聚等事件，有效维护了社会大局稳定，得到中央领导肯定。事实表明，风险有已知和未知，尽管有的风险“看不见”“摸不着”，但在提前布局上绝不能“想不到”，在负责尽责上绝不能“做不到”。各级干部必须紧密联系江苏实际，时刻保持清醒头脑，有效管控、防范化解好各类风险挑战。比如非法集资风险。现阶段，全省非法集资案件仍将高位运行1—2年，迫切要求我们保持高度警惕，不断筑牢市场准入、早期干预和处置退出三道防线，积极支持引导金融回归服务实体经济本源。又如政府性债务风险。目前全省政府性债务总体可控，但一些重点地区在债务压减上仍存在较大压力。在这个问题上，各级干部应当树牢正确的政绩观，正确处理好长远发展与当前利益的关系，决不能为了短期发展而“盲目举债”“吃子孙饭”。再如安全生产风险。这方面一定要深刻汲取近期的一些教训。每个安全问题的成因各有不同，但究其根源都是思想松懈、制度松弛、责任松动的综合反映。用流血换取来的教训，不能再用鲜血去检验，我们必须在思想上把“保安全”这根弦绷得紧而又紧，一刻都不能麻痹大意，真正在制度执行上一丝不苟、一抓到底，工作落实上深入末端、真抓实干，努力为广大群众创造安居乐业、安定有序的良好环境。

6. 突出高标准建设，在落实党建要点上体现担当。新时代开创江苏各项事业新局面，必须以加强党的建设为保证。一是加强党的政治建设。推动党员干部学懂弄通做实习近平新时代中国特色社会主义思想，不断提升政治觉悟、强化政治能力、严守政治纪律，始终同以习近平同志为核心的党中央保持高度一致。二是加强党的组织体系建设。习近平总书记去年在全国组织工作会议上，创造性地提出新时代党的组织路线，其中一项重大要求，就是“以组织体系建设为重点”。最近省委决定实施新时代江苏基层党建“五聚焦五落实”三年行动计划，这是我省着力推进组织体系建设的一项重大举措，各地各单位要结合实际抓好落实。三是加强高素质专业化干部队伍建设。推进事业关键在人，干部队伍必须建优建强。近年来，省委高度重视年轻干部队伍建设，年轻干部工作整体取得明显进展，但仍然存在正职年轻干部偏少、年轻干部经历普遍单一、各地各单位发展不够平衡等问题。领导干部要站在战略和长远的高度，扎实推进年轻干部队伍建设，形成发现储备、墩苗培养、适时使用、严格管理的完整链条，努力打造当下有活力、发展有潜力、未来有竞争力的年轻干部队伍。四是加强党风廉政建设。很多同志都有感受，十八大以来，全面从严治党取得巨大成就，解决了很多长期想解决但没有解决的问题。但作风建设和反腐败斗争成果是“易碎品”，松一松就可能反弹，软一软就可能回潮，必须以永远在路上的坚韧和执着，坚持不懈地抓下去，切实维护风清气正的政治生态。

三、担当是一种能力本领，领导干部必须掌握规律方法明确“怎么样担当”

铁肩膀才能挑硬担子，真担当必须有真本事。领导干部不仅要有敢担当的勇气，更要有善担当的底气，否则便是“匹夫之勇”、莽闯蛮干。就好比庖丁解牛，我们只有尊重规律、把握规律、顺应规律，找对开锁的钥匙，担当才能担在点子上、担出好效果。我体会，工作中要把握好“五对关系”：

第一，把握好方向与方法的关系，既抬头看天又低头赶路，确保站位高、落点实。毛泽东同志曾经形象地指出，不解决桥或船的问题，过河就是一句空话。习近平总书记强调，既要对干部部署“过河”的任务，又要指导解决“桥或船”的问题。过河就是方向，南辕北辙永远过不了河；桥或船就是方法，到底是修桥还是造船，可以因地制宜权衡取舍。我们要坚持把握方向和找准方法相统一，做正确的事，正确地做事，推动各项目标任务顺利实现。一是必须在把握上级要求中找准关键点。中央有要求，江苏有行动，落实见成效。十八大以来，习近平总书记两次视察江苏、三次对江苏工作作出重要指示，强调“为全国发展探路是中央对江苏的一贯要求”。省委坚决贯彻中央要求，作出“六个高质量”发展战略部署，强调推动高质量发展走在前列，这是江苏承诺，更是江苏担当。我们一定要从讲政治的高度与中央要求对标对表，搞清楚省委各项决策安排，联系实际找准抓手性事项，确保招招盯在节骨眼、件件抓到要害处。二是必须在把握发展趋势中找准突破点。世界变化越来越快，把握趋势才能赢得未来。现在经济发展的最大趋势，就是由高速度转向高质量，必须顺势而动、因势而谋，抢抓“一带一路”、长江经济带、长三角一体化等战略机遇，拿出率先突围的“制胜绝招”。三是必须在把握群众期盼中找准切入点。人们的需求是多样的、变化的。马斯洛需求层次理论指出，人类需求从低到高分为五种，即生理需求、安全需求、社交需求、尊重需求和自我实现需求。我们不能在办公室坐而论道，而要实打实地走进基层、走进群众，把群众心思摸准，把实际情况摸透，努力使各项工作更加符合实际、更加符合群众意愿。

第二，把握好决心与齐心的关系，既敢于拍板又善于服众，确保动力强、阻力小。领导者是团队之首，领导活动一般都有两个关键转化，体现两种至关重要的领导能力。第一个转化是领导自身的认识向实践转化，主要标志是“个人决心”，体现领导者敢于拍板的决断力。这里跟大家分享一个小故事：哲学家布里丹养了一头爱思考的小毛驴，每天都要吃一堆干草。有一天农民多送了一堆干草，小毛驴站在两堆草中间激烈地自我辩论，始终拿不定主意吃哪一堆，最后竟然活活饿死。这个故事启示我们，事到临头敢不敢决断，是体现担当的关键时刻、展示水平的核心素质、决定成败的重要前提。第二个转化是领导个人行动向团队集体行动转化，主要标志是“团队齐心”，体现领导者善于服众的引领力。两个转化紧密联系、层层递进、有机统一，构成团队目标从提出到实现的基本路径。领导者必须深刻把握其中规律，决断不能武断，也不能独断，而要善于科学民主决策，让“个人决心”顺利发展为“团队齐心”，真正做到“人心齐，泰山移”。要科学求证以理服人。决策不能拍脑袋，领导的决断既体现胆略，也体现水平。大胆决断必须以小心求证为前提，深入开展调查研究，把道理想清楚、利弊分析透，尽可能形成科学合理、务实可行的方案和意见，奠定得到大家认可的基础。要发扬民主以制服人。毛泽东曾说，让人说话，天塌不下来。好的决策绝不是闭门造车，一定是开门决策，专家意见、群众意见、利益相关方意见都要听，尤其是反对意见要格外注意。不要怕争论或者挨骂，争论过程就是凝聚共识的过程，先民主再集中，大家往往自然服气。要推功揽过以德服人。“中国核潜艇之父”彭士禄有个外号叫“彭拍板”，技术上所有问题都要他拿主意，他拍板时就说“对了，功劳算你的；错了，责任算我的”。推功揽过体现了领导的胸襟和担当，事实上也是一种真正高明的领导艺术，是树立威信、赢得支持、推动工作的重要方法。

第三，把握好带头与带领的关系，既身先士卒又发动群众，确保起势快、基础牢。领导就是领路引导，干部就要先干一步。十八大以来，习近平总书记反复强调，“领导机关和领导干部做出样子，下面就会跟着来、照着做”。历史和实践充分证明，“跟我上”的冲锋永远比“给我上”的命令更有力，只要领导走在前、带头干，群众就会心悦诚服跟着走、跟着干，就没有完成不了的任务。一方面，要身先士卒发挥“头雁效应”。习近平总书记在宁德工作时，是地委书记中第一个到最偏远的下党乡去的，冒着酷暑坐车 3 个多小时，再爬山 2 个多小时，乡党委书记拿着刀在前面砍，每人拿根竹竿探路，脚上都磨出血泡。总书记回忆说，那真是披荆斩棘、跋山涉水。领导干部抓工作，就应该学习这种亲力亲为的态度和精神，只有身体力行、靠前指挥、冲在一线，才能带领干部群众涉险滩、攻难关，啃下一个又一个“硬骨头”。另一方面，要发动群众形成“雁阵效应”。亲力亲为不是事必躬亲、孤军奋战，更不是大包大揽、越俎代庖，而是教会大家干、领着大家干。在“雁阵”中，每只大雁都要找到合适位置，才能发挥不可替代的作用，才能飞得更远、更省力。领导干部要善于抓大放小、善于排兵布阵，抓住关键少数，用足他人长处，充分调动各方面积极性，形成工作合力。

第四，把握好魄力与定力的关系，既雷厉风行又久久为功，确保冲劲大、韧劲足。现在有两类干部比较常见，一类干部抓工作魄力大、节奏快、冲劲足，强势推进，立竿见影；另一类干部抓工作有定性、有韧劲，对看准的事情一抓到底。事实上，魄力是担当，定力也是担当，两者兼具的领导者，才能在复杂多变的形势下不断把事业推向前进。一要敢想敢干不瞻前顾后。1982 年，时任义乌县委书记谢高华“拎着乌纱帽办市场”，他明确表态“开放市场，出了问题我负责”，最终义乌发展成为享誉世界的小商品之都。1992 年，时任张家港市委书记秦振华，抢抓机遇建设张家港保税区，带领全市人民团结拼搏、负重奋进，张家港从昔日的“穷沙滩”，发展成为全国知名的文明城市。这些都启示我们，时机稍纵即逝，只有以“敢为天下先”的魄力来适应变革、引领变革，才能牢牢把握发展主动权，不断培育发展新优势。二要面对迷雾不左右摇摆。一项改革举措、一个重大决定推出之后，往往不会一帆风顺，可能遇到曲折，也可能遭致非议，必须“心无旁骛脚踏实”“守得云开见月明”。前一阵子我去苏南调研，考察了一个特色小镇，这个小镇每6年出一个大项目，每个项目都经过3年谋划、3年建设，其间经历了很多曲折和困难，但当地领导始终不动摇，一任接着一任干，打造的每个项目都成为精品。三是一抓到底不轻易放弃。罗马不是一天建成的，越是重大工程、重大改革，越不可能毕其功于一役。上世纪60年代，在极其困难的条件下，河南林县10万人民苦战10年，一凿一凿敲，削平了1250个山头，终于在悬崖峭壁上建成红旗渠，创造了“人工天河”的奇迹。我们现在干工作，对于看准了的事情，也要有“咬定青山不放松”的精神，坚定不移干下去，做到功成不必在我、功成必定有我。

第五，把握好高线与底线的关系，既追求最好又守住最少，确保干成事、不出事。“求其上得其中”“未谋胜先谋败”，这两句古话蕴涵着十分深刻的道理，揭示了担当干事中两种紧密联系、相互支撑的思维模式。一方面，要强化争先意识，向最好处努力。江苏要整体走在高质量发展前列，需要各项建设走在前列，需要每一项工作走在前列。苏南很多企业都有勇争一流的魄力，江阴法尔胜完成“绳子”三级跳，从上世纪60年代的“麻绳”，到改革开放时的“钢绳”，再到世纪之交的“光绳”，始终争当行业领导者、区域排头兵，自1990年以来一直稳坐全国行业第一、位居世界前列。领导干部对自己的工作也要自觉调高目标定位，始终坚持“对且好”的高标准、严要求，不能把说了当成做了、把做过了当成做好了，全力推动工作取得最好成绩、达到最佳效果、体现最优水平。另一方面，要强化底线思维，从最坏处准备。管理学有个“墨菲定律”，从数学上理解，假设1次活动发生意外的概率为1%，则10次活动至少发生1次意外的概率为10%，100次活动至少发生1次意外的概率为63%，1000次活动至少发生1次意外的概率接近100%。习近平总书记多次强调“底线思维”，“凡事预则立，不预则废”，只有充分估计可能发生的最坏结果，才能有备无患、遇事不慌。守底线不是守摊子、看地盘，而是立足底线、追求高线；不是遇到问题绕道走，而是强调工作有预案、遇到险情有准备，对危机和风险因素进行管控。领导干部要正确把握“底线思维”的本质特征，立足最坏可能做准备，朝着最好结果去争取，推动各项工作稳中求进、勇攀高峰。

四、担当是一种精神境界，领导干部必须强化内在自觉砥砺“靠什么担当”

“人总是要有一点精神的”，真正的担当体现党性、源于内心、发自情怀。习近平总书记说“我将无我，不负人民”，作出了忘我担当的光辉典范。领导干部必须把弘扬担当精神，作为锤炼政治品格、砥砺党性修养的重要内容，强化担当作为的思想自觉和行动自觉。

1. 靠绝对忠诚把稳担当之“舵”。旗帜鲜明讲政治是我们党作为马克思主义政党的根本要求，是领导干部的首要素质，也是我们为党和人民担当尽责的根本保证。我们必须思想上坚决看齐，自觉以习近平新时代中国特色社会主义思想武装头脑、指导实践，确立思想理论的“定盘星”、坚定理想信念的“主心骨”、筑牢灵魂深处的“压舱石”。政治上坚决看齐，强化“四个意识”，树牢“四个自信”，把坚决维护习近平总书记的核心地位、坚决维护以习近平同志为核心的党中央权威和集中统一领导作为首要政治责任、最高政治原则。行动上坚决看齐，时时处处与中央要求对标对表，坚决不打折扣、不做选择、不搞变通，确保党中央政令在江苏畅通无阻。忠诚不是抽象的而是具体的，不是口头的而是行动的，必须“时时勤拂拭，勿使惹尘埃”，把牢担当作为的正确方向。

2. 靠拼搏进取落实担当之“责”。习近平总书记强调，干部干部，干是当头的，既要想干愿干积极干，又要能干会干善于干，其中积极性又是首要的。作为新时代的领导干部，必须始终保持昂扬向上的精神状态，挑起担子、撸起袖子、甩开膀子，坚定不移地做改革促进派、发展实干家、稳定守护人。要保持砥柱中流的豪气。为官避事平生耻。范仲淹说“先天下之忧而忧，后天下之乐而乐”，郑板桥说“衙斋卧听萧萧竹，疑是民间疾苦声”。古人尚且如此，党员领导干部更应有“自信人生二百年，会当水击三千里”的豪情壮志。要保持攻坚克难的锐气。江苏当前正处于发展转型期、矛盾凸显期、不确定性上升期，各项工作挑战越来越多、难度越来越大。困难，冲不破就是瓶颈，冲破了就是高地；挑战，战不胜就是压力，战胜了就是机遇。领导干部要有逢山开路、遇河架桥的精神，关键时刻豁得出来，危难关头顶得上去，不断开创工作新局面、闯出事业新天地。要保持敢于斗争的勇气。从大处讲，国际上的多方打压、国内的破坏势力、党内的腐化变质现象需要我们斗争；从小处看，身边的错误言论、周围的歪风邪气也需要我们斗争。领导干部必须带头弘扬斗争精神，自觉同违背原则、违背党纪党规、损害党中央权威的现象作坚决斗争，同境内外敌对势力的捣乱破坏作坚决斗争。

3. 靠自我修炼提升担当之“才”。“责重山岳，能者方可当之。”现在不少干部身上“能力危机”“本领恐慌”比较突出，必须深入分析自身的知识空白、经验盲区、能力弱项，做起而行之的行动者、不做坐而论道的清谈客，当攻坚克难的奋斗者、不当怕见风雨的泥菩萨，在自我修炼中增长才干。要认真学习最前沿的知识。当前是知识爆炸时代，现在有一种说法：一年不学习，一个人所拥有的知识就会折旧 80%。对照高素质专业化的要求，领导干部必须经常反思“还有什么不太懂，还有什么需要学”，努力锤炼与“八种本领”相匹配的综合素养，掌握工作所需的专业知识。要勇于扛起最繁重的担子。人在事上练，刀在石上磨。干部成长无捷径可走，只有主动到重大项目、风险防范、脱贫攻坚、污染防治、信访维稳、对口支援等改革发展一线经风雨、见世面，才能壮筋骨、长才干。要敢于处理最复杂的矛盾。疾风知劲草，烈火见真金，复杂尖锐矛盾是检验和砥砺干部担当精神、担当本领的最佳平台。面对突发事件、群体性事件，有的干部悄悄往后退，有的干部站在旁边看，有的干部主动往上冲，大家的评价是不一样的，干部得到的历练也是不一样的。

4. 靠无私无畏筑牢担当之“基”。壁立千仞，无欲则刚，心底无私天地宽。要自觉涵养公仆心，想清楚“我是谁”“为了谁”“依靠谁”的问题，发自内心地谋划为民之策、躬行为民之举。要自觉涵养坦荡心，在工作进展缓慢甚至遇到挫折的时候，坦然面对不气馁；在外界争议甚至非议的时候，秉持本心不动摇；在面对个人利益问题甚至进退得失的时候，淡定从容不计较。要自觉涵养清廉心，牢记“千里之堤溃于蚁穴”的古训，慎始慎独慎微，坚持清正廉洁，守住担当底线、增强担当底气。

领导干部敢担当善作为，既靠干部个人自觉，也需要党组织激励和培养。省委专门出台鼓励激励、容错纠错、能上能下三项机制，全面实行综合考核，最近召开了 2018 年高质量发展总结表彰大会，就是要更好地激励全省干部担当作为。各级党委和组织部门，要认真贯彻、抓深抓实、抓出成效。要以鲜明用人导向鼓励担当，结合贯彻中央刚刚颁布的《干部考核工作条例》，把担当作为情况作为考核评价干部的重要内容，大力选拔使用敢担当、善担当的优秀干部，坚决不用不担当不作为的干部。要以有效培养措施锤炼担当，综合运用教育培训、岗位历练、管理监督等措施，推动广大干部强化担当自觉、提升担当本领。要以健全制度机制保护担当，细化落实“三项机制”的具体办法，强化典型引路、案例指导，旗帜鲜明褒奖实绩突出者、支持敢闯敢试者、宽容无心之过者、鞭策懈怠庸碌者，形成“为担当者担当、为负责者负责”的良好氛围。

党校是培训党员干部的主渠道主阵地，也是帮助干部强化担当意识、提升担当才干的重要平台。省委党校要坚持严以治校、严以治教、严以治学，把习近平新时代中国特色社会主义思想学习培训作为头等大事，系统权威进教材、生动有效进课堂、刻骨铭心进头脑，强化干部担当的理论素养；把党性教育、党性锻炼贯穿全过程，强化干部担当的党性觉悟；把专业化能力培训作为重要内容，注重时代性针对性有效性，强化干部担当的能力本领。希望各位学员珍惜集中学习培训的难得机会，在常学常新中全面提升自我，在知行合一中主动担当作为，为推动高质量发展走在前列、加快建设“强富美高”新江苏作出新的更大贡献。

最后，祝大家在党校期间学习顺利、生活愉快、身体健康！

（中共江苏省委常委、省委组织部部长、省委党校校长、省行政学院院长）

郭文奇在省委党校、省行政学院 2019年秋季学期开学典礼上的讲话

勇于自我革命　践行初心使命

郭文奇

（2019年9月3日）

今天，省委党校、省行政学院举行2019年秋季学期开学典礼。受娄勤俭书记、吴政隆省长委托，我代表省委省政府、代表省委党校校委会，对各位学员的到来表示热烈的欢迎！

在全党开展“不忘初心、牢记使命”主题教育，是以习近平同志为核心的党中央统揽“四个伟大”作出的重大部署。前不久，习近平总书记在中央政治局第十五次集体学习时强调，“做到不忘初心、牢记使命，并不是一件容易的事情，必须有强烈的自我革命精神”，这既是对开展好主题教育提出的重大要求，也是对广大党员干部锤炼坚强党性、提升自我修养的殷切希望。借今天党校开学的机会，我结合学习领会总书记重要讲话精神和正在开展的主题教育，围绕“勇于自我革命，践行初心使命”这个主题与大家作个交流。

一、勇于自我革命是我们党最鲜明的政治品格和政治优势

习近平总书记深刻指出，我们党之所以伟大，不在于不犯错误，而在于从不讳疾忌医，敢于直面问题，勇于自我革命，具有极强的修复能力。在新时代把党的自我革命推向深入，这既是回看我们党“走过的路”得出的经验总结，也是比较“别人的路”发出的教策警醒，更是远眺“前行的路”提出的重大要求。

1. 回顾党的奋斗历程，勇于自我革命是我们党不断发展壮大的奥秘所

在。一部中国共产党发展史，就是在自我革命中不断向前迈进的奋斗史。新民主主义革命时期，八七会议批判和纠正陈独秀右倾机会主义错误，开创了“农村包围城市”的革命新局面；遵义会议结束了“左”倾教条主义错误，在危急关头挽救了党、挽救了红军、挽救了中国革命；延安整风端正了党的思想方法和政治路线，为夺取抗日战争和解放战争胜利奠定了坚实基础。新中国成立以来，我们党也曾犯过“大跃进”和“文化大革命”等错误，但都通过自我纠偏、拨乱反正重新走上正轨，特别是十一届三中全会作出改革开放的重大决策，以解放思想推动自我革命、带动社会革命，实现了历史性的伟大转折。实践充分证明，始终保持自我革命精神，敢于坚持真理，及时修正错误，是我们党从“星星之火”发展为“燎原之势”的根本原因，是党的事业兴旺发达、长盛不衰的根本保证。

2. 立足党自身建设实际，勇于自我革命是我们党永葆先进纯洁的必然要求。办好中国的事情关键在党，关键要看我们党有没有不断解决自身问题的决心和勇气。党的十八大以来，以习近平同志为核心的党中央以刮骨疗毒、壮士断腕的决心向党内顽瘴痼疾开刀，从坚定信仰信念到严明政治纪律，从实施八项规定到发挥巡视利剑作用，从“老虎”“苍蝇”一起打到一体推进不敢腐不能腐不想腐，通过系列组合拳激浊扬清、扶正祛邪，推动党内政治生活气象更新、党内政治生态海晏河清。但我们也要清醒认识到，全面从严治党还远未到大功告成的时候，特别是在长期执政条件下，各种弱化党的先进性、损害党的纯洁性的因素无时不有，各种违背初心和使命、动摇党执政根基的隐患无处不在，党面临的“四大考验”“四种危险”依然严峻复杂。只有始终坚持刀刃向内，以彻底的自我革命精神清病毒、挖病灶、割毒瘤，我们党才能不断强身健体、强基固本，在革命性锻造中变得更加坚强。

3. 着眼党员干部个人成长，勇于自我革命是走稳走好从政之路的关键所在。一个真正的共产党人，总是在不断改进自身不足、不断纠正自身错误的过程中走向成熟的。总体来看，通过这些年的从严教育管理监督，党员干部队伍作风形象明显改进，党性修养水平明显提升，但对照新时代新要求，依然存在不少亟待解决的问题。比如，在理想信念上，有的虽然心中扎了根，但扎得还不够深，尚未长成参天大树，还存在随风摇摆的现象；在宗旨观念上，有的虽然“嘴上叫得响”，但行动跟不上，“不怕群众不满意，就怕领导不注意”；在清正廉洁上，有的虽然不吃不沾不拿了，但却是在高压下的“自我保护”，离发自内心的不想腐还有不小差距。实践一再证明，党员干部如果不敢自我革命，思想上就把不准“导航仪”，就会在纷繁复杂的社会思潮中迷失方向；政治上就筑不牢“压舱石”，就会在严峻复杂的风险挑战中败下阵来；行动上就激不活“动力源”，就会丧失拼搏奋斗的进取精神。只有勇于对自身存在的问题症结“动手术”，才能有效清除思想和行为上的“灰尘”，真正挺起“脊梁骨”、焕发“精气神”，成长为党和人民需要的好干部。

二、准确把握自我革命的内在要求和实践指向

自我革命最鲜明的特征是实践性，就是要始终保持正视问题的自觉和刮骨疗伤的勇气，奔着问题去，盯着问题改，在自我净化、自我完善、自我革新、自我提高中锤炼忠诚干净担当的政治品格。结合个人思考，我认为党员干部推进自我革命，要重点聚焦以下几个方面：

1. 信仰信念是共产党人的政治灵魂，我们要坚决廓清“思想迷雾”，持续点亮“心中明灯”，让理想的旗帜始终在心头高高飘扬。习近平总书记深刻指出，坚定的理想信念是自我革命的精神支柱。一个政党有了坚定的理想信念，就能战胜任何艰难险阻。同样，一个人只有确立了崇高的理想，其精神才能强大、追求才能执着。被毛主席称为“农民运动大王”的彭湃出身大地主家庭，家里有“乌鸦飞不过的田产”。为了与旧社会彻底决裂，彭湃当众焚烧了自己及母亲名下的田契，涉及田产达5300多亩，他之所以能下这个决心，就源于对共产主义的坚定信念。时代变迁，理想永续。一个真正的共产党人，从不会因为道路漫长而放弃信念，也不会因为艰难困苦而淡忘理想。

“人生如屋，信仰如柱”。信念坚定就会愈挫愈奋、愈战愈勇，否则就会不战自败、不打自垮。党员干部的理想信念，不仅仅体现在紧要关头、关键时刻，更体现在平时的方方面面。初心易得，始终难守，信仰信念必须时时检视。习近平总书记反复强调，一切向前走，都不能忘记走过的路；走得再远、走到再光辉的未来，也不能忘记走过的过去，不能忘记为什么出发。中共一大时，参会的代表有13人，除了牺牲的4人外，脱党、被党开除的有7

人，超过半数，最后参加开国大典的只有毛泽东、董必武2人。这犹如大浪淘沙，“淘”的就是对理想信念坚定与否。党员干部要始终保持“无时不涵养，无时不省察”的自觉，常补精神之钙、常固思想之基，不断在修身正己中校准初心“原点”、擦亮初心“底色”。台上台下、人前人后，信仰信念必须处处坚守。医学上的双重人格源于心理障碍，政治上的“两面人”则源于信仰缺失。现实中有的党员干部人前讲共产主义理想，背后却信奉“外国的月亮更圆”；有的大会小会谈信仰“热血沸腾”，背地里却不以为然；有的口头上说依靠群众相信党，实际上笃信风水、迷信“大师”。这些都为走上错误道路埋下了伏笔。党员干部要把对党忠诚作为信念坚定的根本体现，任何时候任何情况下都对党忠贞不渝，决不能说一套做一套、当面一套背后一套。大事小事、易事难事，信仰信念必须事事践行。理想信念是崇高的，同时也是具体的、实践的，于细节处可见思想，于小事中可见信仰。时代楷模赵亚夫扎根农村、情系农民，他从领导岗位退下来后，不图名利、不要报酬，主动到茅山老区帮助农民发展高效农业，以“做给农民看、带着农民干、帮助农民销、实现农民富”的实际行动，践行着从年轻时就树起的信仰信念。我们每一名党员干部都要坚持从眼前做起，从小事干起，真正使理想信念根植于头脑、融入于工作、体现于行动。

2. 人民立场是党的根本政治立场，我们要坚决克服各种脱离群众倾向，不断涵养民生情怀，让改革发展成果更多地惠及人民。人民是我们党执政的最大底气，为民是我们进行自我革命的最大动力。毛主席在《为人民服务》一文中指出，“因为我们是为人民服务的，所以我们如果有缺点，就不怕别人批评指出”，“只要我们为人民的利益坚持好的，为人民的利益改正错的，我们这支队伍就一定会兴旺起来”。这些年，通过开展群众路线、“三严三实”、“两学一做”等集中教育，党员干部的群众观点更强了、群众感情更深了，但仍有少数干部宗旨意识树得不够牢，有的俯不下“身子”，官威十足，高高在上，不愿意与群众“打成一片”；有的踩不准“路子”，不会说群众话，会不准群众意，导致干部“不知道群众在想什么”、群众“不知道干部在干什么”；有的耐不住“性子”，只想着追求立竿见影的政绩，不愿做打基础、利长远、惠民生的实事。这些问题，如同一堵无形的墙，把党与人民群众隔离开来。习近平总书记深刻指出，“人民对美好生活的向往，就是我们的奋斗目标”。我们每名党员干部都要经常对照检视，从内心深处多想想“初心是什么、群众要什么、为民干什么”，切实把为民宗旨牢牢印刻在思想灵魂之中。一是自觉摆正同群众的位置，真正敬畏群众。人民群众是历史的创造者、书写者。我们党从执政的那一天起，就把党员干部定位为人民的公仆。每一名党员干部都应当牢记，人民是“出卷人”，我们是“答卷人”，人民在我们心中有多大重量，我们在人民心里就占多大分量；干部把群众放在心上，群众才会把干部记在心里。我们必须以敬畏之心、谦卑之心、服务之心对待群众，筑牢一心为民的思想根基。二是切实增进同群众的感情，矢志造福群众。民之所望，政之所向。对党员干部来说，最好的政绩是在街头巷尾的民意闲谈中，最好的痕迹是留在百姓心中。我们一定要始终把群众放在心中最高位置，满怀深情地谋划为民之策、躬行惠民之举，既全心全意办好就业创业、教育医疗、住房养老、公共服务等群众关心的大事要事，又真心实意帮助解决好每家每户的特殊困难和问题，真正把群众当家人、把群众事当家事，通过坚持不懈的努力增强群众的获得感幸福感安全感。三是充分相信群众的力量，紧紧依靠群众。群众是我们党的力量源泉，也是我们事业的最大靠山。党所创立的延安革命根据地政权，是“陕北人民用小米哺育出来的”；我们能取得淮海战役的胜利，是“人民用独轮小车推出来的”。大家可能都听说过，过去泰州有个村书记被群众亲切称为“狗不叫”书记。前不久，我到徐州铜山区走访，又听到当地有一个“叫出狗”的书记，这个村书记对每家每户的情况都了如指掌，甚至连农民家小狗的名字都能叫出来，由于他勤于往村民家跑，争取到群众对工作的理解和支持，把村里大事小事干得风生水起。这也告诉我们，无论干什么事情，都要善于从群众中汲取智慧和力量，这样我们的事业才能更接地气、更有底气、更聚人气。

3. 拼搏奋斗是共产党人的使命所系价值所在，我们要坚决克服懈怠情绪，不断昂扬进取锐气，让敢担当勇作为成为自觉追求。人生的所有成功，都源自对最初梦想的执着坚守；世上的所有伟大，都来自坚持不懈的拼搏奋斗。对于一个长期执政的政党来说，如何保持奋斗精神永远是躲不开、绕不过的重大课题。执政 70 年后的今天，历史条件虽然发生很大改变，但这个课题依然深刻地拷问着每一个共产党员。就我省而言，当前干部队伍的奋斗状态总体是好的，但也有些倾向值得警惕，可以概括为“三无三不”：一是无热情不想担当。有的进取意志衰退，遇见问题绕着走，碰到矛盾躲着走。二是无胆识不敢担当。只要不出事、宁愿不做事，甚至把“集体研究”和“上级规定”当作推卸责任的“挡箭牌”。三是无本事不会担当。一些干部有想法没办法，常常用工业化初期的思维来解决工业化中后期的问题，用行政化的手段来解决市场经济中的问题。如果任由这些现象蔓延开去，势必贻误新江苏建设各项事业的发展。

当前，我省决胜高水平全面小康、推动高质量发展的任务重、压力大、要求高，迫切需要各级党员干部敢抓敢管、敢作善为。去年省委为激励干部担当作为，制定实施了“三项机制”，探索开展综合考核，在全省上下树立了“以实绩论英雄”的鲜明导向。但任何制度的有效落实，最终都要依靠党员干部的自发自觉。我们要敢于走出“舒适区”，时刻提醒自己勤政不做懒官、善政不做庸官、为政不做昏官，始终以担当作为的实际行动为党分忧、为民造福。一是锐意创新，增强“敢为天下先”的勇气。江苏今天的成就，得益于一批批改革者不断探索创新，从春到上塘“大包干”、苏南乡镇企业“异军突起”再到张家港精神、昆山之路、苏州工业园经验等，无不体现江苏干部敢闯敢试的精神品质。现在我们所做的很多工作都没有先例可循，比如现在中美贸易摩擦愈演愈烈，如何在变化变局中有效应对、抓住机遇、推动发展；推进“一带一路”交汇点建设，如何更好扩大双向开放、发挥好支点城市作用；落实长三角一体化发展战略，如何加快区域间产业联动、发展互动，等等，都需要我们大胆探索实践。特别是当前我省已经到了“积极探索开启基本实现现代化建设新征程这篇大文章”的时候，这是一个全新的时代课题，迫切要求全省党员干部解放思想、与时俱进，以探索性创新性引领性的工作实践，推动江苏基本现代化建设真正开好局、起好步。二是把握规律，增强“谋定而后动”的睿智。敢闯敢干不是蛮干硬干，真正的担当都是建立在对客观规律的理性认知上。比如，省委提出加快建设自主可控的现代产业体系，这就需要我们在基础研究和原始创新上聚焦发力，着力推动产业链与创新链的“双向融合”；推进苏北农村住房条件改善，就要站在“四化同步”的高度系统谋划，科学规划、完善配套，统筹推进住房建设和乡村治理；建设现代综合交通运输体系，就要以我为主展开前瞻性布局建设，同时主动对接融入国家规划大盘子，等等。只有把准规律，明确主攻方向和着力点，我们干事担当才能真正做到心中有“数”、手中有“招”，才能实现出彩精彩。三是事不避难，增强“越是艰险越向前”的胆略。大事难事面前最显担当。领导干部肩负组织和人民的重托，软肩膀挑不起硬担子，那种碰事就拖、遇难就躲的“清闲官”“太平官”，不仅是对事业的不负责任，更是对领导责任的亵渎。比如，在深化改革上，近年来我省“放管服”改革走在全国前列，但仍有一些改革举措“原地打转”，企业和群众获得感不够强，这就要求我们敢于“割肉”，真正以简政放权的“痛”，换得企业发展和群众生活的“好”。再比如，在全面从严治党上，有的领导干部认为“经济不抓不行，党建不行再抓”，管党治党失之于宽、失之于软，组织把我们放在领导岗位上，就必须坚决扛起管党治党这个最根本的政治担当，不怕得罪人、不当老好人，绝不能让“责任田”沦为“撂荒地”。

4. 求真务实是党的重要思想和工作方法，我们要坚决反对形式主义官僚主义，持续转变工作作风，让重实干求实效在全省上下蔚然成风。党的作风代表党的形象，具有无声的力量。作风方面存在的种种问题，表面看是工作问题，背后反映出政绩观有偏差、“官本位”思想在作祟，根子还是淡漠了初心、遗忘了使命。十八大以来，党中央从“八项规定”谋开篇，到建章立制管长远，推动党风政风明显好转。同时要看到，“四风”问题具有很强的顽固性和反复性，当前享乐主义和奢靡之风得到了有效遏制，但形式主义、官僚主义问题在一些地方和部门仍然较为突出，比如“文山会海”饱受诟病，文件表面上减少了，但红头改白头、正文改附件、文件改电报等各种隐形变异情况开始出现，层层开会、跑会陪会现象依然盛行；“过度留痕”值得警惕，有的重过程轻结果，把痕迹等同于业绩，“拍照式”扶贫、“台账式”整改、“指尖上”落实较为普遍；“责任用锅”屡见不鲜，有的把“层层传导压力”搞成“层层推卸责任”，遇到问题不是想着去解决，而是翻出“责任状”来撇清关系；“问责走样”时有发生，背锅式问责、选择性问责、一刀切问责一定程度上存在，问责的板子往往“只对基层打、不向自己敲”“只问执行者、不问监管者”，我在基层调研时听一些干部说，现在身背几个处分很正常，没被问责时“压力山大”，被问责后反而“一身轻松”。这些问题警示我们，转作风虽然已经有了“起势”，但还没有形成“定势”，在作风建设这个问题上，一刻也不能松、半步都不能退，必须持之以恒抓下去，抓出更大成效。

风成于上，俗化于下。领导干部是作风建设的组织者、推动者，必须带头纠治、身体力行，切实发挥好头雁作用。要有“不做虚功、务求实效”的定力。这是各项工作真正得到组织和群众认可的关键所在。党员干部要牢固树立正确的政绩观，不驰于空想，不骛于虚声，不搞劳民伤财的形象工程，不做那些徒有形式、吸引眼球却没有实际用处的事情，真正把精力和注意力聚焦到干实事、求实效上来。要有“抓铁有痕、踏石留印”的狠劲。工作举措千万条，不落地见效就是“打白条”。对中央和省委的决策部署，我们决不能搞表态式服从、选择性执行、应付型落实，必须树牢目标导向、问题导向、效果导向，抓经济要聚力突破重大项目，抓改革要聚力攻克关键环节，抓民生要聚力解决痛点难点，以真绩实效推动事业发展、赢得群众认可。要有“燕子垒窝、蚂蚁啃骨”的韧性。面对艰巨繁重的改革发展稳定任务，没有“月月做、日日做、时时做”的劲头，是落实不了、落实不好的。我们做任何工作，都要保持“功成不必在我”的境界和“功成必定有我”的担当，做到蹄疾步稳、久久为功，不断积小胜为大胜。

5. 清正廉洁是共产党人安身立命之本，我们要坚持原则守好底线，弘扬践行共产党人价值观，永葆为民务实清廉的政治本色。从政为官者若想成就一番事业，思想要有干事创业的动力，这决定了我们“想做什么”；工作要有谋事成事的能力，这决定了我们“能做什么”；内心要有知止自律的定力，这决定了我们“不做什么”。我体会，当前成事成才，定力尤为难能可贵，决定我们能否站得稳、行得正、走得远。这些年，省委每年都召开警示教育大会，引导各级干部清醒认识贪腐行为成本之高、危害之深、代价之大，但仍有人不知止不收敛，以身试法、身陷囹圄，令人痛惜。党员干部在廉洁问题上如果做不到“万无一失”，最后就会“一失万无”，这是一个又一个惨痛教训给我们的深刻警示。

树贵自直，人贵自律。面对花样百出的围猎、形形色色的诱惑，有人岿然不动，有人“举手投降”，根本上还是取决于自律能力的高低、免疫能力的强弱。党员干部只有管住口腹、擦亮眼睛、站稳脚跟，才有做人的底气、为官的正气、办事的硬气。在平时工作生活中，我们应当切实加强三个方面的修炼：一是修“德”以配“位”。为官最怕才疏而任重、最忌德薄而位尊。

细数那些政治上蜕变、经济上贪婪、生活上腐化的干部，从根本上说都源自官德的缺失。党员干部要时刻牢记“小成靠智，大成靠德”的古训，以德修身、以德润才、以德服人，努力以道德的力量去赢得人生、赢得事业。二是正“心”以止“欲”。“不能胜寸心，安能胜苍穹”。现在不少官员落马后在忏悔录中写到，之所以一步一步滑向贪腐深渊，就是因为没有逃出欲望的“心魔”，最终酿成大错。作为党员干部，面对“微腐败”决不能掉以轻心，遇到“潜规则”决不能随波逐流，碰上“人情礼”决不能欣然笑纳，必须从一开始、从点滴处筑牢清廉防线。三是慎“权”以克“己”。就是要时刻牢记手中的权力来自人民，把好权力的“方向盘”，决不能让权力成为恣意妄为的“脱缰野马”。大家在规范用权、严于律己的同时，还要注重家风家教，“恋亲不为亲徇私、念旧不为旧谋利、济亲不为亲撑腰”，管好家人和身边人，决不做封妻荫子的“保护伞”。

三、切实增强勇于自我革命的思想和行动自觉

自我革命好比破茧成蝶、凤凰涅槃，需要非凡的勇气、坚韧的毅力；同时，自我革命也绝非朝夕之功，必须坚持学习不止、修身不止、纠偏不止，真正使之成为一种思想自觉、一种行为习惯。

一要强化理论武装为自我革命“定向领航”。自我革命是一个破立并举、不断扬弃的过程，如果“方向盘”把得不准、“方法论”用得不当，不仅达不到预期目标，反而会偏离轨道、迷失方向。习近平新时代中国特色社会主义思想是浩瀚深邃的智慧宝库，是我们推进自我革命的强大思想武器。我们必须带着至真至诚深学细研，通过学习不断加强主观世界改造，把“四个意识”扎得更深、“四个自信”树得更牢，坚决做到“两个维护”，确保自我革命始终保持正确方向。要通过学习不断解放思想、统一思想，深刻理解和娴熟掌握新思想蕴含的马克思主义立场观点方法，切实增强战略思维、系统思维、底线思维，有效克服各种片面性、短视性、摇摆性，努力使自己的思维方式更好满足自我革命需要，真正做到知之愈明、信之愈坚、行之愈笃。

二要严肃党内生活为自我革命“添薪加火”。党内政治生活是党员干部自我革命、锤炼党性的“大熔炉”。这些年我省各级党组织党内政治生活质量不断提高，但仍然存在制度执行不够到位、实践成效不够理想的问题，有的在贯彻民主集中制上把分管领域视为“私人领地”、把“班长”当作“家长”，有的在落实请示报告制度上报小事瞒大事、报好事瞒坏事，有的把自我批评变成自我表扬、相互批评变成相互吹捧，等等。实践反复证明，只有把党内政治生活严起来、实起来，才能解决真问题、取得真效果。我们要严格执行民主集中制，认真落实“三会一课”领导干部双重组织生活等基本制度，勇于自我审视，敢于自我解剖，不断勘误纠错、校正言行。要用好批评和自我批评这个利器，大力弘扬整风精神，敢于自揭伤疤、自戳痛处，勇于帮助他人指出问题、查摆不足，坚决摒弃“批评领导放礼炮、批评同志放哑炮、自我批评放空炮”等错误做法，在“红脸出汗”中达到“排毒治病”的效果，增强发现和解决自身问题的能力。

三要学习先进楷模为自我革命“锚定坐标”。先进楷模是人格化的价值观、看得见的正能量，也是自我革命的现实标杆、鲜活教材。省委在这次主题教育中，明确要求领导干部学“周恩来精神”、基层干部学赵亚夫、广大党员学王继才，就是要引导全省党员干部在见贤思齐中砥砺初心、践行使命。唯见人长，方知己短，我们要自觉把学习先进、争当先进作为一种精神境界、一种价值追求，经常性对标对表，明晰差距，找准短板，改进不足，从他们身上深刻汲取人格的力量、精神的力量、奋进的力量，做到深学细照笃行，真正使对标先进的过程成为校正偏差、纯洁党性、担当进取的过程。

四要主动接受监督为自我革命“助力增压”。习近平总书记强调，我们不能关起门来搞自我革命，而要多听听人民群众意见，自觉接受人民群众监督。现在一些党员干部错误地把组织监督视为“不信任”，把同级监督视为“找茬”，把群众监督视为“过不去”，最终滑向了违法乱纪的深渊。我们要从反面案例中吸取深刻教训，自觉把组织监督看作是最大的爱护、最好的保护，主动向组织表达心声、坦白想法，不要“小聪明”、不做“两面人”。进入全媒体时代，舆论监督扮演的角色越来越重要，我们要坚决摒弃把舆论监督当作没事挑事、有事拱火的错误认识，习惯在“聚光灯”下行使权力，在“放大镜”下开展工作，有效防止权力失控、决策失误、行为失范。党员干部身上的问题，群众看得最清楚，也最有发言权，我们要多照照群众这面镜子，多比比群众这把尺子，为人民利益坚持对的、纠正错的，努力使各项工作都经得起历史和人民的检验。

参加今天开班仪式的还有中青班 3 个班次的学员，这次抽调大家到党校集中培训充电，充分体现了省委对年轻干部队伍建设的重视和厚爱。娄书记在多个重要场合对年轻干部工作提出一系列要求，强调要打造一支当下有活力、发展有潜力、未来有竞争力的年轻干部队伍。当代年轻干部，恰逢实现“两个一百年”奋斗目标的历史交汇期，不仅是第一个百年目标的亲历者和见证者，更是第二个百年目标的接力者和建设者，幸运地迎来了国家发展、民族复兴的黄金时期，幸运地遇上了干事创业、大有可为的最佳机遇。希望大家按照习近平总书记提出的“信念坚、政治强、本领高、作风硬”的要求，以自我革命精神不断锤炼自己，真正成为中国特色社会主义事业的合格接班人、推动江苏高质量发展的强大生力军。一要永葆“一心向党志不移”的政治忠诚。做人的第一要求是品德可靠，办事的第一要求是能力可靠，从政的第一要求是忠诚可靠。对年轻干部来说，如果信仰上不坚定、政治上不敏锐、忠诚上有水分，即便能力再强，也难堪大任。大家要把绝对忠诚融入灵魂，树牢“四个意识”、坚定“四个自信”、做到“两个维护”，始终在思想上政治上行动上同以习近平同志为核心的党中央保持高度一致。要把纪律规矩挺在前面，自觉用“五个必须”正心修身、用“七个有之”自警自省，使自己的成长永远走在正确的轨道上。二要激扬“敢教日月换新天”的蓬勃朝气。有激情、有活力、有锐气，是年轻干部最大的特点，也是年轻干部最大的优势。作为年轻干部，决不能把老气横秋当“成熟”、把墨守成规当“稳健”，要充分发挥思维活跃、接受新事物较快的长处，勇于破旧立新，善于推陈出新，积极投身“三大攻坚战”、建设自主可控现代产业体系等重点难点工作，敢啃最硬的骨头、挑最重的担子、攻最难的关隘，在干事创业中彰显担当、展现作为。年轻干部既要有敢想敢干的闯劲，也要有一抓到底的韧劲，不贪一时之功、不图一时之名，脚踏实地做好每项工作，真正把小事做精细、把大事做精彩。三要练就“会当水击三千里”的过硬本领。真担当要靠真本事、真作为要有真水平。现在一些年轻干部不缺学历缺阅历、不缺经历缺磨砺，简历看上去很完美，但每一步都是蜻蜓点水、浅尝辄止，基本功不扎实、真本事不够多，抓工作一定程度上存在接不到“地气”、聚不了“人气”的问题。学习是提升本领的最好阶梯，要始终保持“空杯”心态，虚心向群众学习、向先进学习、向书本学习，尤其要深学细悟习近平新时代中国特色社会主义思想的精髓要义，不断提高运用科学理论分析解决问题的能力。实践是提升本领的最好课堂，要主动到发展一线显身手、敢于到艰苦地区经风雨，多经历一些急事难事、多接一接“烫手山芋”、多当几回“热锅上的蚂蚁”，真正在干事中长本事、在磨练中变老练。四要锻造“谦逊务实不浮躁”的优良作风。事业成于坚忍、毁于浮躁。年轻干部要在从政路上行稳致远，必须防止和克服浮躁之气。立志做大事，不要立志做大官，把自己交给工作、把未来交给组织，切勿醉心于晋升路线的“自我设计”。要“昂扬”不“张扬”，把“低姿态做人、高标准做事”作为加强自身修养的重要内容，绝不能把表现当表演、表态当表功。要“自信”不“自负”，多些“自知之明”的清醒，少些“自以为是”的遐想，始终客观地认识和评价自己、正确地对待组织和群众。要“优秀”不“优越”，年轻干部往往被视为“潜力股”，容易成为被“围猎”“投资”的对象，千万不能因为别人的奉承而忘乎所以，在任何情况下都稳得住心神、管得住自己、守得住底线。

党校作为全省干部教育培训的主渠道主阵地，要把提高干部自我革命能力作为党校教育的重要任务，纳入主体班次的重要内容，合理设置教学专题，不断创新教学方式，加强学员的政治能力训练和政治实践历练，推动学员不断增强“四自”能力、砥砺初心使命。各位学员要珍惜到党校学习的难得机会，心无旁骛、潜心静修、深入思考，真正使学习培训成为党性提纯的“净化器”、充电赋能的“加油站”、自我革命的“催化剂”，以更加过硬的素质能力投身改革发展实践，为推动高质量发展作出新的贡献。

最后，祝大家在党校期间学习顺利、生活愉快！

（中共江苏省委常委、省委组织部部长、省委党校校长、省行政学院院长）

郭文奇在省委党校（行政学院）2019年秋季学期第二阶段开学典礼上的讲话

党员干部要自觉提升历史思维能力

郭文奇

（2019年11月5日）

今天，省委党校、省行政学院举行2019年秋季学期第二阶段开学典礼。受娄勤俭书记、吴政隆省长委托，我代表省委省政府、代表省委党校校委会，对各位学员的到来表示热烈的欢迎！

党的十八大以来，习近平总书记高度重视对历史的总结运用，深刻指出“历史是最好的教科书，是一个民族安身立命的基础”，明确提出“历史思维”是领导干部需要提高的六种思维能力之一，反复强调党员干部要“多读一点历史，在对历史的深入思考中做好现实工作、更好走向未来”。在这次“不忘初心、牢记使命”主题教育中，中央明确要求党员干部认真学习党史、新中国史，做到知史爱党、知史爱国，不断增强守初心、担使命的思想和行动自觉。借今天党校开学这个机会，我围绕领导干部如何提升历史思维能力，谈一些认识和体会，与大家作个交流。

历史思维是运用历史唯物主义观点，把现实放在历史的大背景下正确认识和把握的科学方法。历史的风云承载着岁月的记忆，历史的星空闪耀着真理的光芒。从人类文明长河看，社会总是沿着前人跋涉的足迹不断向前发展。历史，记载了一个民族、一个国家的兴衰起浮，也蕴藏了启迪未来的智慧。中华文明源远流长，历经5000多年的风雨沧桑，一脉相承而延绵不断，曾创造了“万国衣冠会长安”的盛世景象，形成了“民惟邦本”“亲仁善邻”“协和万邦”的人本情怀，留下了“究天人之际、通古今之变”的《史记》、

“有鉴于往事、有资于治道”的《资治通鉴》等浩瀚典籍。这些宝贵的历史遗产，是中华民族历经磨难而生生不息的精神密码，激励着一代又一代中华儿女无论面对什么样的艰难困厄，都能始终挺直精神的脊梁。从党的奋斗历程看，重视学用历史是一以贯之的优良传统。我们党一贯重视历史经验的借鉴和运用，注重从历史中获取智慧、认识规律、把握方向。毛泽东同志一生读史近乎痴迷，4700多万字的“二十四史”反复阅读，300多万字的《资治通鉴》细读了17遍，他论史鞭辟入里、用史信手拈来，“实事求是”“惩前毖后”“任人唯贤”“百家争鸣”等言简意赅的历史典故，在他的创造性运用下，有的成为我们党所遵循的思想路线，有的成为党内组织生活的基本原则，有的则是党某一方面的工作方针或者具有普遍意义的工作方法。邓小平同志把了解和懂得历史看作是“中国发展的一个精神动力”，他在深刻总结我国社会主义建设正反两方面经验的基础上，借鉴其他社会主义国家兴衰成败的史实，开辟了中国特色社会主义新道路。党的十八大以来，习近平总书记思接千载、视通万里，以深邃的历史学识、深远的历史眼光、深刻的历史思维，从世界社会主义与中国特色社会主义历程的比较分析，从改革开放前后两个三十年关系的辩证把握，多角度阐释中国特色社会主义道路形成的历史必然，鲜明提出了中华民族伟大复兴的中国梦，带领全党全国人民把中国特色社会主义推向新时代。实践充分证明，正是一代代共产党人重视学习和借鉴历史，我们党才能更好地洞察大势、洞观时局、洞悉规律，始终立时代潮头、领风气之先、谱历史新篇。从领导干部自身看，强化历史思维是提升领导水平的现实需要。英国哲学家培根说过，读史使人明智。领导工作是一项十分复杂的工作，既需要实践经验的积累，也需要历史经验的传承。现在有些领导干部对学习历史重视不够，也有些同志抱着功利主义、娱乐心态学习历史。有的把历史当故事读，不注重探究背后的演进规律；有的把历史当权谋读，潜心钻研厚黑学、官场术；甚至热衷于猎奇求异，不读正史读野史。这些都是非常有害的。领导干部读史、学史，更要鉴史，只有树立历史思维，真正掌握历史的本质和主流，才能更深刻地把握社会发展规律，更清醒地认识所处的时代方位；也只有运用历史思维，正确借鉴前人的智慧，才能使自身能力素质更加适应时代发展的要求，使所做的工作更富规律性、更具创造性。

学习的目的全在于运用。我们学习历史，关键要能从中获得启迪和智慧，并同实际工作结合起来、同加强个人修养结合起来，切实做到学用相长、知行合一。我体会，领导干部提高历史思维能力，要在以下几个方面聚焦用力：

一、历史有其前进的必然逻辑，要注重以史明道，在深刻把握社会发展规律中更加坚定“四个自信”。

“欲知大道，必先为史”。历史现象看似杂乱无章，背后却暗含着深刻的规律。只有把握这种规律，才能辨明发展方向、保持发展定力。比如我们党提出的“四个自信”，这不是简单的政治要求和理论灌输，而是深刻总结历史规律得出的必然结论。

读懂中华民族5000多年文明史，我们就能更加坚定文化自信。文化是根脉，是灵魂，是一种更深沉、更持久的力量。在几千年的历史进程中，中华民族孕育了辉煌灿烂、博大精深的传统文化，从园林建筑到百工杂技，从诸子百家到唐诗宋词，从礼仪习俗到典章制度，无不积淀着中华民族最深层的精神追求，代表着中华民族最独特的精神标识，对中国乃至全世界都产生了巨大而深远的影响。我们党充分吸收中华传统文化精髓，结合革命、建设、改革实践，推动传统文化创造性转化、创新性发展，并与革命文化、社会主义先进文化相结合，形成了中国特色社会主义文化。实践充分证明，建立在优秀传统文化基础上的中国特色社会主义文化，具有强大的感召力引领力凝聚力，已经成为全党全国人民的精神沃土。我们要自觉守护好中华民族的“根”和“魂”，不断从传统文化中汲取精神力量，当好优秀传统文化的忠实传承者、自觉弘扬者、创新发展者，让中华文化展现出时代风采和永久魅力。

读懂近代以来170多年斗争史，我们就能更加坚定道路自信。近代以来，救亡图存成为中华民族迫在眉睫的历史使命，举什么旗、走什么路，成为中国近现代历史的核心问题。为挽救民族危亡，无数仁人志士进行了艰辛的探索，但太平天国运动、洋务运动、戊戌变法、辛亥革命等都未能改变中国积贫积弱的命运。在中华民族内忧外患、社会危机空前深重的背景下，中国共产党应运而生，带领全国人民推翻了帝国主义、封建主义、官僚资本主义“三座大山”，完成了新民主主义革命、社会主义革命和进行改革开放

“三件大事”，实现了从站起来、富起来到强起来的“三次伟大飞跃”，从根本上改变了中华民族和中国人民的前途命运。只有共产党才能救中国，只有社会主义才能发展中国，这早已被我国近现代发展历程所充分证明、早已被中国人民所充分认同。只要我们沿着中国特色社会主义道路坚定不移走下去，就一定能迎来中华民族的伟大复兴，我们每个党员干部都要坚定这样的信念和信心。

读懂中国共产党近100年的奋斗史，我们就能更加坚定理论自信。科学理论是事业发展的指路明灯。五四运动前后，一批先进知识分子为了探寻救亡图存的真理，将西方各种社会思潮纷纷引入中国，无政府主义、实用主义、新村主义、基尔特社会主义等竞相传播，但开出的种种“药方”都无法解决中国的根本问题。直到“十月革命一声炮响”，为中国送来了马克思主义，这种状况才开始根本改观。我们党从诞生之日起，就把马克思主义鲜明写在自己的旗帜上，但革命早期，年轻的中国共产党一度照搬套用经验教条，也曾遭受过重大挫折。以毛泽东同志为代表的中国共产党人，把马列主义基本原理同中国具体实践相结合，创立了毛泽东思想，经过长期浴血奋战，夺取了新民主主义革命的胜利，建立了新中国。十一届三中全会后，以邓小平同志为代表的中国共产党人科学回答了“什么是社会主义、怎样建设社会主义”这个重大问题，创立了邓小平理论，成功开创了中国特色社会主义道路。以江泽民同志、胡锦涛同志为代表的中国共产党人，先后形成了“三个代表”重要思想和“科学发展观”，成功把中国特色社会主义事业推向21世纪。党的十八大以来，以习近平同志为核心的党中央围绕新时代坚持和发展什么样的中国特色社会主义、怎样坚持和发展中国特色社会主义这个重大时代课题，创立了习近平新时代中国特色社会主义思想，推动党和国家事业取得历史性成就、发生历史性变革。我们要深刻认识新思想的科学性真理性时代性，坚定不移用新思想武装头脑、指导实践、推动工作，充分展现新思想的强大生命力，让当代中国马克思主义放射出更加灿烂的光芒。

读懂新中国70年发展史，我们就能更加坚定制度自信。在中国建立什么样的制度，是近代以后中国人民不断求索的一个历史性课题。新中国成立前，尝试过君主立宪制、议会制、总统制等各种形式，但都以失败告终。新中国成立后，我们党顺利完成社会主义改造，确立社会主义基本制度，充分激发了人民群众建设新家园的热情，建立起独立而比较完整的工业体系和国民经济体系。十一届三中全会后，我们党深刻总结经验教训，及时调整社会主义建设的路线、方针和政策，建立和发展了中国特色社会主义制度，极大解放和发展了社会生产力，使中国大踏步赶上了时代。党的十八大以来，我们党全面深化各领域改革，很多领域实现了系统性重塑、整体性重构，充分激发了全社会的发展活力。刚刚结束的十九届四中全会，又对坚持和完善中国特色社会主义制度、推进国家治理体系和治理能力现代化作出重大部署，必将推动中国特色社会主义制度更加成熟、更加定型。实践证明，中国特色社会主义制度是一套行得通、真管用、有效率的制度体系，不仅为我国经济快速发展、社会长期稳定提供了制度保障，也为发展中国家走向现代化提供了全新选择，为人类探索更好社会制度贡献了中国智慧和中国方案。我们要毫不动摇地坚持中国特色社会主义的根本制度、基本制度、重要制度，并与时俱进推动制度的完善和发展，全面抓好制度的落实和执行，真正把制度优势转化为治理效能，使中国特色社会主义制度更加巩固、优越性充分展现。

可以说，经过长期不懈的努力，今日之中国，正前所未有地走近世界舞台中央；今日之中华民族，比历史上任何时期都更接近民族复兴的目标。正如习近平总书记指出的，“当今世界，要说哪个政党、哪个国家、哪个民族能够自信的话，那中国共产党、中华人民共和国、中华民族是最有理由自信的”。

二、历史蕴含丰富的治理智慧，要注重以史资政，在学习借鉴古往今来治国理政经验中更加科学地推动改革发展。

历史是最好的教科书。近代以前，中华民族在世界上长期处于领先地位，几千年来无数政治家思想家谋求国家治理之策、探寻治乱兴衰之道，先后开创了多个盛世治世，积累了丰富的治国理政经验、留下了宝贵的思想文化遗产。比如，德法并用。封建时代国家昌盛的时期，大多是推行“儒法并用”较好的时期。汉武帝实行“礼法并用，德主刑辅”，迅速增强了国力，开创了“汉武鼎盛”；唐太宗秉持“德法并重，以法扬德”，实现了“贞观之治”。又如，注重革新。历史上很多朝代都实行过变法或新政，如春秋的管仲变革、战国的商鞅变法、北魏的孝文帝改革，通过冲破制约发展的桎梏，推动了社会生产力的发展，促进了国家强盛。再如，崇文重教。中国自古重视教育的作用，孔子把人口、财富、教育作为立国治国的三个要素，并提出“有教无类”的主张；唐代“十户之村，不废诵读”之风盛行；到宋代后期，已在地方上建立起较为完善的官学体系。对教育的重视不仅保证了中华文明的传承，也为国家培养了大量人才。像这样的治理经验还有很多，如监察御史制度、选官考官制度等等，至今仍值得我们深入研究。

历史也是最好的清醒剂。历史的智慧不仅蕴藏在治世的盛景中，还蕴藏在乱世的衰亡中。梳理历朝历代政息人亡的教训，我觉得至少有这么三条：一是精神懈怠。创业时励精图治，守成时骄奢淫逸，几乎是历代封建王朝的共性特征。唐玄宗开创“开元盛世”后，贪图享乐、荒废政事，“春宵苦短日高起，从此君王不早朝”，导致内忧外患、矛盾重重，爆发了“安史之乱”，成为唐朝由盛而衰的转折点，像这样的例子在历史上反复上演。二是吏治腐败。廉洁则政兴，腐败则政息。宋徽宗酷爱奇花异石，设立专门机构，倾国力搜刮，致使江南民不聊生，当时的官场“廉吏十一，贪吏十九”，出现了蔡京、童贯、高俅等所谓的“宋朝六贼”。乾隆后期，官无不贪、吏无不恶，“三年清知府，十万雪花银”就是那个时期的民谣。三是保守僵化。统治阶级愚昧自大、固步自封，这一点在清代中后期表现尤为明显。几乎与康乾盛世同期，西方国家经历了自文艺复兴开始的数百年思想解放运动，最终实现了资产阶级革命和工业革命。而清朝却进一步闭关锁国，最终远远落后于西方国家。古人讲，“后人哀之而不鉴之，亦使后人而复哀后人也”。这些惨痛教训，值得我们深思和警醒。

历史承载着过去、连接着现在、昭示着未来。习近平总书记反复强调，学习历史要结合我们正在干的事业和正在做的事情。当前，我们江苏发展站在新的起点，在高质量发展的进程中，既面临难得机遇，也面临严峻挑战。我们要善于从历史中汲取经验教训，少走弯路、少犯错误，把改革发展的步子迈得更加稳健。工作实践中，我认为重点要从历史中汲取这么几条：一是“不图一时之利、不贪一时之功”的长远眼光。古人讲，“计利当计天下利”，“谋功应谋万世功”。历史上的都江堰、郑国渠包括我们江苏的范公堤、大运河，都是功在当代、泽被后世的伟大工程。从政为官的价值，不在于得到了什么，而在于留下了什么。现实中，有的干部为了追求一时的经济增长，不惜引进污染严重的企业，“吃祖宗饭、砸子孙碗”；有的不顾发展规律、不管地方实际，“盲目举债”“寅吃卯粮”。分析问题背后的原因，说到底还是政绩观出现偏差，没有处理好长远发展与当前利益的关系。我们想问题、做决策、抓工作，不能仅仅局限于当下和眼前，要有“功成不必在我”的境界和格局，谋长远之策，行固本之举，乐于接着前人干、愿为后人作铺垫，多做打基础、利长远的工作，推动改革发展各项事业接续前行、久久为功。二是“安而不忘危、治而不忘乱”的忧患意识。“备豫不虞，为国常道”。中华民族素有深沉的忧患意识，古往今来许多政治家思想家都把居安思危作为警世恒言。当今世界正处于百年未有之大变局，习近平总书记反复要求全党增强忧患意识、防范风险挑战。江苏发展走在全国前列，遇到的问题比较多也比较早，各种潜在性、继发性、突发性风险隐患不能低估，比如经济下行压力加大导致金融和债务风险加剧、重大群体性事件风险突出、安全生产事故易发多发等等。明者防祸于未萌，智者图患于将来。我们一定要时刻保持清醒头脑，越是取得成绩的时候，越要有如履薄冰的谨慎，越要有居安思危的忧患，善于在有利中发现不利、在承平中预见危机，下好先手棋、打好主动仗，牢牢掌握工作主动权。三是“唯才是举、任人唯贤”的用人智慧。治国经邦，人才为重。齐桓公重用管仲成就春秋霸业，刘邦拥有“兴汉三杰”张良、萧何、韩信最终赢得楚汉争霸，唐太宗重用房玄龄、杜如晦终有“贞观之治”，这些都充分说明，善于选贤任能是干事成事的关键所在。在如何选人用人上，古人也给我们提供了丰富的智慧，比如以德为先，这就启示我们，要练好“识人之明”，把政治标准作为衡量干部的首要标准。省委提出的“五突出五强化”选人用人机制，第一位的要求就是要突出政治标准。又如强化磨炼。这就启示我们，培养年轻干部既要用当其时，也要多“墩墩苗”，让他们在实践磨砺中厚实底蕴，更好地成长成才。前不久，省委专门出台了培养选拔优秀年轻干部《若干措施》，提出了“20 条举措”，就是要更加科学地加强年轻干部选拔培养，加快打造一支高素质专业化的年轻干部队伍。

三、历史由人民群众主宰，要注重以史为鉴，在深刻反思朝代更迭教训中更加牢固地站稳人民立场。

“政之所兴在顺民心，政之所废在逆民心。”古往今来，历朝历代都想江山永固、社稷长存，但从“夏商周秦汉”，到“唐宋元明清”，无一跳出“其兴也勃焉，其亡也忽焉”的历史周期率。横扫六国一统天下的秦国，暴政苛民、民不聊生，短短15年就“二世而终”；疆域空前辽阔的元朝，搞民族压迫、横征暴敛，不到百年就被明朝取代。可以说，一部几千年的中国封建社会史，就是一部民心得失、朝代更替的兴衰史。

民心如水，水能载舟，亦能覆舟。我们党从建党伊始，就把人民立场作为根本政治立场，把为人民谋幸福作为自己的初心使命。革命战争岁月，共产党人“自己有一条被子，也要剪下半条给老百姓”；和平建设年代，无数党员“把有限的生命，投入到无限的为人民服务中去”；改革开放时期，许多党员干部“为着人民想、带着群众干、帮助百姓富”。可以说，世界上没有哪一个政党，能像我们党这样把人民立场践行得如此彻底；也没有哪一种政治力量，能像我们党这样得到最广大人民群众的衷心拥护和信任。但也要看到，“民心所向”并不是一成不变的，任何政党都不能天然地得到人民群众的拥护支持。二战以后，东欧一些国家的共产党在人民支持下夺取了政权，但执政时却忘了自己的根和本，高高在上、脱离群众，波兰共产党领导人盖莱克、罗马尼亚共产党领导人齐奥塞斯库等人甚至带头大肆敛财，为丧权亡党埋下了伏笔。这些都深刻警示我们，一个政权建立起来后，要保持兴旺发达、长治久安是很不容易的，如果不敬畏民心、不爱惜民力，再强大的政权都会走向穷途末路。

习近平总书记深刻指出，我们党来自人民、根植人民、服务人民，除了国家、民族、人民的利益，没有任何自己的特殊利益。十八大以来，党中央先后部署开展了群众路线、“三严三实”、“两学一做”等集中教育，包括这次主题教育，最终目的都是密切党同人民群众的血肉联系。在这次主题教育期间，省委娄书记在专题党课上就践行党的宗旨提出了“3个有没有”，即有没有真正把人民立场内化于心、成为自觉？为群众办事时有没有形式主义、官僚主义的问题？做每一件事时有没有全心全意把群众利益放在首位？我们每名党员干部都要从内心深处对照检视，在实际行动中切实强化“三个导向”：一是发展为民的价值导向。习近平总书记曾引用管子“凡治国之道，必先富民”的观点指出，我们追求的发展是造福人民的发展，必须让发展成果更多惠及全体人民。改革开放40年的经验表明，衡量一个地方的发展水平，经济增长只是其中一个维度，群众富裕才是更真实的考量尺度。这就要求我们必须牢固树立以人民为中心的发展思想，正确处理好政府的“口袋”、企业的“口袋”和群众的“口袋”三者之间的关系，谋划发展紧扣富民目标，产业布局突出富民需求，政策安排注重富民效果。尤其要看到，当前我省还有不少贫困人口，打好脱贫攻坚战任务繁重，要通过产业帮扶、教育培训等多种途径，引导贫困群体增强发展信心、提高致富能力，帮助他们和全省人民一道同步迈入全面小康。二是民生优先的实践导向。悠悠万事，民生为大。古往今来，历代“治隆盛世”无不将民生看作施政之本，民生安则民心稳，民生福则民心乐。这些年，省委始终把保障和改善民生摆在突出位置，比如，针对群众反映强烈的教学和考试模式问题，系统谋划推进教育改革，逐步扩大优质教育资源供给，让江苏学子有了更多机会上高中、上大学、上好大学；根据苏北一些农民住房条件明显落后于中西部扶贫搬迁地区的实际，部署开展苏北农民住房条件集中改善，受到群众的普遍欢迎。民之所望，政之所向。我们要把改善民生作为一切工作的出发点和落脚点，聚焦群众的操心事、烦心事、揪心事，既补上民生“欠账”，又不欠民生“新账”，切实把一项项惠民利民的政策举措转化为一件件可观可感的民生成果，真正让群众获得感更加有形、幸福感更为充实。三是民意为重的评价导向。口碑千古事，得失民心知。我们党高度重视人民群众的评判，建国前，毛泽东与黄炎培的“窑洞对”，与郭沫若的“甲申对”，与周恩来的“赶考对”，探讨的都是如何在听取人民意见、接受人民监督中保持先进本色。现在一些党员干部感叹自己做了很多工作，但群众却不认可，“政府买了单、群众不买账”，究其根源就在于用自我感觉代替群众感受，没有把工作做到群众心坎上。群众心中有杆秤，能称出党员干部的分量；群众心中有本账，能算出党员干部的政绩。我们要把群众的“表情包”当作工作的“晴雨表”，经常走到群众家门口、坐到群众板凳上，认真听取群众的愿望呼声，对照群众口碑来检验得失成败，努力使每项工作都与基层实际相吻合、与群众需求相契合。

四、历史只会眷顾坚定者奋进者搏击者，要注重以史励志，在传承弘扬中华民族优良传统中更加奋发干事创业。

历史是由奋斗者书写的，辉煌是由担当者铸就的。古往今来，中华民族始终焕发着“刚健自强”的志气，3000 多年前《周易》倡导“天行健，君子以自强不息”，2000多年前《论语》弘扬“士不可以不弘毅，任重而道远”，1000多年前《资治通鉴》提出“日力不足，继之以夜”，刚健有为、自强不息始终贯穿整个民族的精神谱系。中华民族始终传承着“忧国忘家”的基因，从霍去病的“匈奴未灭，何以家为”，到诸葛亮的“鞠躬尽瘁，死而后已”；从杜甫的“安得广厦千万间，大庇天下寒士俱欢颜”，到陆游的“位卑未敢忘忧国”；从顾炎武的“天下兴亡，匹夫有责”，到林则徐的“苟利国家生死以，岂因祸福避趋之”，家国情怀一直是中国历史上可歌可泣的动人篇章。中华民族始终流淌着“担当道义”的热血，神农尝百草，一日遇七十毒，终成《本草经》；张骞出使西域19年，历经千辛万苦，丝绸之路得以开辟；岳飞为“收拾旧山河”，不惧“八千里路云和月”，用生命谱写了千古绝唱《满江红》。纵览我们民族的历史，无论时代如何变迁，这些精神特质都始终熔铸在中华民族的血脉中，化为支撑我们民族行之久远的精神脊梁。我们学习历史，就是要从中汲取思想精华，激发担当作为的强大精神力量。

一是高昂“千磨万击还坚劲”的奋发精神。中华民族在几千年风雨中历经挫折而不屈，越是危机关头，越是能展现出浴火重生的强大生命力。在外敌入侵时如此，在国家建设中同样如此。新中国成立之初，面对西方国家的孤立封锁，我们党坚持走独立自主、自力更生的建设道路。如今我们身处承平之世，不再有战争年代枪林弹雨的危险、执政初期百废待兴的艰难，但前进道路上仍然荆棘密布、充满困难挑战。从国际上看，西方国家对我国的打压一刻都没有停止过，特别是美国单方面挑起贸易战，不可避免会对我国经济发展产生一定冲击；从国内看，发展中不平衡不充分的问题依然突出，跨越“中等收入陷阱”还有大量工作要做；再从我省自身看，产业链仍处于中低端，而且始终面临着核心技术受制于人的被动局面。困难，冲不破是关卡，冲破了就是高地；挑战，战不胜是压力，战胜了就是机遇。这就要求我们始终保持迎难而上、知难而进的精神状态，对制约发展的突出短板、产业体系的薄弱环节，集中力量、全力攻克，努力化“薄弱点”为“增长点”；对盘根错节的复杂问题、年代久远的遗留问题，敢于动真碰硬，以燕子垒窝的恒心、蚂蚁啃骨的韧劲，在攻坚克难中把各项事业不断推向前进。

二是弘扬“积跬步以至千里”的实干作风。习近平总书记曾引用《荀子》名言“道虽迩，不行不至；事虽小，不为不成”，来深刻阐述实干的重要性。我国历史上有许多空谈误国的教训，比如两晋时期士大夫“虚谈废务”，将国计民生抛之脑后；南梁后期，西魏军队已到达江陵城下，素好玄谈的梁元帝仍不慌不忙召集群臣讲《老子》；明清两朝更迭之际，顾炎武也曾发出过“今日之清谈有甚于前代者”的感叹。空谈误国，古今皆然。当前一些地方形式主义官僚主义问题突出，以会议落实会议、以文件落实文件，出工不出力、得过且过，只做虚功、不求实效，这些问题如果长期得不到解决，势必会贻害党和人民事业发展。我们要以史为鉴，大力弘扬求真务实之风，扎扎实实做好各项工作。比如在推进长三角区域一体化发展上，我省《实施方案》提出了“六个一体化”的目标要求，各级领导干部要把握机遇、找准定位，把规划体现到一个个具体事项、落实到解决一个个问题上，加快把国家重大战略转化为江苏发展的现实优势。又如在党的建设上，这几年省里每年推出一批“党建创新项目”，各级党组织和领导干部要认真落实、创新推动，大力培育一批立得住、叫得响的党建工作品牌。

三是增强“天工人巧日争新”的创新勇气。创新是一个国家、一个民族兴旺发达的不竭动力。中华民族自古就有勇于创新的气质禀赋，17 世纪前中国重大科技成果在世界上占比超过 54%，如“四大发明”对人类文明进程产生深远影响，可到了 19 世纪占比骤降到 0.4%，远落后于西方国家。新中国成立后，中国人民的创新活力再次被激发，“百花齐放、百家争鸣”的文化创新、“两弹一星”的科技创新、改革开放的制度创新等等，各方面创新成果不断涌现。江苏干部素有敢闯敢拼、敢为人先、敢于超越的鲜明特质，在新的起点上，决不能有丝毫懈怠，要从历史经验和教训中深刻认识“惟创新者进、惟创新者强、惟创新者胜”的道理，敢于破旧立新、善于破局布局。比如，在全面深化改革上，现在有些改革举措“沙滩流水不到头”，企业和群众的获得感还不强，根子就在于一些党员干部不敢冲破现有模式和利益格局的束缚。这就要求我们一定要有打破守成心态、改变思维定式、摆脱路径依赖的自我革新精神，勇于冲破程式化的固有思维，以更多的创新举措解难题、增动力、激活力。

五、历史是涵养品格的富矿，要注重以史修身，在继承发扬先贤志士高尚追求中更加自觉砥砺修养。

我国古代先贤历来强调“修身”为要，很多人之所以能流芳百世、令人敬仰，很大程度上源于其优秀的品德、崇高的气节，为我们提供了为官做人干事的道德准则。比如，修齐治平的人生观，“居陋巷而不改其乐”的颜回，卧薪尝胆、发愤图强的越王勾践，“路漫漫其修远兮，吾将上下而求索”的屈原，都是这方面的典范。再比如，以德为重的价值观，孟子看重“舍生取义”，陶渊明毕生“不戚戚于贫贱，不汲汲于富贵”“不为五斗米折腰”，刘备戒子“勿以恶小而为之，勿以善小而不为”，他们都把“惟贤惟德”作为人生理想。习近平总书记深刻指出，中国传统文化博大精深，学习和掌握其中的各种思想精华，对树立正确的世界观、人生观、价值观很有益处。我们学习历史，就是要从中汲取精神养份，自觉涵养有骨气、有正气的品格境界。

一要坚守“忠诚老实”的做人原则。自古以来，忠肝义胆的人尤为让人敬佩，比如“亘古第一忠臣”比干、义薄云天的关羽、负帝投海的陆秀夫、“留取丹心照汗青”的文天祥等等；而那些口是心非、虚有其表之徒，如唐朝“口蜜腹剑”的李林甫、宋朝卖国求荣的秦桧、明朝引清兵入关的吴三桂等等，也历来为世人所不齿。当然，现在我们讲“政治忠诚”，同古代强调的“忠君思想”有着根本不同，但其中蕴含的立场坚定、表里如一的做人原则却是相通的。作为党员干部，要从古人身上辩证汲取忠诚品质，自觉树牢“四个意识”、坚定“四个自信”、做到“两个维护”，不当“两面派”、不做“两面人”，始终保持对党、对组织、对人民的赤胆忠心。

二要修炼“宠辱不惊”的为官心态。古人常讲，“不以物喜，不以己悲”。从政为官，有起有伏、有得有失是常态，如果把名利看得太重，身上捆着名缰利锁、眼里盯着功名利禄，肯定“走不远”，甚至会“摔跟头”。作为领导干部，绝不能“官居宰相望王侯”，要以平常之心对人，以平淡之心对待名利，正确看待“进”与“退”、“舍”与“得”，少些职务上的“比较”、多些政绩上的“比拼”，始终不忘初心、坚守初心，视个人的名利淡如水，视党和人民的利益重如山。

三要恪守“廉洁奉公”的从政规矩。古往今来，“一身正气、两袖清风”都是对为官从政者的最高评价，也是最好的官声。明代学者薛瑄在《从政录》中将廉洁分为三重境界，第一重境界是畏法律保禄位而不敢取，第二重境界是尚名节而不苟取，第三重境界是见理明而不妄取，时至今日依旧有着重要启发意义。清正和腐败，往往是一念之差；牢狱和自由，也仅仅是一步之遥。梳理现在腐败官员的堕落轨迹，不难发现他们都是从做与自己身份不相符的错事，到做违反政策法规的蠢事，最后做一失足成千古恨的憾事。党员干部不仅在大是大非问题上要十分坚定，在小事小节上也必须十分清醒，始终以安分之念面对权力，以谦卑之意面对监督，把好小节关、亲情关、社交关，真正做到心有所戒、行有所止。

四要养成“反躬自省”的良好习惯。古人说，“君子之过也，如日月之食焉。过也，人皆见之；更也，人皆仰之”。注重慎独慎微，强调知耻改过，经常自警自省，是古代先贤最为普遍也最为有效的修养方法。孔子说“君子求诸已”，《中庸》讲“知耻近乎勇”，程颐“正其心，养其性”，都强调的是自我的修炼。作为新时代的党员干部，我们要善于借鉴古人的智慧，增强“反躬自省”的勇气和“从善如流”的自觉，经常开展党性分析和检视剖析，勇于自我反思、敢于自我审视，择善而从、闻过而改，在革故鼎新、守正出新中实现自我净化、自我完善。

党校是培训党员干部的主渠道主阵地。省委党校要认真贯彻党校姓党的根本原则，把学习贯彻习近平新时代中国特色社会主义思想作为核心任务，把历史教育作为党校教学的重要任务，科学安排教学内容，合理设置教学专题，教育引导党员干部坚持正确的唯物史观，把握中国历史尤其是党史、新中国史的主流和本质，坚决反对历史虚无主义和各种割裂历史、歪曲历史的现象。各位学员要珍惜到党校学习的难得机会，静下心来认真学习，特别是要把学习运用历史、增强历史思维作为重要追求，坚持学思用贯通、知信行统一，重点学习党史、新中国史，联系实际深入思考，善于借鉴历史的成功经验，找到解决问题的有效思路和办法，突破实际工作中的薄弱环节，真正使学习历史的过程，成为提高历史文化素养、领导工作水平的过程，努力以更好的作风形象投身高质量发展生动实践，为建设“强富美高”新江苏作出新的更大贡献。

最后，祝大家在党校期间学习顺利、生活愉快！

（中共江苏省委常委、省委组织部部长、省委党校校长、省行政学院院长）

工作概况

【校院概况】

中共江苏省委党校成立于1953年1月，江苏省行政学院成立于1992年12月，是中共江苏省委、江苏省政府直接领导下的培养党的领导干部的学校，是党委的重要部门，是培训党的各级领导干部的主渠道，是党的思想理论建设的重要阵地，是江苏省党哲学社会科学研究机构和重要智库。校院位于南京市鼓楼区水佐岗49号，占地188亩，建筑面积13万多平方米，拥有教学楼、教研楼、图书信息中心、会议文体中心、学员公寓、励学大厦等主体建筑，具备同时培训1000人的办学能力。校院内设教研部门14个、行政教辅部门14个、直属单位2个。主办《唯实》《江苏行政学院学报》《江苏党校报》等刊物，另办有《江苏党校行政学院工作通讯》《江苏党校行政学院工作快报》和《研究报告》等内部刊物。

中共江苏省委党校、江苏省行政学院坚持以习近平新时代中国特色社会主义思想为指导，增强“四个意识”、坚定“四个自信”、做到“两个维护”，落实新时代党的建设总要求，紧紧围绕党和国家工作大局，按照省委、省政府统一部署，以培养造就忠诚干净担当的高素质专业化干部队伍为主要目标，发挥干部培训、思想引领、理论建设、决策咨询作用，为新时代坚持和发展中国特色社会主义、加快建设“强富美高”新江苏服务。

近年来，中共江苏省委党校、江苏省行政学院深入贯彻党的十九大精神，认真学习习近平总书记关于党校办学治校系列重要指示精神，围绕全国、全省党校（行政学院）工作会议精神，以把校院建设成为与江苏经济社会发展水平相适应、更好满足江苏干部教育培训需要、在服务党委政府决策中有更大作为、办学整体水平居于全国省级党校（行政学院）系统前列的高水平校院为目标，坚持教学立校、科研兴校、人才强校、制度管校，不断推进教学培训、科研咨询、人才队伍、管理服务等工作转型升级和持续发展。

坚持“党校姓党”，把学习贯彻习近平新时代中国特色社会主义思想作为首要政治任务。坚持把党校姓党的根本原则贯彻落实到教学科研、决策咨询、管理服务等各项工作全过程各方面，扎实推动进课堂、进教材、进学员头脑，教育引导学员和教职工在学思践悟中增强政治认同、思想认同、理论认同、情感认同，进一步增强“四个意识”，坚定“四个自信”，做到“两个维护”。

突出主业主课，充分发挥干部教育培训主渠道、主阵地作用。坚持把理论教育和党性教育作为教学首要任务，认真贯彻党的理论教育和党性教育在教学安排中不低于总课时的70%、党性教育课不低于总课时的20%的教学要求。深入推进“用学术讲政治”教学改革“一号工程”，加快推动教研咨一体化，深化课程体系、专题生成机制和教学效果评估体系改革，强化“用学术讲政治”的鲜明导向。依托党性教育主题教室、廉洁从政主题教育馆、应急管理实训室、媒体沟通实训室以及校史馆、图书馆馆藏文献展等功能展馆，不断深化教学改革，完善教学布局，创新教学方式方法，不断提高教育培训的针对性有效性。2017年、2019年，我校连续荣获全国党校系统第四届、第五届精品课和教学管理组织奖。

提升科研水平，协调推进学术研究、理论宣传和决策咨询。学术研究展现亮点，2019年度，我校荣获9项国家社科基金项目。一批决策咨询成果被省级领导批示并被省直部门采用，连续十二届获得全国党校系统科研组织奖，获得两届全国行政学院系统科研组织奖。现有一级学科硕士学位授予点5个、二级学科硕士学位授予点16个、江苏省重点（培育）学科3个，建有江苏党的建设理论与实践创新研究院、江苏省哲学社会科学重点研究基地、江苏省决策咨询研究基地、江苏省中国特色社会主义理论体系研究基地、江苏省重点培育智库，设有四中心一论坛——中国特色社会主义理论体系研究中心、马克思主义理论教学研究中心、省情研究中心、调查研究中心、青年学者论坛。

加强队伍建设，大力推进人才强校战略，努力培养造就一支政治强、业务精、作风正的高素质人才队伍。现有教研人员中，拥有高级职称（含副高）的118人，博士研究生以上学历的91人，享受国务院政府特殊津贴专家2人，中宣部文化名家暨“四个一批”人才和“万人计划”哲学社会科学领军人才1人，省有突出贡献中青年专家5人，省“333高层次人才工程”培养对象27人，省宣传文化系统“五个一批”人才培养对象3人，青年文化人才培养对象2人，省社科英才3人，省社科优青5人，省委、省政府决策咨询专家9人。

优化管理服务，推动服务保障专业化、规范化、标准化、精细化水平不断提升。以信息化为手段，大力推进信息化和数字图书馆建设；以行政后勤为保障，着力加强基础设施建设，努力打造“智慧校园”“精致校园”“城市园林校园”；坚持严以治校、严以治教、严以治学，不断营造风清气正的办学环境。

【2019年工作要点】

2019年，省委党校、省行政学院工作总的要求是：牢牢把握“一个学校、一个阵地、一个机构、一个智库”的职能定位，始终坚持党校姓党，坚持聚焦主业主课、聚力改革创新，推动高质量办学走在前列。

一、切实把习近平新时代中国特色社会主义思想作为党校根本统领和核心必修课程

紧密围绕中央巡视反馈意见、省委整改方案，将习近平新时代中国特色社会主义思想列为党校教学计划重点，完善课程培训体系，深化学习宣传研究。

1. 突出主业主课。把学习贯彻习近平新时代中国特色社会主义思想摆在党校教育培训最突出的位置，确保在理论教育中的比重不低于50%。着力推动入脑入心。

2. 深化研究阐释。充分发挥自身优势，努力形成一批有分量、有价值、高水平、影响大的研究成果。深入开展宣讲宣传，创新方式方法，不断增强理论宣讲的吸引力、感染力和说服力。

3. 强化教学研究。组织教师开展集体备课、理论攻关，推动研究成果进教案进课堂，着力提高教师“用学术讲政治”的水平、提升教学培训的质量效果。

二、坚持“用学术讲政治”，不断提高教学培训的针对性有效性

1. 持续优化教学内容。认真贯

彻落实《2018—2022年全国干部教育培训规划》，扎实开展党的基本理论教育、党性教育、专业化能力培训和知识培训。深入开展需求调研，完善以需求为中心的教学计划生成机制和培训内容更新机制。

2. 不断创新教学方法。运用启发式讲授、专题式研讨、体验式学习、案例教学、自主性管理和个性化总结等多种教学形式，切实增强教学培训的感染力和吸引力。

3. 着力打造教学精品。推动集体备课、集体打磨教学专题形成机制，定期组织教研部门内部评课、校内公开评课，开展教学观摩、教学评比活动，努力做到以名课推名师。

4. 完善激励约束机制。突出业绩导向，把教学评估与教师排课、职称评定、专业岗评聘等挂钩，充分调动教师的积极性、主动性和创造性。优化考核机制，引导教师潜心学术研究，不断开发和完善教学专题。强化教学督导，落实集体备课、试讲、听课制度。

三、着力提升新型智库建设水平和党校影响力

1. 切实加强学科建设。不断壮大马克思主义学科群，推动形成突出党校特色、服务主业主课、满足教学科研需要的学科体系。

2. 加强教研咨一体化的研究。建立健全专题、课题的转化机制，努力形成教学出题目、科研做文章、成果进课堂和咨询进决策的良性格局。

3. 扩大新型智库的影响力。立足省重点培育智库、省中特中心基地，进一步创新党建研究院和“四中心一论坛”运行机制，用好教员、学员两支队伍和校内、校外两种资源，提高组织化程度，真正做到出成果、出人才、出精品。

4. 激发教研人员从事科研的内生动力。出台相关激励机制的办法，支持教研人员“走出去”开展调研活动，努力推出一批有深度、能够进入教学专题、为党委政府决策服务的研究成果。

四、大力推进人才强校战略

1. 继续实施名师工程。加快专业技术人才引进，优先考虑具有较高职称和学历、有利于改善学科结构、年龄较轻的拔尖人才。

2. 丰富和完善教师培养措施。积极搭建平台，积极采取访学、挂职、帮扶等渠道大力培养年轻教师，充分发挥学科带头人的领头雁效应，做好对年轻博士、教研新秀的“传帮带”。

3. 推动教研部门师资整合。组织现有教研人才交流融合，建立资源合理配置的学科团队和学术团队。

4. 严格教职工日常管理。加强和完善教师外出授课报备制度，督促教师时刻绷紧教学纪律这根弦，切实做到学术研究无禁区、讲坛论坛有纪律、公开言论守规矩，确保党校讲台和外出授课的严肃性。加强干部监督管理，严格执行领导干部个人有关事项报告制度，完善干部考核评价机制，充分调动干部干事创业的积极性。

5. 持续推进全省党校系统“三个一批”人才培养工程（一批系统教研新秀培养对象、一批社科英才培养对象、一批教学名师培养对象）。实施第二轮人才培养工程，切实推动全省党校系统师资建设。

五、努力提高管理服务保障水平

1. 加强智慧、绿色、书香、平安校园建设。推动校院门户网站优化升级，切实加强信息系统应用开发与推广。不断优化校园整体布局，提升校园环境品位。扎实推进古籍文献保护与开发、特色数据库建设，切实提升服务功能。严格落实安全工作责任制，确保校园安全稳定。

2. 着力推进精细化管理。切实加强制度建设，补齐工作短板，优化工作程序，促进科学化、标准化、精细化管理。

3. 强化系统业务指导功能。通过举办全省党校系统校长培训班、师资研修班，组织集体备课、专题研讨和教学观摩等教学活动，促进全省党校师资水平不断提升。扎实推进科研协作，创新体制机制，拓展工作思路，着力形成纵横联动的科研协作新格局。

六、把全面从严治党要求贯穿到办学治校全过程各方面

1. 切实加强校委班子建设。校委班子带头旗帜鲜明讲政治，严格执行民主集中制，努力营造风清气正的良好政治生态。

2. 持续深化作风建设。严格落实中央“八项规定”、《实施细则》和省委《具体办法》精神，认真执行校院《实施办法》，坚持不懈纠“四风”、改作风。

3. 全面加强机关党的建设。把学习贯彻习近平新时代中国特色社会主义思想作为校委中心组学习的主要内容，与庆祝新中国成立 70 周年紧密结合起来，与推进“两学一做”学习教育常态化制度化和“不忘初心、牢记使命”主题教育紧密结合起来，通过专题学习会、中心

组专题会、报告会、主题党日、“三会一课”、主题教育等多种形式，在深学深悟、常学常新上下功夫。严格执行“三会一课”、组织生活会、谈心谈话、党员民主评议等组织生活基本制度，不断加强和改进思想政治工作，切实把广大教职工紧密团结在党组织的周围。

【2019 年工作总结】

2019 年，在省委、省政府的正确领导下，省委党校、省行政学院坚持以学习贯彻习近平新时代中国特色社会主义思想为统领，紧紧围绕省委、省政府决策部署，坚持党校姓党根本原则，紧扣“聚焦主业主课、聚力改革创新，推动高质量办学走在前列”目标任务，统筹抓好干部培训、思想引领、理论建设、决策咨询，推动各项工作取得新进展。

一、突出政治引领，深入学习贯彻习近平新时代中国特色社会主义思想

坚持把学习贯彻习近平新时代中国特色社会主义思想作为首要政治任务，特别是深入学习领会习近平总书记关于党校办学治校系列重要指示精神，始终坚持正确的办学方向，确保在思想上政治上行动上同以习近平同志为核心的党中央保持高度一致。

一是扎实推动习近平新时代中国特色社会主义思想进课堂、进教材、进学员头脑。把学习贯彻习近平新时代中国特色社会主义思想作为教学培训的中心内容和首要任务，打造系列课程体系，推出 20 个教学专题，在理论教育中的比重达到 50%。举办学习新思想主题励学读书会，引导帮助学员深刻领会其重大意义、科学体系、丰富内涵、精神实质和实践要求。强化入学测试和毕业考试，帮助学员加深对新思想应知应会内容的理解和把握。

二是着力营造学习宣传研究的浓厚氛围。充分发挥党校优势，组织召开第八届江苏党的建设高层论坛、党的十九届四中全会精神研讨会、马克思主义论坛等系列学术活动 20 余次，组织教师撰写并发表理论宣传文章154篇，其中30余篇在《人民日报》《光明日报》《学习时报》《新华日报》《群众》等省级以上报刊发表，多篇获得“江苏省社科应用研究精品工程”优秀成果奖、江苏发展研究奖。

三是深入学习贯彻总书记关于党校办学治校系列重要指示精神。以习近平新时代中国特色社会主义思想为指导，深入学习贯彻习近平总书记关于党校办学治校系列重要指示精神，分析把握新时代党校工作的新形势新任务新要求，切实增强使命感责任感紧迫感。《中国共产党党校（行政学院）工作条例》印发后，第一时间组织全校教职工学习领会，制定校院贯彻落实《条例》的意见，起草省委贯彻落实《条例》的重点任务清单。全国党校（行政学院）校（院）长会议结束后，第一时间向省委作了汇报，并向省委常委会作专题汇报，提出江苏省贯彻落实会议精神的初步打算和建议，扎实推动《条例》落细落实。

二、紧紧围绕大局，促进大事、要事落地见效

2019年，校委班子立足党校事业发展的新形势新任务，对照年初确定的重点工作目标，落实责任，精准发力，推动重点工作取得实效。

一是扎实开展“不忘初心、牢记使命”主题教育。坚持基础工作不漏项、规定动作不缺项、自选动作选好项，将学习教育、调查研究、检视问题、整改落实贯穿全过程。深入开展革命传统教育和先进典型教育，组织全校党员赴雨花台烈士陵园开展重温入党誓词活动，邀请赵亚夫同志来校作专题报告。组织主题教育宣讲团，精心打磨7个系列专题，组织集体备课，累计为80多家机关、企业、高校作专题辅导报告，5位专家学者接受了江苏卫视主题教育专家访谈。举办“全省党校系统主题教育师资班”，着力提高全省党校系统主题教育理论教学研究水平。打造党性教育主题教室新馆，以珍贵的党史档案为载体，在对全校党员进行全员教育的基础上，共接待省级机关、省部属企事业单位60多批4000多人次前来参观学习。坚持把“改”字贯穿始终，在解决问题“存量”的同时，查摆和消化问题“增量”，共梳理出校委班子问题17项，班子成员个人问题68条，皆在全力整改之中。校院主题教育开展情况先后17次被《新华日报》、江苏卫视、《学习时报》等媒体报道。

二是全力配合省委巡视。把十

三届省委第七轮巡视当作对校委班子和领导干部的一次“政治体检”，成立了由常务副校长担任组长、相关部门负责同志为成员的巡视工作联络组。认真细致地做好各项服务保障，努力为巡视组开展谈话、查阅资料、专项检查、受理信访等工作做好服务。校委班子率先垂范、严守纪律，带头认真学习习近平总书记关于巡视工作重要论述，认真贯彻落实省委关于开展巡视工作各项要求，诚恳接受巡视组的监督指导和批评帮助，及时完成巡视组交办的工作任务。同时，督促全体教职工本着对党负责、对党校事业负责的态度，实实在在汇报工作、实事求是反映问题，努力让巡视组全面掌握校委班子和党校事业的真实发展状况。

三是举办庆祝新中国成立 70 周年系列活动。先后举办“不忘初心、牢记使命”和“我和我的祖国——庆祝新中国成立 70 周年”两次全校文艺汇演，举行“同升国旗，共唱国歌”活动，进一步激发了学员和教职工的爱国热情和民族自豪感。召开全省党校系统第十三届科研协作会暨庆祝新中国成立 70 周年理论研讨会，组织党员干部参观庆祝中华人民共和国成立 70 周年成就展，举办江苏红色资源绘画汇报巡回展、庆祝中华人民共和国成立 70 周年书画摄影展、“革命后代话初心讲家风”红色故事会，向离休老干部代表颁发“庆祝中华人民共和国成立 70 周年纪念章”，组织对老同志进行走访慰问，进一步营造了礼赞新中国、讴歌新时代的浓厚氛围。

三、坚持党校姓党，推动高质量办学迈出新步伐

省委党校、省行政学院坚持党校姓党根本原则，始终把干部教育培训作为校院的根本任务和中心工作，着力发挥主渠道主阵地作用。全年举办各类培训班次 160 个，培训轮训学员 16800 余人次，其中主体班次 53 个，培训学员 9364 人次；承办各类委托培训班 70 个，其中涉外班 10 个，是承办涉外培训班次最多的一年，培训质量和效果不断提升。

一是突出主业主课，教学培训质量得到新提升。创新教学内容，设置独立单元，加大专题供给，认真组织专题招标、集中试讲等活动。创新教学方式方法，在各个班次安排党性主题教室、现场教学点等体验式教学。搭建项目平台，不断打磨课程，全面提升课程质量。邀请省领导和省级机关部门主要负责人来校作报告，全年举办 24 场专题报告会。精心打磨教学课题，周延胜老师讲授的专题获评全国党校（行政学院）系统第五届精品课，校院获评全国党校（行政学院）系统第四届教学管理优秀奖。修订完善《学员管理工作规定》《关于进一步加强学风建设、严格学员管理的意见》，主体班平均到课率在99%以上。着力发挥导学、促学、督学作用，坚持举办周一晚讲堂、周三报告会、选修课，积极开展读书会、品书会、荐书会、红色故事会、“我的初心故事分享”活动，办好学员讲坛、班级论坛、微讲堂等主题活动，不断拓展教学内容和学习领域。充分发挥学员优势，引导学员对重大理论和实践问题进行深入研究，发表文章100多篇，有7篇咨政报告获省领导批示。精心组织开展“研究生教育20周年系列活动”，稳步推进研究生教育。持续推进两院转型工作，管干院、青干院积极整合教育资源，认真抓好对外培训工作，培训质量不断提升。

二是打造科研精品，新型智库建设取得新进展。瞄准科研高立项、高发表、高获奖目标，修订完善《推动科研高质量发展实施办法（暂行）》《优秀科研奖评选办法》等科研管理制度，提升科研组织化程度。2019年共获得省级以上课题25项，其中国家社科基金年度项目9项，国家社科基金后期资助项目1项，位居全国省级党校第二。着力打造高端智库品牌，聚焦省委、省政府中心工作和重大战略部署、社会热点难点问题，及时反映重要思想理论动态，提出有价值的对策建议。全年组织编写《研究报告》40余篇，10篇获得省领导批示。江苏党的建设高层论坛被评为2019年度江苏智库实践十佳案例，两项成果获2019年度江苏智库研究与决策咨询优秀成果。

三是推进人才强校战略，人才队伍素质得到新提升。坚持好干部标准，坚持德才兼备、以德为先的用人导向，做好4个处级职位的选拔任用工作。继续加大对年轻干部和专业型干部的引进工作，公开招录4名公务员、遴选6名基层公务员。科学组织专业技术人才招聘，引进10名博士生。3名教师被评为省社科英才，5名教师被评为省社科优青，在职教师拥有博士学位的占比已经超过50%。认真执行校院鼓励激励、容错纠错、能上能下“三项机制”，完善行政管理人员日常考核办法，突出考核重点内容，增加处室主要负责人对所属人员德能勤绩廉量化考评。积极推进干部和教师参加各类理论和业务学习，全年共组织教职工52人次参加中央党校、国防大学和三所干部学院学习，组织47人次赴境外学习研修交流，组织全省党校系统12名“三个一批”人才培养对象参加主体班学习，组织38名行政管理人员赴红旗渠干部学院开展“不忘初心、牢记使命”专题党性教育培训。

四是加强精细化管理，服务保障迈上新台阶。优化管理服务。规范公文管理，严格起草、审签等各个环节，加强涉密文件的保密管理。建立外事常态沟通联络机制，全年共接待国（境）外考察团11批326人次。成立校内部控制领导小组，完善制度规定，连续五年被省财政厅评为省级部门决算先进单位。全年共完成268个班次3万余人次的培训和会议保障任务。后勤服务部门收到表扬信1050封，意见征询综合满意率达99%以上。大力提升园林校园、智慧校园、平安校园建设水平，开展安全隐患专项整治行动，清理整改校园东北角小院安全隐患，安装大门智能识别系统，出台《校园交通安全管理规定》。推进生活垃圾分类和节能降耗宣传，完成水佐岗校区改扩建工程建设资料移交及资产转固工作，校院再次获评公共机构节能示范单位。完善网络安全体系建设，被江苏省信息网络安全协会评为2018年“网络安全工作先进单位”。图书馆深入挖掘馆藏文献价值，积极拓展读者服务功能，组织藏彝走廊绘画纪实展、江苏红色资源绘画汇报巡回展等多项校园文化活动，不断丰富校园文化生活。

四、深化改革创新，增创党校事业发展新优势

省委党校、省行政学院坚持在学习新思想中解放思想、统一思想，在深入调研的基础上，科学谋划务实有效的创新举措，着力解决党校事业发展的不足和短板。

一是深入推动“用学术讲政治”教学改革“一号工程”。凝聚“用学术讲政治”的思想共识，召开“用学术讲政治”工作推进会、教师学习会和重大教学专项课题成果交流会、全省党校系统教学工作座谈会。认真组织学习娄勤俭书记在党校调研时的指示精神，从讲政治、用学术、接地气三个层面回答好“书记之问”。深化“用学术讲政治”的教学改革，深化课程体系、专题生成机制和教学效果评估体系改革，深化教学专项课题研究，引导帮助教师加深对“用学术讲政治”的系统理解和把握。强化“用学术讲政治”的工作导向，成立校教研咨一体化委员会，出台《关于深入推进“用学术讲政治”的实施办法（试行）》，强化激励约束，激发教师投身主业主课和科研咨询的内生动力。

二是大力推进教研咨一体化。成立校教研咨一体化委员会，定期分析形势、研究举措、部署任务。出台《推动科研高质量发展实施办法（暂行）》等7个制度性文件，推动形成教学出题目、科研做文章、成果进课堂、咨询进决策的良性机制。确立科研高质量评价导向，修订职称评聘条件、重点核心期刊目录以及论文、著作、研究报告等各类科研成果计分标准，加强对科研组织化的考核。强化激励约束，大幅度提高各类优秀教学专题、高质量科研、决策成果的奖励标准，将优秀教学科研业绩与职称晋升、岗位评聘、专家人才推荐、出国出境培训等直接挂钩，激发教师投身主业主课和科研咨询的内生动力。

三是探索实施马克思主义理论教学和研究创新工程。立足建设与江苏高质量发展走在全国前列相适应的一流省级党校，解决长期制约党校创新发展的体制机制障碍，进一步激发创新活力，更好地发挥党校作用，在2018年调研的基础上结合主题教育活动，先后赴多家省级党校、市级党校实地调研，广泛征集意见、充分汲取经验。围绕创新工程的目标任务、基本内涵及指标体系，组织工作小组起草开展创新工程的请示和意见。专门召开校委会讨论，反复修改完善，最终形成《关于省委党校（省行政学院）实施马克思主义理论教学和研究创新工程的请示》《关于实施马克思主义理论教学和研究创新工程的有关说明》报省委决策。以省委娄书记来校院调研为契机，向省委作专题汇报，得到省委领导的重视和支持，为后期进入“施工阶段”打下良好基础。

五、落实主体责任，坚定不移推动全面从严治党

省委党校、省行政学院始终把党建工作和党风廉政建设摆在重要位置，与中心工作同部署、同落实、同督促，不断推动严以治校、严以治教、严以治学，以严的作风、实的举措，把全面从严治党要求落到实处。

一是注重加强校委领导班子建设。深入学习贯彻党的十九届四中全会精神、《中国共产党党校（行政学院）工作条例》，坚持不懈用党的理论创新成果武装头脑。2019年以来，校委中心组围绕主题教育、党的十九届四中全会精神等专题召开学习会共19次。认真贯彻民主集中制原则，坚持把方向、谋全局、抓大事，充分发挥领导核心作用。努力提高党内政治生活质量，增强自我革命精神，扎实开展批评与自我批评，确保校委班子团结一致、坚强有力。

二是严格落实党风廉政建设校委主体责任和纪委监督责任。严格执行校委、校委主要负责人落实党风廉政建设双报告、述责述廉和廉政谈话等制度，分层签订《党风廉政建设责任状》，细化分解党风廉政建设责任表。定期研究党风廉政建设工作，重要情况及时听取汇报，强化风险防范。认真落实中央八项规定和《实施细则》，深入开展形式主义、官僚主义集中整治，持之以恒转作风、改文风、正校风，把开展集中整治活动作为“不忘初心、牢记使命”主题教育的重要任务。坚持抓早抓小、防微杜渐，充分运用监督执纪“四种形态”。2019年，给予教职工党纪处分1人，政务处分1人，诫勉谈话2人，不予承认党员身份1人，并按照党章党规和条例要求，在一定范围进行通报。

三是坚决守好意识形态阵地。强化政治责任和领导责任，把意识形态工作责任制从党风廉政建设责任制中独立出来，单独与各部门签订《意识形态工作责任状》，压紧压实意识形态工作责任制。强化师德师风建设，坚持把讲政治的要求贯彻落实到教学培训的全过程，教学评估将“政治纪律”单列，对“不合格”课程实行一票否决。落实意识形态领域管理，严格落实校刊校报“三审三校”制度，加强社科阵地和文化交流阵地管理。注重主流意识形态建设，组织教研人员在各类媒体主动发声，深入开展理论宣讲。通过举办江苏党建高层论坛、马克思主义高端论坛，与新华报业传媒集团共同成立“新华红”江苏党建联盟和党建创新研究院等多种形式，加强对各种社会思潮的辨析和引导，及时发出党校声音。完善意识形态领域风险研判机制，定期向省委宣传部汇报省委党校维护意识形态安全专项行动开展情况，及时了解掌握意识形态领域的新情况新动向，注重防范和化解意识形态领域风险。

四是扎实抓好机关党的建设。紧密结合推动主题教育，充分发挥党校特色优势，通过报告会、辅导讲座、读书会、研讨会等方式，全方位多形式常态化开展理论学习。

着力提升组织力，组织召开《中国共产党支部工作条例（试行）》学习汇报会，组织党支部书记述职。严格规范组织生活，落实校院领导双重组织生活制度，安排机关党委委员、机关纪委委员到相关党支部加强联系指导。落实党支部规范化建设的“三项机制”，促进支部之间、党员之间的互动交流，增强推动高质量办学的凝聚力和向心力。认真做好老干部工作，组织开展适合离退休干部特点的正能量活动，努力为离退休干部提供人文关怀和贴心服务。老干部处被省老年体协评为“优秀组织奖”，陆九云同志被中共中央组织部表彰为“全国离退休干部先进个人”。

2019 年，省委党校、省行政学院在推动校院事业发展上取得了诸多成绩，但也存在一些不足，比如“用学术讲政治”教学改革“一号工程”有待进一步推进，授课教师在专题讲授过程中，还存在学理阐释不够、学术知识运用不够充分的问题，学员有“不解渴”现象；校院在全国党校系统和全省社科系统的科研地位不够牢固，学术研究的精品力作较少，原创性精品成果不多；理论学习的成效有待提升，对学习开展情况缺少经常有效的评估考核；精细化管理存在短板弱项，治校治教一些领域存在薄弱环节。

2020 年，省委党校、省行政学院将以习近平新时代中国特色社会主义思想为指导，认真学习贯彻习近平总书记关于党校办学治校系列重要指示精神和《中国共产党党校（行政学院）工作条例》，把思想统一到中央和省委部署要求上来，坚持党校姓党、从严治校、质量立校，全面提高教学、科研、咨询和管理水平，大力弘扬党校学习之风、朴素之风、清朗之风，努力推动党校工作不断开创新局面。

【2019 年度大事记】

1 月

2 日下午　常务副校院长桑学成主持召开校委会，会议讨论校委分工调整事项、审定年终考核优秀人员名单、审定2019年人才引进计划、审定获校外表彰的先进集体和先进个人名单、听取关于2019年元旦春节走访慰问退（离）休老同志活动安排的汇报、听取管干院专项工作汇报、审定全省党校（行政学院）系统首期“三个一批”人才培养对象获奖名单和第二批培养对象名单、讨论年终总结表彰工作及放寒假时间安排以及有关人事等。副校院长胡志军、钱学伟、陈开颜，教育长孙文华出席。办公室、人事处、党群工作处、财务处、老干部处、信息管理处、管干院等部门主要负责人列席会议。

3日上午　副校院长钱学伟主持召开1月份行政办公会，对全校上年度12月份完成的主要工作进行总结，对假期前重点工作进行部署安排，各行政部门、直属单位主要负责人参加了会议。

4日上午　校院举行2018年秋季学期主体班毕业典礼。省委常委、省委组织部部长、省委党校校长郭文奇出席毕业典礼，并为学员颁发荣誉奖牌和毕业证书。省纪委副书记、省监委副主任黄继鹏，省委副秘书长尹卫东，省委宣传部副部长赵金松，团省委书记王伟等出席毕业典礼；校院领导以及省有关部门职能处室的负责同志也出席了毕业典礼；常务副校院长桑学成主持毕业典礼。第31期省管干部进修班等6个班次学员参加毕业典礼，6位学员代表作学习小结发言，畅谈了学习体会。

8日　校院组织开展2019年春季学期主体班部分专题集中试讲活动。常务副校院长桑学成、副校院长胡志军、教育长孙文华、教学督导组组长廖进分别担任试讲评审组组长，与评审专家们一起，全程参与听课、评议等各个环节。本次试讲共涉及11个教学专题，在前期专题征集、指南发布、教师申领与申报、教研部开发和集体备课的基础上，严格按照《主体班教学专题生成规程（试行）》和“用学术讲政治”评课标准组织实施。

9日　校院召开2019年度国家社科基金项目申报动员会暨选题研讨会。常务副校院长桑学成出席并讲话，南京审计大学公共管理学院院长、教育部长江学者特聘教授金太军，河海大学商学院教授、博士生导师赵敏参加会议并对校院拟申报选题作点评。科研处处长吴宏教授主持会议。校院教研部门负责人、部分教研人员、近五年进校青年博士等70余人参加了会议。科研处传达了全省社科规划管理工作会议精神，并对申报工作作了具体部署。31位教师汇报交流了2019年国家社科基金项目拟申报选题思路，与会专家逐一进行了点评。

11日下午　校院召开“用学术讲政治”工作推进会。常务副校院长桑学成出席并讲话。副校院长胡志军主持会议，教育长孙文华出席。孙文华介绍了全国党校（行政学院）系统第七次教学改革研讨会议召开情况，传达了中央党校（国家行政学院）分管日常工作的副校（院）长何毅亭所作主题报告和副校（院）长王东京在会议上的总结讲话精神，并介绍了有关省级党校近年来推动“用学术讲政治”的经验和做法。全体教师，各部门主要负责人，人事处、教务处、学员处、科研处工作人员，教学督导组专家参加了会议。

18日上午　校院召开全省党校（行政学院）系统第一期“三个一批”人才培养对象总结表彰会暨第二期“三个一批”人才培养对象座谈会。常务副校院长桑学成出席并讲话。副校院长胡志军主持会议，副校院长钱学伟、陈开颜，教育长孙文华出席。钱学伟宣读了第一期“三个一批”人才培养对象考核获奖名单，陈开颜宣读了第二期培养对象入选名单，并为获奖教师颁发了荣誉证书。全省党校行政学院系统“三个一批”人才培养对象第一期获奖人员、第二期入选人员和各设区市市委党校常务副校长、人事处处长，以及第二期培养对象所在市、县（市、区）委党校常务副校长，校院各教研部门、办公室（工作指导处）、研究生处、继续教育学院负责人和人事处、教务处、科研处工作人员参加了会议。

18日下午　常务副校院长桑学成主持召开校委会，会议审定2018年教学、科研等奖项获奖名单，听取处级干部试用期考察情况汇报，审定校聘人员春节生活补贴标准等。副校院长胡志军、钱学伟、陈开颜，教育长孙文华出席会议。办公室、人事处、科研处、研究生处、机关纪委、教务处等部门负责人列席会议。

22日上午　副校院长胡志军主持召开教研部门负责人会议。教育长孙文华出席。各教研部主要负责人就2018年部门推出新专题、组织集体备课、开展教学调研以及加快青年教师培养、完成科研工作等情况进行交流发言，并提出有关建议。各教研部门负责人和人事处、科研处、研究生处、教学督导组负责人，以及教务处、学员处全体人员参加会议。

22日上午　副校院长钱学伟率领办公室、总务处、培训服务保障处、研究生处、信息管理处、图书馆、教材中心、保卫处以及两大服务团队负责人对教学楼党性教育主题教室施工现场等校内重点部位的设施设备开展安全检查，对出租房屋进行了现场检查，指出存在问题，提出整改要求。检查结束后，钱学伟主持召开了安全工作讲评会。

23日下午　省委党校、省行政学院召开2018年度总结表彰大会，常务副校院长桑学成作总结讲话。副校院长胡志军主持会议。副校院长钱学伟宣读了2018年度考核优秀等次人员名单，副校院长陈开颜宣读了优秀教学奖和优秀科研奖获奖名单，教育长孙文华宣读了获校外奖项名单。全体教职工参加了会议。校院领导向获得校内外各项表彰的教职工代表颁发了荣誉证书。

24日上午　校院举行2019年离退休老同志迎春团拜会。常务副校院长桑学成向老同志通报了校院工作情况并送上了新春祝福。副校院长钱学伟主持团拜会，副校院长胡志军宣读了2019年100岁、90岁、80岁寿星人员名单和钻石婚、金婚夫妇名单，副校院长陈开颜宣读了2018年度参加省级机关老年人文体活动并取得较好成绩的人员名单。校院领导、离退休干部工作领导小组成员和离退休老同志等180余人参加了团拜会。

25日上午　校委班子召开2018年度民主生活会。常务副校院长桑学成主持会议。省纪委驻省委组织部纪检监察组组长姜爱军、副组长宋琼到会指导。桑学成首先通报了2017年度校委班子民主生活会整改措施落实情况和本次民主生活会征求意见情况，并代表校委班子进行对照检查。桑学成带头作个人对照检查，主动接受各位校委的批评；其他班子成员也逐一进行对照检查，相互之间开展批评。

24日至25日　常务副校院长桑学成，副校院长胡志军、钱学伟、陈开颜，教育长孙文华分别带队走访慰问老党员和生活困难党员。办公室和老干部处主要负责人等参加慰问活动。

28日下午　常务副校院长桑学成主持召开校委会，会议研究审定《中共江苏省委党校国家法定节假日值班制度（试行）》《励学大厦会议中心地下车库停车方案》等。副校长胡志军、钱学伟、陈开颜，教育长孙文华出席会议。办公室、机关纪委、财务处、培训服务保障处、保卫处等部门负责人列席会议。

2月

1日上午　副校院长钱学伟带领保卫处负责人看望寒假期间坚守岗位的两大服务团队安保人员，并送上慰问品。钱学伟对做好下一步安保工作，确保春节和寒假期间校园安全提出明确要求。

27日下午　校委理论学习中心组召开学习（扩大）会，传达学习省委党建工作领导小组会议精神和有关文件精神。常务副校院长桑学成传达省委党建工作领导小组会议精神，并就贯彻落实会议精神提出要求。

27日下午　常务副校院长桑学成主持召开校委会，研究校2019年重点工作，审定退休人员名单等。副校院长胡志军、钱学伟、陈开颜，教育长孙文华出席会议。办公室、人事处、党群工作处（机关纪委）、机关党委等部门主要负责人列席会议。

28日下午　校院召开2019年春季学期首次办公会，研究部署春季学期重点工作。常务副校院长桑学成主持会议并对做好春季学期工作作出部署。副校院长胡志军、钱学伟、陈开颜，教育长孙文华出席会议。各处室、直属单位主要负责人参加会议。办公室、人事处、财务处、总务处、教务处、科研处、研究生处、继续教育学院、信息管理处等9个部门负责人进行了汇报交流。校院领导分别对分管工作进行了布置。桑学成还通报了2018年度校委班子民主生活会情况。

3月

4日　校院举行2019年春季学期开学典礼。省委常委、省委组织部部长、省委党校校长郭文奇出席并讲话，强调党员干部要深入学习贯彻习近平总书记关于加强党的政治建设的重要论述，全面落实中央《关于加强党的政治建设的意见》精神，把提高政治能力作为加强政治建设的重要方面和关键内容，切实担负起党和人民赋予的政治责任。省纪委副书记、省监委副主任黄继鹏，省委组织部常务副部长王立平，省委宣传部副部长赵金松，校院领导胡志军、钱学伟、陈开颜、孙文华，以及省有关部门职能处室负责同志、各设区市市委组织部干部教育培训处处长出席了开学典礼。常务副校院长桑学成主持开学典礼。校院第6期新任省管干部任职培训班等8个主体班次的学员和校院副处级以上干部、教师代表、昆山分校负责同志参加了开学典礼。

6日　省纪委副书记、省监委副主任黄继鹏应邀来校院围绕“坚定不移推进全面从严治党向纵深发展”作专题辅导报告。报告会由副校院长胡志军主持，第32期省管干部进修班等7个主体班的学员参加。

12日　校院组织2019年春季学期主体班次全体学员赴南京雨花台烈士陵园开展“缅怀革命先烈、重温入党誓词”主题教育活动。副校院长胡志军出席并讲话，第32期省管干部班等7个主体班370多名学员参加，学员处处长王启发主持活动。

13日　省委组织部常务副部长王立平应邀来校院作“做忠诚干净担当的领导干部”的报告。报告会由副校院长胡志军主持，第32期省管干部进修班等7个主体班的学员参加。

14日下午　常务副校院长桑学成主持召开校委会，校委理论学习中心组传达学习省级机关党的建设工作会议精神、研究校委2019年度落实党风廉政建设主体责任清单、听取有关干部工作情况汇报、审定教研人员奖励性绩效工资分配方案、听取使用移动办公平台购买移动办公服务的汇报、讨论《会议中心LED电子显示屏管理规定》和会议中心LED电子显示屏收费标准、审定《关于进一步加强学风建设、严格学员管理的若干规定》（修订）和《学员管理工作暂行规定》（修订）等。副校院长胡志军、钱学伟、陈开颜，教育长孙文华出席会议。办公室、人事处、党群工作处（机关纪委）、财务处、培训服务保障处、学员处、信息管理处、管干院等部门主要负责人列席会议。

20日　省文联主席章剑华教授应邀作专题辅导报告。报告会由教育长孙文华主持，第32期省管干部进修班等7个主体班的学员参加。

21日下午　校院召开校委理论中心组扩大学习会，专题学习《中国共产党纪律处分条例》。省纪委监委省级机关纪监工委书记王爱平应邀作专题辅导报告，常务副校院长桑学成出席并讲话，副校院长陈开颜主持会议，校院领导胡志军、钱学伟、孙文华，各处室主要负责人、全体在职党支部支委参加学习。校院领导还与各处室主要负责人签订了党风廉政建设、意识形态工作和安全保卫工作责任状。省纪委驻省委组织部纪检监察组副组长宋琼到会指导。

22日上午 常务副校院长桑学成主持召开校委会，会议审定2019年度校内部门预算、研究《中共江苏省委党校值班补贴管理暂行办法》、听取开展单位资金竞争性存放试点招标情况的汇报、审定部分干部调整方案。副校长胡志军、钱学伟、陈开颜，教育长孙文华出席会议。办公室、人事处、财务处、机关纪委等部门负责人列席会议。

26日下午 校院召开2019年度部门预算下达会议，副校院长钱学伟出席并讲话。办公室主任卜利民主持会议，各处室、直属单位主要负责人和报账员参加了会议。

26日 江苏省中共党史学会在我校召开八届二次常务理事会议。全国政协常委、全国政协农业和农村委员会主任、省党史学会会长罗志军主持会议并讲话。省委党校常务副校长、省行政学院常务副院长、省党史学会常务副会长桑学成出席会议。会上，省党史学会顾问郭广银、宋林飞分别就如何推进本届学会理事会确定的两项重点研究课题“江苏革命精神——庆祝中国共产党成立100周年”和“中国共产党领导的江苏改革开放历程”作了专题发言。会议讨论并通过了本届学会的工作规划以及今年工作要点的落实分工方案。桑学成宣读表彰决定，对省党史学会庆祝改革开放40周年学术研讨会评选出的优秀论文进行了表彰。

27日下午 省委网信办网络安全协调处副处长吴天寿应邀为校院网络安全培训会作“网络安全形势与任务”专题讲座。办公室主任卜利民主持培训会，各处室、直属单位负责人和网络信息员参加培训。

28日上午 校院教研咨一体化工作委员会召开第一次工作会议。常务副校院长桑学成出席并讲话，副校院长胡志军、教育长孙文华出席会议，人事处、教务处、科研处有关负责同志参加了会议。为贯彻落实全国党校（行政学院）系统第七次教学改革研讨会和校院“用学术讲政治”工作推进会精神，着力推进“用学术讲政治”教学改革“一号工程”，促进教学、科研、决策咨询的一体化建设，推动校院高质量办学取得新进展、新突破，经校委会研究决定，成立校院教研咨一体化工作委员会。

29日 校院召开离退休干部重点工作研究部署会议，副校院长钱学伟出席并讲话，离退休党支部班子成员、老干部处全体工作人员参加了会议。会议传达学习全省老干部局长会议精神，通报校（院）有关工作情况，解读离退休工作要点，认真听取与会老同志的意见和建议。

3日至29日　新任省管干部任职培训班在我校举办，2018年度新任职的厅级正职，省级机关、设区市和县（市、区）、高校院所的厅级副职等共240名省管干部分四期参加了培训。

4月

3日上午　副校院长钱学伟主持召开4月份行政办公会，对校院3月份完成的主要工作进行总结，对4月份重点工作进行部署安排，各行政部门、直属单位主要负责人参加会议。

3日　省委常委、省委宣传部部长王燕文应邀来作“建设具有强大凝聚力和引领力的社会主义意识形态”的专题报告。常务副校院长桑学成主持报告会，第32期省管干部进修班等7个主体班的学员聆听了报告。校院领导，机关党委、机关纪委、教务处、科研处、学员处全体人员，各教研部门主要负责人也听取了报告会。

4日上午　常务副校院长桑学成主持召开校委会，会议审定校（院）教研咨一体化工作委员会成员名单、审定《关于实施创新工程的情况汇报》、听取有关干部工作的情况汇报等。副校院长胡志军、钱学伟、陈开颜，教育长孙文华出席会议。办公室、人事处、机关党委、机关纪委、教务处等部门负责人列席会议。

10日下午　校院保密委员会召开全体成员会议，副校院长、校院保密委员会主任钱学伟出席并讲话，办公室主任、校院保密委员会副主任卜利民主持会议并传达了省保密委员会有关文件精神，校院保密委员会成员交流了工作经验和学习体会。

11日上午　中共宁夏区委党校常务副校长蒋文龄一行9人来校院考察调研，常务副校院长桑学成、副校院长胡志军接待调研组并出席座谈会。桑学成简要介绍了我校的基本概况、历史沿革和干部教育培训情况，重点围绕贯彻落实“用学术讲政治”的要求、推动高质量办学作了交流。双方还就教学培训、科研咨询、管理服务等工作进行了深入的交流。办公室、教务处、继续教育学院、公共管理教研部等部门负责人参加了座谈会。

11日下午　“新华红”江苏党建联盟成立仪式在南京新街口CBD党群服务中心举行。活动由新华报业传媒集团与江苏省委党校联合主办，新华日报传媒有限公司、《党的生活》杂志社、江苏党的建设理论与实践创新研究院共同承办。常务副校院长桑学成出席并致辞。

16日下午　校院召开安全隐患排查整治分析会，副校院长钱学伟出席并讲话。会议学习了习近平总书记、李克强总理对响水“3·21”特大爆炸事故和四川省凉山州木里县森林火灾的重要指示批示精神，传达了“3·23”省委常委会关于响水爆炸事故的会议精神和相关文件通知。参会各部门和两大服务团队负责人汇报了本部门自查发现的安全隐患和具体整改措施。办公室、总务处、培训服务保障处、信息管理处、图书馆、教材中心、管干院、青干院和两大服务团队负责人及保卫处全体人员参加了会议。

16日下午　校院召开机关纪委会议。副校院长、机关党委书记陈开颜出席并讲话，机关纪委书记周文筠主持会议，机关纪委委员、纪委全体工作人员参加。会议组织学习了《中共中央关于加强党的政治建设的意见》等文件精神，传达了省纪委监委驻省委组织部纪检组组长姜爱军在“党风廉政建设座谈会”上的讲话精神，与会人员研究讨论了《省委党校机关纪委监督责任清单》。

17日下午　省委宣传部组织召开2019年度全省新型智库建设工作推进会暨全省新型智库理事会全体会议。省委常委、省委宣传部部长王燕文出席并讲话。常务副校院长、省重点培育智库——江苏党的建设理论与实践创新研究院院长桑学成出席会议。校智库办有关同志参加了会议。

18日下午　校院召开校委理论学习中心组（扩大）学习会，专题学习《中共中央关于加强党的政治建设的意见》，党史党建教研部教授周延胜就学习内容作了解读。常务副校院长桑学成出席并讲话。副校院长胡志军、钱学伟、陈开颜，各处室主要负责人和各在职党支部书记参加学习。与会人员参观了改扩建后的党性教育主题教室，党史党建教研部主任、教授张加华作了生动翔实的讲解。

23日　庆祝第24个“世界读书日”、纪念“南京解放70周年”专题图片展在图书馆一楼大厅举行开展仪式。副校院长陈开颜、办公室主任卜利民出席仪式，图书馆副馆长丁小文主持开展仪式。陈开颜为优秀读者代表颁发了奖状和奖品，部分教职工和学员代表参加了开展仪式。

23日　在第24个“世界读书日”来临之际，校院与凤凰书城联合举办了“新时代　新悦读——庆祝新中国成立70周年”专题书展活动。常务副校院长桑学成、副校院长胡志军专门到书展现场指导工作。为做好本次书展活动，副校院长陈开颜对书展策划、宣传、现场组织等提出明确要求。江苏求实书店紧贴学员和教职工读书需求，力求使参展的图书具有较强的针对性、可读性。办公室、信息处、培训服务保障处等部门做了大量服务和保障工作。

23日　省人大常委会副主任曲福田应邀作“推动经济高质量发展走在全国前列及立法保障”的专题报告。常务副校院长桑学成主持报告会，第32期省管干部进修班等7个主体班次的学员聆听了报告。

25日上午　常务副校院长桑学成主持召开校委会，会议研究成立校院内部控制建设领导小组及办公室、校院预算绩效管理领导小组及办公室、校院内部审计办公室等事项、讨论拨付扶贫款事项、听取青干院食堂一期改造工程设计变更增项情况汇报、审定青干院2019年预算内工程及货物采购项目。副校院长胡志军、钱学伟、陈开颜，教育长孙文华出席会议。办公室、人事处、党群工作处（机关纪委）、财务处、青干院、图书馆等部门主要负责人列席会议。

14日至25日　新疆教育管理干部领导力提升高级研修班在校院举办。4月15日上午，江苏省政府副秘书长王志忠出席开班式并讲话。新疆维吾尔自治区党委教育工委副书记胡军海，中共江苏省委党校常务副校长、江苏省行政学院常务副院长桑学成，江苏省发展和改革委员会副主任祁彪，江苏省教育厅副厅长苏春海，及江苏省对口支援新疆克州前方指挥部党委副书记、纪委书记，克州人民政府副州长姜东出席开班式。江苏省对口支援新疆克州前方指挥部党委书记、总指挥，克州党委副书记关永健主持开班式。该研修班先后邀请了高校、教育主管部门及科研单位的领导和专家作专题讲座，并组织前往南京、南通、常州、无锡、苏州等地开展现场教学和考察调研活动。61名来自全疆14个地（州、市）的教育工委负责人、重点中小学校长、22个深度贫困县分管教育工作负责人或重点中小学校长参加了学习培训。

26日上午　省委学习报告会在校院会议中心举行，学习中共中央《关于加强党的政治建设的意见》。省委副书记、省长吴政隆，省政协主席黄莉新等出席报告会。全体校院领导，各处室主要负责人，各在职党支部书记，及科社、党史党建、廉政中心全体教师参加了学习。中央党校（国家行政学院）党建部主任张志明教授就《意见》作题为"加强政治建设，提升政治能力"的专题辅导。省委常委、省委组织部部长郭文奇主持报告会。

29日上午　副校院长钱学伟率领办公室、总务处、培训服务保障处、研究生处、信息管理处、图书馆、教材中心、保卫处以及两大服务团队的负责人对校重点部位开展了安全检查。当日下午，钱学伟还带领总务处、保卫处负责人对青干院、管干院进行了安全检查，并对两院做好节日期间的安全保卫工作提出了明确要求。

30日　校院举行2019年春季学期第一批主体班毕业典礼。省委常委、省委组织部部长、省委党校校长、省行政学院院长郭文奇出席毕业典礼，并为学员颁发荣誉奖牌和毕业证书。常务副校院长桑学成主持毕业典礼。第32期省管干部进修班等5个主体班次的学员参加毕业典礼。省纪委副书记、省监委副主任黄继鹏，省委副秘书长尹卫东，省委组织部常务副部长王立平，省委宣传部副部长赵金松等出席毕业典礼。校院领导胡志军、钱学伟、陈开颜、孙文华，省有关部门职能处室的负责同志也出席了毕业典礼。

5月

6日上午　副校院长钱学伟主持召开5月份行政办公会，对我校4月份完成的主要工作进行总结，对5月份重点工作进行部署安排。各行政部门、直属单位主要负责人参加了会议。

7日　校院举行2019年春季学期第二批主体班开学典礼。省委常委、省委组织部部长、省委党校校长、省行政学院院长郭文奇出席，并作题为"领导干部要做新时代担当作为的表率"的辅导报告，强调领导干部要带头深入学习贯彻习近平总书记关于激励干部担当作为的重要论述，敢于负责、勇于担当，在知行合一中主动担当作为。省纪委副书记、省监委副主任黄继鹏，省委副秘书长尹卫东，省委组织部常务副部长王立平，省委宣传部副部长赵金松，省委党校、省行政学院领导胡志军、钱学伟、陈开颜、孙文华，以及省有关部门职能处室负责同志出席开学典礼。常务副校院长桑学成主持开学典礼。省委党校、省行政学院第33期省管干部进修班等8个班次的学员以及省委党校、省行政学院副处级以上干部参加了开学典礼。

11日　江苏省党支部书记学院揭牌仪式暨首期党支部书记示范培训班开班式在校院举行。省委常委、省委组织部部长、省委党校校长、省行政学院院长郭文奇出席仪式并讲话。省委组织部副部长、省委“两新”工委书记周为号主持仪式。校院领导胡志军、钱学伟、陈开颜、孙文华，省委党建办副主任洪浩，省党支部书记学院有关负责同志，首期示范培训班全体学员，特聘教师，各设区市市委组织部职能处室负责同志等参加仪式。省党支部书记学院负责同志和首期示范培训班学员代表作了交流发言。

15日下午　省委常委、省委统战部部长杨岳应邀来校作题为“深入学习贯彻习近平总书记关于加强和改进统一战线工作的重要思想，不断汇聚新时代共同奋斗的磅礴力量”的辅导报告。常务副校院长桑学成主持报告会。第33期省管干部进修班等7个主体班次的学员以及省委统战部机关干部参加报告会。

16日下午　校院2019年春季学期第二批主体班320多名学员来到侵华日军南京大屠杀遇难同胞纪念馆进行现场教学活动。活动仪式上，省委党校、省行政学院教育长孙文华讲话；第33期省管干部进修班临时党支部书记、班长，扬州市委副书记、政法委书记孔令俊代表全体学员发言。学员处处长王启发主持活动仪式。

20日下午　校院组织春季学期第二批主体班320多名学员到省文联开展现场教学活动。学员们通过“看、听、想、议”，普遍受到了一次艺术文化的熏陶和一次深刻的精神洗礼。

22日上午　常务副校院长桑学成主持召开校委会，会议审定校园大门智能识别系统项目方案、励学大厦和学员公寓消防设施修复改造项目方案、报告厅LED大屏项目建设方案、教学楼部分教室多媒体和扩音系统升级以及部分教室改造项目方案、会议中心舞台灯光系统改造项目方案，审定省第十二批科技镇长团团长推荐人选、省第五期“333工程”科研项目资助推荐人选等。副校院长胡志军、钱学伟、陈开颜，教育长孙文华出席会议。办公室、人事处、党群工作处（机关纪委）、财务处、培训服务保障处、信息管理处、保卫处等部门负责人列席会议。

25 日　校院举办马克思主义高端论坛。常务副校院长桑学成教授出席并致辞，中央党校科学社会主义教研部副主任刘学军教授莅临并作主题报告。南京艺术学院党委书记杨明教授、东南大学马克思主义学院院长袁久红教授、《江海学刊》主编韩璞庚教授等 12 位专家学者，围绕“中国制度：理论·实践·话语体系”这一主题作交流发言。来自南京大学、东南大学、华东师范大学、浙江财经大学和上海市委党校等的 70 多名专家学者参加论坛。

30 日上午　常务副校院长桑学成主持召开校委会，会议听取校内部控制建设工作相关问题汇报、校园安全隐患排查整改情况汇报、校园东北角小院子清理整改情况汇报、省党支部书记学院工作汇报，讨论《关于深入推进“用学术讲政治”实施办法（试行）》，审定《中共江苏省委党校公务用车管理规定》，审定 2019 年参加境外学习研修交流人员名单等。副校院长胡志军、钱学伟、陈开颜，教育长孙文华出席会议。副巡视员卜利民、王启发，办公室、人事处、党群工作处（机关纪委）、财务处、总务处、继续教育学院、信息管理处、保卫处、教务处等部门负责人列席会议。

6 月

3 日上午　副校院长钱学伟主持召开 6 月份行政办公会，对我校 5 月份完成的主要工作进行总结，对 6 月份重点工作进行部署安排。各行政部门、直属单位主要负责人参加了会议。

3 日下午　常务副校院长桑学成主持召开校委理论学习中心组（扩大）学习会，专题学习中央“不忘初心、牢记使命”主题教育工作会议精神。副校院长、机关党委书记陈开颜传达《关于印发 2019 年省级机关部门单位党组党委落实机关党建领导责任清单的通知》《2019 年党的对外联络工作座谈会情况的通报》《关于我省当前意识形态领域情况的通报》等文件精神。全体校院领导，办公室、人事处、机关党委、机关纪委等处室负责同志参加了会议。

4 日　由中央档案馆、国家档案局与江苏省档案馆、中共江苏省委党校、江苏省行政学院联合打造的党性教育主题教室新馆在我校正式启用。中央档案馆副馆长、国家档案局副局长刘鲤生，省档案馆馆长陈向阳，江苏省委党校常务副校长、省行政学院常务副院长桑学成出席启用仪式并讲话。新馆选用了中央档案馆、江苏省档案馆珍藏的近百件珍贵档案文献，其中包括毛泽东、周恩来等党和国家领导人的手迹档案，有的档案系首次公布。省档案馆领导，各党支部的书记、支委、党小组长，省委党校有关部门负责人及部分教职工代表也参加了仪式。

6日　省统计局党组书记、局长王汉春应邀就“以监测评价考核引领推动高质量发展”作专题报告。副校院长胡志军主持报告会，第33期省管干部进修班等6个主体班的学员参加了报告会。

10日上午　常务副校院长桑学成主持召开校委会，会议研究成立校“不忘初心、牢记使命”主题教育领导小组及办公室。校主题教育领导小组随后召开第一次会议，审定领导小组办公室起草的《中共江苏省委党校　江苏省行政学院关于开展“不忘初心、牢记使命”主题教育的实施方案》。副校院长胡志军、钱学伟，教育长孙文华出席会议。副巡视员卜利民，人事处、党群工作处（机关纪委）、机关党委、财务处、信息管理处等部门负责同志列席会议。

10日上午　省委党校召开“不忘初心、牢记使命”主题教育动员会议，省委主题教育第八巡回指导组组长吴沛良到会指导并讲话，常务副校院长、校主题教育领导小组组长桑学成出席并作动员讲话。省委主题教育第八巡回指导组副组长杨中华出席会议。副校院长、校主题教育领导小组副组长胡志军主持会议。省委主题教育第八巡回指导组全体成员，校院领导班子全体成员、主题教育领导小组办公室全体成员、全体党员参加会议。会前，校委会、校主题教育领导小组研究通过了校主题教育实施方案，研究成立校主题教育领导小组办公室，对主题教育近期工作作了部署安排。

10日上午　常务副校院长、校主题教育领导小组组长桑学成主持召开“不忘初心、牢记使命”主题教育领导小组第一次会议，研究校开展“不忘初心、牢记使命”主题教育的实施方案。校主题教育领导小组副组长、成员出席会议。

11日下午　“大美中国　冠世运河”书画展开展仪式在校院图书馆举行。江苏省军区原副司令员吕振林，校院副巡视员王启发、图书馆馆长王平，画家李晓东，书法家江柏林出席开展仪式。图书馆副馆长丁小文主持开展仪式。

14 日下午　校院召开学位评定委员会会议，审议 2019 届硕士研究生学位授予事宜。常务副校院长、校学位评定委员会主席桑学成主持会议。副校院长、校学位评定委员会副主席胡志军，教育长孙文华，及学位评定委员会委员出席会议。学位评定委员会以无记名投票方式表决 30 名硕士研究生的学位申请。表决通过后，桑学成宣读了校学位评定委员会决议，并对进一步做好学位研究生教育提出要求。

17 日上午　2019 年省级机关处级干部年训“守初心、担使命，推动高质量发展走在前列”专题培训班在我校开班。常务副校院长桑学成为第一期年训班讲授了题为“新中国辉煌 70 年：解码中国共产党为什么能够成功”的开班第一课，副校院长胡志军作开班动员讲话。本次年训班紧密结合“不忘初心、牢记使命”主题教育，旨在帮助学员学懂弄通做实习近平新时代中国特色社会主义思想和党的十九大精神，落实好“不忘初心、牢记使命”主题教育的部署要求。年训班将举办 9 期，每期 3 天，共 6400 余人参训。

17 日下午　校院举行 2019 届硕士研究生毕业典礼暨学位授予仪式。常务副校院长、校学位评定委员会主席桑学成出席并讲话。副校院长、校学位评定委员会副主席胡志军主持毕业典礼和学位授予仪式。副校长钱学伟、陈开颜，教育长孙文华出席毕业典礼。钱学伟宣读了《关于表彰中共江苏省委党校 2019 届“优秀毕业硕士生”的决定》，陈开颜宣读了校学位评定委员会《关于授予余璐等 30 名同学硕士学位的决定》。授位仪式在欢快的音乐声中进行，常务副校院长桑学成依次为每一位获得硕士学位的毕业生扶正流苏，颁发学位证书和毕业证书，祝贺同学们顺利毕业。校学位评定委员会委员、各教研部门负责人、毕业硕士研究生导师、各行政处室负责人、硕士研究生辅导员、研究生处全体人员、全体硕士生及部分学生亲属参加了毕业典礼。

18 日下午　按照校主题教育计划安排，校委领导班子走进党性教育主题教室接受党性教育，并围绕“不忘初心、加强党性修养”进行了集中学习研讨交流。省委主题教育第八巡回指导组组长吴沛良参加集中学习研讨并讲话。常务副校长、校主题教育领导小组组长桑学成主持集中学习研讨。校院领导胡志军、钱学伟、陈开颜、孙文华等畅谈学习体会和收获。副巡视员卜利民、王启发，校主题教育领导小组及办公室成员，办公室、人事处、机关党委、机关纪委全体党员参加了此次教育活动。

20日上午　常务副校院长桑学成主持召开校委会，会议审定励学大厦和学员公寓客房卫生间维修工程方案和开展暑期零星维修工程方案、听取教职工往来款清理工作情况汇报、审定2019年公开招聘专业技术人员拟聘用人员名单、听取继教院（省党校教师进修学院）办班经费问题情况汇报、研究党性教育主题教室场租费用标准等。副校院长胡志军、钱学伟，教育长孙文华出席会议。副巡视员卜利民、王启发，办公室、人事处、党群工作处（机关纪委）、财务处、培训服务保障处、继续教育学院等部门负责人列席。

17日至22日　由中组部委托江苏省举办的深度贫困地区加快发展专题培训班在校院举办。中央组织部公务员二局副巡视员彭忠宝，中共江苏省委组织部副部长、江苏省公务员局局长李伟，中共四川省委组织部二级巡视员杨进出席开班式。我校副校长陈开颜主持开班式。来自四川阿坝州、甘孜州、凉山州、乐山市的50名公务员参加培训。

19日至24日　老挝干部考察团访问江苏。其间，常务副校院长桑学成、副校院长陈开颜分别会见了考察团全体成员。我校为考察团安排了习近平新时代中国特色社会主义思想、全面依法治国等专题介绍，并组织前往南京市规划建设展览馆、鼓楼区人民法院等地参观考察。

24日　校院召开离退休党支部“不忘初心、牢记使命”主题教育精神传达学习会，副校院长钱学伟出席并讲话，离退休党支部委员、老干部处全体工作人员参加会议。会后，离退休党支部委员、老干部处工作人员走进校党性教育主题教室接受党性教育。

25日上午　常务副校院长、校主题教育领导小组组长桑学成以“切实增强‘不忘初心、牢记使命’的思想自觉和行动自觉”为题，给全校党员干部上了一堂生动的专题党课。校院领导胡志军、钱学伟、陈开颜、孙文华，副巡视员卜利民、王启发，省委主题教育第八巡回指导组成员王丽参加了党课学习。

26日下午　校院召开主体班次

学员座谈会，认真检视在干部教育培训工作中存在的差距，听取学员对党校坚持“党校姓党”根本原则，推动“用学术讲政治”，增强教学培训针对性、有效性及提升管理服务等方面的意见和建议。常务副校院长、校主题教育领导小组组长桑学成主持座谈会并讲话。来自省管干部进修班、县处级干部进修班等6个主体班的7位学员代表结合在校期间的学习、生活情况，对省委党校在教学培训、学员管理和服务保障等方面的工作给予了充分的肯定，并围绕坚持“党校姓党”、加强政治建设、落实从严治校、推动“用学术讲政治”教学改革“一号工程”、增强教学培训针对性有效性等方面提出了意见和建议。副校院长、校主题教育领导小组副组长胡志军、钱学伟，副巡视员、学员处处长王启发，校主题教育领导小组及办公室成员，人事处、党群工作处、培训服务保障处、教务处、科研处、学员处、信息管理处、保卫处等部门负责同志参加了座谈。

28日下午　校院召开“不忘初心、牢记使命”主题教育征求意见建议座谈会，认真听取教职工对我校推动高质量办学等各方面的意见建议。常务副校院长、校主题教育领导小组组长桑学成出席并讲话。副校院长、校主题教育领导小组副组长胡志军主持座谈会。来自全校不同岗位的10位代表在广泛征求意见的基础上，结合各自工作，围绕坚持“党校姓党”、突出主业主课、推动“用学术讲政治”教学改革“一号工程”、提高科研咨政水平、加强人才队伍建设、推进精细化管理、提升管理服务保障水平等方面提出了意见和建议。副校院长钱学伟，副巡视员卜利民、王启发，校主题教育领导小组及办公室成员，各部门主要负责同志参加了座谈。

28日下午　第二届“新华红”思享会暨党建创新研究院成立仪式在江宁高新区举行。活动由新华日报社与江苏省委党校联合主办，中共南京市江宁区委组织部、区委宣传部、江宁高新区管委会、中国江苏网、《党的生活》、新华日报传媒有限公司共同承办。活动仪式上，省委党校副巡视员卜利民出席并致辞。省委党校党史党建教研部主任张加华、决策咨询研究中心主任盛华根等5名专家受聘为“新华红”党建创新研究院特约研究员。江苏省自然资源厅等30家单位成为“新华红”江苏党建联盟的第二批联盟单位。

29日　由江苏省委党校主办，江苏党的建设理论与实践创新研究院、江苏省中特中心省委党校研究基地、江苏党的建设研究基地承办的第八届“江苏党的建设高层论坛”在我校举行。会议主题是“加强党的政治建设：理论与实践”。中央纪委驻文化部纪检组原组长李洪峰作了“密切联系党的历史使命和战略目标建设党”的主题报告。省委党校常务副校院长，党建研究院院长、首席专家桑学成到会致辞并作主题发言。省委宣传部社科规划办主任许益军出席并讲话。10位领导和专家作主题发言。15位论文作者作交流发言。本次论坛还组织了征文活动，共收到论文140多篇，其中50篇论文入选会议论文。特邀领导专家、媒体嘉宾，省委党校相关部门负责人，党建研究院全体教师，各设区市市委党校分管领导、科研处处长、市情研究中心主任，以及入选会议论文作者代表等130多人参加会议。

7月

1日上午　常务副校院长桑学成主持召开校委会，会议审定校“不忘初心、牢记使命”主题教育领导小组办公室提出的校委理论学习中心组开展“不忘初心、牢记使命”主题教育集中学习方案和校委领导班子开展“不忘初心、牢记使命”主题教育调研方案等。副校院长胡志军、钱学伟、陈开颜，教育长孙文华出席会议。副巡视员卜利民、王启发，办公室、人事处、党群工作处（机关纪委）、机关党委、财务处、继续教育学院、信息管理处、校刊部等部门负责人列席会议。

1日上午　常务副校院长、校主题教育领导小组组长桑学成主持召开“不忘初心、牢记使命”主题教育领导小组第二次会议，研究校委理论学习中心组关于开展“不忘初心、牢记使命”主题教育集中学习方案和校委领导班子开展“不忘初心、牢记使命”主题教育调研方案。校主题教育领导小组副组长、成员出席会议。校主题教育领导小组办公室汇报了校委理论学习中心组关于开展“不忘初心、牢记使命”主题教育集中学习方案和校委领导班子开展“不忘初心、牢记使命”主题教育调研方案。

1日　由中共上海市委党校（上海行政学院）、中共江苏省委党校（江苏省行政学院）、中共浙江省委党校（浙江行政学院）、中共安徽省委党校（安徽行政学院）共同签订的《长三角地区党校（行政学院）

优质教学资源共建共享协议》正式施行。协议的施行，将有力促进长三角地区各层级党校（行政学院）之间“资源共享、合作共建、优势互补、共同提升”，在合作共享中促进长三角地区党校（行政学院）整体发展。

3 日下午　校院举行“不忘初心、牢记使命”庆祝新中国成立 70 周年文艺汇演。全场节目分为“初心”“爱国”“筑梦”三个篇章，全体教职工、主体班学员及硕士研究生参加了演出。本次文艺汇演是深入开展“不忘初心、牢记使命”主题教育的创新举措之一，旨在通过多种形式活动丰富主题教育内容，提升主题教育的针对性、实效性和感染力，积极营造浓厚氛围，推动主题教育扎实深入开展。常务副校院长桑学成致辞。省纪委监委驻省委组织部纪检监察组组长姜爱军，省级机关工委副书记杨庆国，南京艺术学院党委书记杨明，《新华日报》社副总编辑钱丽萍，省演艺集团有限公司副总经理苏启大，省委主题教育第八巡回指导组成员邬承胜、徐旭东，校院领导胡志军、钱学伟、陈开颜、孙文华、卜利民、王启发一起观看了演出。

4 日　校院举行 2019 年春季学期毕业典礼。省委常委、省委组织部部长、省委党校校长、省行政学院院长郭文奇出席毕业典礼，并为学员颁发荣誉奖牌和毕业证书。第 33 期省管干部进修班等 6 个主体班次的学员参加毕业典礼，7 位学员代表作学习小结发言。省纪委副书记、省监委副主任黄继鹏，省委副秘书长、省委党建办主任尹卫东，省纪委监委派驻省委组织部纪检监察组组长姜爱军，省委组织部副部长洪浩，省委宣传部副部长赵金松出席毕业典礼。校院领导胡志军、钱学伟、陈开颜、孙文华，省有关部门职能处室负责同志也出席了毕业典礼。省委党校常务副校长、省行政学院常务副院长桑学成主持毕业典礼。

4 日下午　校委理论学习中心组围绕“坚定理想信念、牢记党的宗旨”主题，开展第二次集中学习研讨。常务副校院长、校主题教育领导小组组长桑学成主持会议并讲话。校院领导胡志军、钱学伟、孙文华，副巡视员卜利民、王启发，校主题教育领导小组及办公室成员，全校各部门主要负责同志参加了学习研讨。科社教研部主任王金水教授从如何学、学什么、怎么学三个方面对学习《习近平新时代中国特色社会主义思想学习纲要》作了专题辅导。胡志军领学了《习近平关于“不忘初心、牢记使命”论述摘编》有关篇目，并畅谈个人学习体会。副巡视员、办公室主任卜利民，保卫处处长周荣华，经济学教研部主任李宗尧，校刊部主任李立峰等围绕主题进行了交流发言。

5日　校院组织全体党员干部赴雨花台革命烈士陵园开展“缅怀革命先烈、重温入党誓词”主题教育。常务副校院长、校主题教育领导小组组长桑学成出席并讲话。副校院长、校主题教育领导小组副组长胡志军主持仪式。校院领导钱学伟、孙文华，副巡视员卜利民、王启发，以及全校党员干部参加了主题教育。

5日下午　校委理论学习中心组围绕“加强党的政治建设，坚持全面从严治党”这一主题，组织第三次集中学习研讨。常务副校院长、校主题教育领导小组组长桑学成主持学习研讨并讲话。校院领导胡志军、钱学伟、孙文华，副巡视员卜利民、王启发，校主题教育领导小组及办公室成员，全校各部门主要负责同志参加了学习研讨。钱学伟领学了《习近平关于“不忘初心、牢记使命”论述摘编》有关篇目，并结合党校工作实际作重点发言。科研处处长吴宏、法政教研部主任陈蔚、决策咨询研究中心主任盛华根、青干院常务副院长朱学兵等进行了交流发言。党史党建教研部主任张加华从四个方面对全党开展这次主题教育的重大意义和正当其时进行了深入阐释。

9日下午　校委理论学习中心组围绕“践行使命，勇于担当作为”主题，组织第四次集中学习研讨。常务副校院长、校主题教育领导小组组长桑学成主持会议并讲话。教育长、校主题教育领导小组副组长孙文华领学了周恩来的《十条家规》《我的修养要则》和习近平总书记在纪念周恩来同志诞辰120周年座谈会上的讲话，并作重点发言。培训服务保障处处长周步新、研究生处处长顾明进、经济管理教研部主任吴正林、图书馆馆长王平等进行了交流发言。会上，大家集体观看了《大无大有》专题片，周总理的伟人风范和崇高精神，使大家的思想和灵魂受到深刻洗礼。校院领导胡志军、钱学伟，副巡视员卜利民、王启发，校主题教育领导小组及办公室成员，全校各部门主要负责同志参加了学习研讨。

10日下午　校委理论学习中心

组围绕“严守党的政治纪律和政治规矩，坚持廉洁自律”主题，组织第五次集中学习研讨。常务副校院长、校主题教育领导小组组长桑学成主持学习研讨并讲话。会上，全体人员观看了警示教育片《必须坚守共产党人“赶考”初心》。副巡视员、学员处处长王启发领学了《习近平关于“不忘初心、牢记使命”论述摘编》有关篇目并作重点发言。机关党委专职副书记孙云峰、总务处处长林可旺、信息管理处处长吴飚和哲学教研部副主任（主持工作）刘力永等围绕主题进行了交流发言。校院领导胡志军、钱学伟、孙文华，副巡视员卜利民，校主题教育领导小组及办公室成员，全校各部门主要负责同志参加了学习研讨。

11 日上午　常务副校院长桑学成主持召开校委会，会议听取申报高级职务任职人员和空岗竞聘人员资格审核情况的汇报、审定科级干部职务晋升工作方案及科级干部任免建议、审定公开遴选公务员职位计划方案、听取非领导职务套改情况的汇报。副校院长胡志军、钱学伟、陈开颜，教育长孙文华出席会议。副巡视员卜利民、王启发，人事处处长程晓澎，党群工作处处长、机关纪委书记周文筠列席会议。

5 日、11 日　校院组织开展 2019 年秋季学期主体班教学专题集中试讲活动。校院领导对此次专题集中试讲高度重视，常务副校院长桑学成提出明确要求，副校院长胡志军、教育长孙文华、教学督导组组长廖进分别担任试讲评审组组长，与评审专家们一起参与听课、评议等各个环节。本次试讲主要涉及经典导读、党性锤炼、省情探究、能力提升等多个方面的专题，在前期征集教学专题、发布专题指南、组织教研部门申领与申报、教研部门集体打磨等环节的基础上，严格按照《主体班教学专题生成规程（试行)》和“用学术讲政治”评课标准组织实施。

11 日下午　根据校“不忘初心、牢记使命”主题教育计划安排，校院邀请全国“时代楷模”、优秀共产党员赵亚夫同志来为全校党员作先进事迹报告，并组织大家观看电影《赵亚夫》。常务副校院长桑学成主持报告会。

12 日　根据“不忘初心、牢记使命”主题教育计划安排，省委党校常务副校院长桑学成轻车简从，深入南京市委党校，栖霞、六合区委党校进行专题调研，了解基层党员领导干部的学习培训需求，征求对省委党校开展干部教育培训和业务指导工作的意见和建议，推动主题教育往实里走、往深里走、往心里走，以实际成效推动全省党校高质量发展。

15日至16日　教育长孙文华赴泰州市委党校、兴化市委党校、泰兴市委党校对干部教育培训和办学情况进行调研，深入了解各级党员领导干部的学习培训需求以及对省委党校开展干部教育培训工作的意见和建议，重点对教研咨一体化、智库建设、信息化及图书馆建设等内容进行调研。省委党校科研处、信息管理处、决策咨询研究中心有关同志参加调研。

15日至16日　副巡视员、办公室主任、工作指导处处长卜利民一行5人赴连云港市委党校、灌云县委党校开展"不忘初心、牢记使命"主题教育专题调研，深入了解市县党校干部教育培训和办学情况，广泛听取学员代表、市县党校对我校干部教育培训和业务指导工作的意见和建议。机关党委、机关纪委、继续教育学院有关负责同志参加调研。

17日　副校院长钱学伟带队赴无锡市委党校、江阴市委党校、锡山区委党校，对3家党校的干部教育培训和办学情况进行调研，深入了解基层党员干部的学习培训需求以及对省委党校开展干部教育培训和业务指导工作的意见和建议，重点对管理服务、后勤保障等内容进行调研。办公室、总务处、培训服务保障处、工作指导处有关同志参加调研。

23日下午　校院召开2019年上半年预算执行情况通报暨2020年度预算编报部署会议，副校长钱学伟出席并讲话。副巡视员、办公室主任卜利民主持会议，各处室、直属单位主要负责人和报账员参加了会议。财务处处长王琴通报了2019年上半年校级预算执行情况，并对执行过程中存在的问题提出建议。

22日至23日　副校院长陈开颜一行4人赴扬州开展"不忘初心、牢记使命"主题教育专题调研，深入了解党员干部的学习培训需求，重点对对外培训、师资培训、机关党建等内容进行调研，并听取基层党校和学员对省委党校领导班子、干部存在的突出问题和改进作风、改进工作以及开展干部教育培训和业务指导工作的意见和建议。机关纪委、继续教育学院、省级机关管理干部学院有关同志参加调研。

22日至23日　副校院长胡志

军带队到南通市委党校、如皋市委党校、如东县委党校进行专题调研，深入了解各级党员干部的学习培训需求，广泛征求市县党校对省委党校开展干部教育培训和业务指导工作的意见和建议。副巡视员、学员处处长王启发，教务处、研究生处、党校工作指导处有关同志一同参加了调研。

24日上午　教育长孙文华为分管部门党员上了题为“不忘初心、牢记使命，立足岗位重实干、对标找差勇担当”的专题党课。

24日　副校院长胡志军以“守初心、担使命，奋力推进省委党校教学高质量发展走在前列”为题，给分管部门的党员干部上了一堂深刻的专题党课。教务处、学员处、研究生处、哲学教研部、经济学教研部、科学社会主义教研部、党史党建教研部、经济管理教研部、公共管理教研部、社会和文化教研部、法政教研部、世界经济和政治教研部、马克思主义学院、廉政教育研究中心等部门全体党员参加了党课学习。

25日下午　副校院长钱学伟以“不忘初心、牢记使命，做推动党校高质量办学的不懈奋斗者”为题，给分管部门全体党员上了一堂精彩的专题党课。省委第八巡回指导组成员徐旭东到会指导。办公室、工作指导处、老干部处、财务处、总务处、培训服务保障处、保卫处等7个部门的全体党员参加党课学习。

26日下午　常务副校院长桑学成为分管部门党员和行政部门副处级以上党员干部上了题为“牢记初心使命，勇于担当作为，推进高质量办学走在前列”的专题党课。省委主题教育第八巡回指导组副组长杨中华到会指导。办公室、人事处、科研处、校刊部全体人员和行政部门副处级以上党员干部参加了党课学习。

26日　副校院长陈开颜以“坚定不移全面从严治党坚守初心使命”为题，为分管部门的党员干部上了一堂深刻的专题党课。省委主题教育第八巡回指导组成员邬承胜到会指导。校机关党委、机关纪委、继教院、管干院、青干院、教材中心等部门全体党员参加了党课学习。

29日下午　常务副校院长桑学成主持召开校委会，听取燃气锅炉低氮改造情况的汇报、学员电子支付系统建设的汇报、新校区资产转固和校院东北角安全隐患整改情况的汇报、十二届省委巡视整改落实情况的汇报，审定《推动科研高质量发展实施办法（暂行）》等文件，讨论有关人事工作。副校院长胡志军、钱学伟、陈开颜，教育长孙文华出席会议。二级巡视员卜利民、王启发，人事处、机关党委、机关纪委、财务处、总务处、培训服务保障处、科研处等部门负责人列席会议。

29 日下午　校院召开校委理论中心组学习（扩大）会，学习贯彻习近平总书记在中央政治局第十五次集体学习时的重要讲话及在中央和国家机关党的建设工作会议上的重要讲话精神。常务副校院长桑学成主持会议。校委领导班子成员围绕习近平总书记重要讲话精神开展学习讨论。会议还传达学习了中央和省委有关文件精神。

8 月

2 日下午　校院召开校委领导班子“不忘初心、牢记使命”主题教育专题调研成果交流会。常务副校院长桑学成，副校院长胡志军、钱学伟、陈开颜，教育长孙文华等 5 位校委班子成员交流了调研成果。省委主题教育第八巡回指导组组长吴沛良到会指导并讲话，联络员汪萍参加了交流会。二级巡视员卜利民、王启发，行政处室正、副处长，教研部主任，调研组成员，校主题教育领导小组办公室全体人员参加了会议。

6 日上午　副校院长钱学伟带领保卫处负责同志来到校园工作一线，亲切看望暑期坚守在岗位的两大服务团队安保人员及配电房、锅炉房工作人员，并送上慰问品。

16 日上午　校院召开校委理论中心组学习（扩大）会，专题学习《中国共产党章程》《关于新形势下党内政治生活的若干准则》《中国共产党纪律处分条例》，对照中央提出的“十八个是否”，逐条进行检视并查摆不足。

16 日上午　常务副校院长桑学成主持召开校委会，审定《部分领导职务和职级晋升工作方案》等。副校院长胡志军、钱学伟、陈开颜，教育长孙文华出席会议。二级巡视员卜利民、王启发，人事处、党群工作处（机关纪委）、总务处、老干部处等部门负责人列席会议。

16 日至 20 日　校院举办全省党校系统“不忘初心、牢记使命”主题教育师资班。来自全省 13 个设区市市委党校、89 个县（市、区）委党校的共计 160 名教学骨干参加了此次培训。

26 日下午　江苏省 2019 年新录用选调生集训班在校院开班。省委组织部常务副部长王立平出席开班式，并作题为“争做新时代担当作为的优秀选调生”的辅导报告，围绕选调生“为什么要担当、要有什么样的担当、靠什么来担当”三个问题，对选调生提出了殷切希望。副校院长胡志军致辞，省委组织部部务委员、干部一处处长黄楚中主持开班式。省、市委组织部规划办有关同志，省委党校继续教育学院有关同志，2019 年新录用的近 800 名选调生参加开班式。

26 日至 27 日　校院组织全体教师开展了为期两天的集中学习。26 日上午，在教师分组的基础上组织教学观摩，邀请梁作民、陈蔚、周延胜、李宗尧、梁三利 5 位获全国党校（行政学院）系统精品课奖的教师分单元进行示范授课。当天下午，5 位授课教师围绕贯彻“用学术讲政治”的具体要求，结合各自专题与大家分享了自己精品课程打磨的心路历程，并进行了深度互动交流。27 日上午，校院召开校重大教学专项课题成果交流会。常务副校院长桑学成出席并讲话，副校院长胡志军主持会议。副校院长钱学伟，教育长孙文华，二级巡视员卜利民、王启发参加交流会。

28 日上午　校委领导班子召开“不忘初心、牢记使命”主题教育专题民主生活会。常务副校院长桑学成主持会议。省委主题教育第八巡回指导组组长吴沛良、省纪委监委驻省委组织部纪检监察组组长姜爱军到会指导。会上，常务副校院长桑学成通报了 2018 年度校委领导班子民主生活会和巡视整改专题民主生活会整改措施落实情况、本次主题教育专题民主生活会征求意见情况，并代表校委班子进行对照检查，深入查摆了五个方面存在的主要问题，深刻分析了存在问题的原因。桑学成带头开展个人检视剖析，其他班子成员逐一进行检视剖析，相互之间开展批评和自我批评。省委主题教育第八巡回指导组成员邬承胜、徐旭东，省纪委监委驻省委组织部纪检监察组成员刘枚出席会议。省委党校二级巡视员卜利民、王启发，人事处、机关党委、机关纪委负责同志列席会议。

29 日上午　常务副校院长桑学成主持召开校委会，听取部分干部领导职务和职级晋升考察情况的汇报，听取关于提高校聘人员工资待遇、进一步加强对市县党校业务指导、校办公用房和公务用车专项整治自查情况、校存量住房清理情况及公开招录公务员方案等工作的汇报。副校院长胡志军、钱学伟、陈开颜，教育长孙文华出席会议。二级巡视员卜利民、王启发，工作指导处、人事处、党群工作处（机关纪委）、总务处等有关部门负责人列席会议。

29日下午　校院召开校委班子“不忘初心、牢记使命”主题教育专题民主生活会通报会。常务副校院长桑学成主持会议并讲话。副校院长胡志军、钱学伟，二级巡视员卜利民、王启发，各处室、直属单位主要负责人参加了会议。会上，桑学成就专题民主生活会梳理出的问题、制定的整改措施、校委班子开展批评与自我批评情况，以及省委主题教育第八巡回指导组组长吴沛良的讲话精神，向与会人员一一作了通报。

29日下午　常务副校院长桑学成主持召开秋季学期办公会，总结回顾全校上半年工作，部署安排秋季学期重点工作和近期各项任务。副校院长胡志军、钱学伟出席并对分管工作提出具体要求。二级巡视员卜利民、王启发，各处室、直属单位主要负责人参加会议。办公室、人事处、机关党委、培训服务保障处、教务处、科研处、研究生处、信息管理处、保卫处等部门主要负责人围绕秋季学期重点工作和9月份工作思路进行了汇报交流。

9月

3日上午　校院举行2019年秋季学期开学典礼。省委常委、省委组织部部长、省委党校校长、省行政学院院长郭文奇出席典礼并讲话，要求全省党员干部勇于自我革命，践行初心使命，在自我净化、自我完善、自我革新、自我提高中锤炼忠诚干净担当的政治品格。省纪委副书记、省监委副主任周广智，省纪委监委派驻省委组织部纪检监察组组长姜爱军，省委组织部副部长洪浩，省委宣传部副部长赵金松，校院领导胡志军、钱学伟、陈开颜、孙文华，以及省有关部门职能处室负责同志也出席了开学典礼。省委党校常务副校长、省行政学院常务副院长桑学成主持开学典礼。省委党校、省行政学院第34期省管干部进修班等8个班次的学员，以及省委党校、省行政学院副处级以上干部，昆山分校负责同志参加了开学典礼。

3日下午　常务副校院长桑学成主持召开校委会，听取2019年江苏省党校行政学院系统教师高级专业技术资格评审结果、新录用公务员试用期考核情况汇报，研究庆祝

第35个教师节活动方案等。副校院长胡志军、陈开颜，教育长孙文华出席会议。二级巡视员卜利民、王启发，人事处处长程晓澎列席会议。

4日下午　校院组织党员干部赴省党风廉政警示教育基地开展警示教育。副校院长胡志军，教育长孙文华，二级巡视员卜利民、王启发，各处室、直属单位主要负责人和廉政教育研究中心全体人员参加。

5日上午　省委组织部常务副部长王立平应邀来院校作题为“争做愿担当、敢担当、善担当的党员干部”的报告。副校院长胡志军主持报告会。第34期省管干部进修班等7个主体班的近400名学员参加报告会。

6日下午　根据校委会安排，校院召开处级职务、职级晋升干部集体廉政谈话会。常务副校院长桑学成主持会议并讲话。省纪委监委驻省委组织部纪检监察组成员刘枚出席。人事处、机关党委等部门相关同志，全体处级职务、职级晋升干部参加了会议。

9日上午　由省党史学会、省委党史工办、省委党校联合举办的庆祝中华人民共和国成立70周年书画摄影展在校院开展。全国政协农业和农村委员会主任、省党史学会会长罗志军宣布展览开幕。省委常委、常务副省长、省委秘书长樊金龙出席开幕式。军地老同志方祖岐、雷鸣球、徐承云、陈焕友、王寿亭、冯敏刚、郭广银等出席开幕式。

9日下午　校院举行教师节座谈会，庆祝第35个教师节。常务副校院长桑学成出席并讲话，副校院长陈开颜主持会议。教育长孙文华，二级巡视员卜利民、王启发出席会议。陈开颜宣读了《关于江苏社科英才、社科优青评选结果的通报》，孙文华宣读了获得“全国党校系统第四届教学管理优秀奖”和“全国党校系统第五届精品课”奖的表彰决定以及《关于表彰2019年从教满30年教师的决定》，校院领导分别向获得表彰和获奖的教师代表颁奖。全国党校精品课授课教师代表周延胜、从教30周年教师代表吴正林、省政府社科奖获得者教师代表薛莉、江苏社科英才教师代表陈蔚、江苏社科优青教师代表吴青熹、国家课题获准立项教师代表孙超分别作了发言。各教研部主任、副主任，教师代表，各行政处室、直属单位主要负责人，人事处、教务处、科研处、研究生处全体工作人员参加了会议。

9日下午　“不忘初心、牢记

使命——江苏红色资源绘画汇报巡回展”开展仪式在校院图书馆一楼大厅举行。常务副校院长桑学成，副校院长陈开颜，教育长孙文华，二级巡视员卜利民、王启发出席开展仪式。图书馆馆长杨庆云主持开展仪式，常务副校院长桑学成宣布巡回展正式开展。中青三班学员和部分教职工参加了开展仪式。

10日　校院组织秋季学期主体班全体学员到南京雨花台烈士陵园，开展以“缅怀革命先烈、重温入党誓词”为主题的爱国主义教育和革命传统教育活动。教育长孙文华出席并讲话。第34期省管干部进修班等8个主体班次370多名学员参加活动。二级巡视员、学员处处长王启发主持教学活动。

11日　由中共江苏省委党校主办、江苏党的建设理论与实践创新研究院承办，江苏省周恩来研究会、恩来干部学院、中共代表团梅园新村纪念馆、扬子晚报社协办的“周恩来精神与新时代”学术论坛在校院举行。中新社原副社长、全国政协委员周秉德同志与中央社会主义学院原副院长甄小英同志分别作主题报告。省委党校常务副校院长，党建研究院院长、首席专家桑学成出席并致辞。江苏省周恩来研究会执行会长张亚青致辞。省委党校教育长孙文华主持论坛开幕式和主题报告。

3日至12日　柬埔寨青年政治精英代表团来江苏参观考察。省外办巡视员黄锡强会见了代表团全体成员，省委党校常务副校院长桑学成出席欢送仪式并致辞。

17日上午　江苏省中共党史学会庆祝中华人民共和国成立70周年学术研讨会在校院召开。省委常委、常务副省长、省委秘书长樊金龙出席会议并讲话。全国政协常委、全国政协农业和农村委员会主任、省党史学会会长罗志军作总结讲话。省委党校常务副校院长、学会常务副会长桑学成主持会议。省社科联党组书记刘德海到会指导。东南大学原党委书记、学会顾问郭广银，省政府参事室原主任、学会顾问宋林飞等作交流发言。本次研讨会共收到90多篇学术论文，来自全省党史、党校、高校、部队院校和革命纪念场馆等系统的100多名会员代表参加了会议。

17日　省委常委、省委统战部部长杨岳应邀来校院就“深入学习贯彻习近平总书记关于加强和改进统一战线工作的重要思想，不断汇聚新时代共同奋斗的磅礴力量”作了专题报告。常务副校院长桑学成主持报告会。第34期省管干部进修班等7个主体班的学员及省委统战部机关干部参加报告会。

20日 校院举行2019级党员干部在职研究生开学典礼。常务副校院长桑学成出席并作动员讲话，副校院长胡志军主持。教育长孙文华、相关教研部门负责人、学科带头人、研究生班任课教师、相关处室负责人与新学员们一起参加了开学典礼。开学典礼结束后，研究生处分班组织开展了入学教育，相关教研部门负责人分别到各班进行学科和师资情况介绍。

23日上午 常务副校院长桑学成主持召开校委会，会议听取十三届省委第七轮巡视工作准备情况、有关人事工作情况、举行庆祝中华人民共和国成立70周年升国旗唱国歌仪式方案、关于颁发“庆祝中华人民共和国成立70周年纪念章”和走访慰问离休干部方案、求实书店采购物品经费列支等工作汇报。副校院长胡志军、钱学伟、陈开颜，教育长孙文华出席会议。二级巡视员卜利民、王启发，办公室、人事处、党群工作处（机关纪委）、老干部处、财务处、信息管理处、保卫处、教材中心等部门负责人列席会议。

24日上午 省委第七巡视组巡视省委党校工作动员会召开。会前，省委第七巡视组组长朱俊友主持召开与省委党校常务副校院长桑学成的见面沟通会，传达省委书记娄勤俭同志关于巡视工作的讲话精神。会上，朱俊友作了动员讲话，对做好巡视工作提出要求。桑学成主持会议并作表态发言。省委第七巡视组副组长陈宏程、顾鸿飞及有关同志，省纪委监委派驻省委组织部纪检监察组组长姜爱军，省委党校校委班子成员出席会议。省委党校近三年退休的校委班子成员、二级巡视员、教授、四级调研员以上干部、巡视工作联络组成员等列席会议。

26日上午 副校院长钱学伟带领办公室、总务处、培训服务保障处、研究生处、信息管理处、图书馆、教材中心、保卫处以及两大服务团队负责人，对总务处文印中心、教职工食堂、图书馆、信息中心机房、教材中心仓库、求实书店、监控室、配电房、空调机房、锅炉房、冷冻机房以及励学大厦等重点部位的设施设备开展安全检查。当天下午，保卫处、总务处负责人还对青干院、管干院进行了安全检查，并对两院做好国庆期间的安全保卫工作提出了明确要求。

26日下午　校院邀请“延安儿女故事团”举办“革命后代话初心讲家风”红色故事会。故事会开始前，常务副校院长桑学成、副校院长胡志军会见了延安儿女故事团团长胡木英老师及故事团成员，并合影留念。省委党校二级巡视员、学员处处长王启发全程参加。第18期中青年干部培训一班、第8期中青年干部培训二班全体学员聆听了革命先辈的精彩故事。

27日上午　校院举行校委理论学习中心组（扩大）学习会。常务副校院长桑学成主持会议。会上，桑学成带领学习中央政治局审议《新时代爱国主义教育实施纲要》和《中国共产党党校（行政学院）工作条例》会议精神，副校院长胡志军带领学习中宣部有关文件精神，二级巡视员卜利民带领学习新修订的《中国共产党问责条例》以及中央纪委与省纪委监委有关文件和相关电视电话会议精神。

27日上午　常务副校院长桑学成主持召开校委会，听取有关人事工作情况汇报，审定报告厅场租费调整和LED屏使用费方案。副校院长胡志军、钱学伟、陈开颜，教育长孙文华出席会议。二级巡视员卜利民、王启发，人事处处长程晓澎，培训服务保障处处长周步新等列席会议。

27日上午　校院举行“同升国旗，共唱国歌”活动。上午8时，常务副校院长桑学成宣布升旗仪式正式开始。伴随着雄壮嘹亮的《义勇军进行曲》，升旗手振臂一挥，鲜艳的五星红旗冉冉升起，在场所有人员整齐肃立，面向国旗行注目礼，高声同唱中华人民共和国国歌，祝福祖国繁荣昌盛。全体校院领导，中青年干部培训一班、二班、三班学员，2019级硕士研究生，以及全校处级以上干部参加升国旗仪式。

28日上午　校院组织处级以上干部、主体班次学员共450多人，参观了“礼赞新中国　奋进新时代——江苏省庆祝中华人民共和国成立70周年成就展”。副校院长胡志军，二级巡视员卜利民、王启发参加了活动。

29日下午　校院全体主体班学员和教职工、硕士生欢聚一堂，举行“我和我的祖国——庆祝中华人民共和国成立70周年”文艺演出，歌颂伟大祖国取得的辉煌成就，深情表达身为中华儿女的自豪与光荣。演出前，常务副校院长桑学成为校院离休老干部代表颁发了“庆祝中华人民共和国成立70周年纪念章”并致辞。全体校院领导、省委第七巡视组副组长陈宏程、全体主体班学员和教职工观看了演出。

10月

9日上午　副校院长钱学伟主持召开10月份行政办公会，对校院9月份完成的主要工作进行总结，对10月份重点工作进行部署安排，二级巡视员王启发，各处室、直属单位主要负责人参加会议。会上，财务处通报了江苏省财政厅《关于编制省级2020年部门预算和2020—2022财政规划的通知》文件精神。

9日上午　镇江市委在市委党校举行“信仰·力量·希望”党校联盟合作共建工作推进会。镇江市委书记惠建林，中央党校报刊社社长许宝健，省委党校常务副校长、省行政学院常务副院长桑学成出席会议并讲话。江苏大学党委书记袁寿其、江苏科技大学党委书记葛世伦出席会议并发言。镇江市委副书记、市委组织部部长、市委党校校长李健主持会议。省委党校二级巡视员卜利民出席会议。会上，镇江市委党校与江苏大学、江苏科技大学、镇江高等专科学校、江苏农林职业技术学院、江苏航空职业技术学院、江苏省交通技师学院等6所高校正式启动党校联盟合作共建，将在干部教育培训、决策咨询研究、党建重点工作、学科共建共享等众多领域开展深度合作，实现高校与党校资源的优势互补。镇江市委党校介绍了党校联盟及合作共建工作情况，江苏大学、江苏科技大学、镇江高等专科学校、镇江市委教育工委作了交流发言。

10日下午　南京理工大学党委书记张骏，副书记、副校长陈岩松带领党委组织部、党委宣传部、人事处、研究生院、马克思主义学院等部门负责人来校院进行座谈交流。常务副校院长桑学成、副校院长胡志军、教育长孙文华会见了张骏一行。人事处、科研处、研究生处、马克思主义学院等有关部门负责人参加座谈。双方就加强马克思主义理论研究、学科建设、教学改革、人才培养等方面进行了深入交流。

14日晚上　校院主体班第十四期“励学读书会”在“晚讲堂”上举行，7个班次300多名学员聚集在报告厅，按照“不忘初心、牢记使命”主题教育要求，以《习近平新时代中国特色社会主义思想学习纲要》《习近平关于“不忘初心、牢记使命”论述摘编》等书目为阅读内容，每个主体班次推荐一名学员代表班级作交流发言。读书会由党史党建教研部教授董连翔主持，党史党建教研部主任、教授张加华对学员代表的发言作了精彩点评。

14日至15日　“中浦·长三角一体化发展论坛”在昆山市召开。中国浦东干部学院分管日常工作的副院长曹文泽，经济日报社编委、中国经济趋势研究院院长孙世芳，中共昆山市委书记杜小刚在开幕式上致辞。省委党校常务副校院长桑学成应邀出席论坛，并以“以江苏全域一体化助推长三角更高质量一体化发展”为题作了主旨演讲。校院二级巡视员卜利民、科研处负责人和有关教研人员参加了论坛。来自中国浦东干部学院、复旦大学、浙江大学、同济大学、南京大学、浙江省社科联、江苏省委《群众》杂志社、上海联合产权交易所等单位的专家，围绕推进长三角更高质量一体化发展、使长三角地区成为全国经济发展强劲活跃的增长极等相关议题展开讨论，为推动长三角成为全国经济高质量发展的样板区、率先基本实现现代化的引领区和区域一体化发展的示范区献计献策。

15日上午　常务副校院长桑学成主持召开校委会，会议研究省内现场教学基地挂牌、培训服务保障处采购油烟净化设备、校内工程改造维修维护区域划分建议、文印中心价格调整以及青干院沿街围墙和楼宇出新等事项。副校院长胡志军、钱学伟、陈开颜，教育长孙文华出席会议。二级巡视员卜利民、王启发，办公室、人事处、党群工作处（机关纪委）、财务处、总务处、培训服务保障处、教务处、图书馆、青干院、信息管理处等部门负责人列席会议。

17日下午　省委常委、省委组织部部长、省委党校校长、省行政学院院长郭文奇来到省委党校，看望中青班学员，出席座谈会并讲话，充分肯定学员们前一阶段的学习成效，勉励年轻干部牢牢把握国家发展、民族复兴的黄金时期，干事创业、大有可为的最佳机遇，争当新时代特质鲜明的优秀年轻干部。座谈会由省委组织部常务副部长王立平主持，常务副校院长桑学成、省委组织部副部长洪浩等出席。省委党校中青一、二、三班全体学员参加座谈。座谈会上，卞兆伦等8位学员代表班级汇报了参加省委党校学习培训的相关情况，交流了学习体会和收获。

24日上午　校院举行校委理论

学习中心组（扩大）学习会。常务副校院长桑学成主持会议。会议学习了习近平总书记在庆祝中华人民共和国成立70周年大会上的讲话和在中央政治局第十七次集体学习时的讲话精神，学习了《中国共产党宣传工作条例》，传达了《中共中央关于新时代加强和改进人民政协工作的意见》以及省委、省政府有关文件精神。

24日上午　常务副校院长桑学成主持召开校委会，听取接收2019年军转干部情况汇报，研究讨论创新工程推进工作等事项。副校院长胡志军、钱学伟，教育长孙文华出席会议。二级巡视员卜利民、王启发，人事处处长程晓澎，党群工作处处长、机关纪委书记周文筠列席会议。

25日下午　由新华日报社、江苏省委党校、《群众》杂志社、省总工会、中共南京市栖霞区委共同主办，“新华红”党建创新研究院、党的生活杂志社、中共南京市栖霞区委组织部、栖霞区总工会承办的“党建带工建，聚力建新功——第四届‘新华红’思享会暨‘新华红’江苏党建联盟单位走进栖霞”活动举行。活动中，“新华红”党建创新研究院栖霞分院和“新华红”党建创新研究院党工共建栖霞中心揭牌，45家新成员加入“新华红”江苏党建联盟“朋友圈”。教育长孙文华出席并致辞。

24日至26日　华东地区党校系统常务副校院长座谈会在江西南昌召开。会议深入学习贯彻习近平新时代中国特色社会主义思想，贯彻落实习近平总书记关于党性教育的重要指示精神，就深入推进红色基因传承、增强新时代党性教育的时代性针对性有效性进行交流研讨。中共江西省委副书记、省委党校校长李炳军，中央党校（国家行政学院）副教育长陈岩到会讲话。江西省委党校常务副校长曾志刚主持并作小结。中共江苏省委党校常务副校长、江苏省行政学院常务副院长桑学成应邀出席并作交流发言。二级巡视员卜利民参加会议。华东地区省级、副省级、省会城市党校常务副校长及职能处室负责人，江西省各市级党校、省直机关工委党校、省委教育工委党校负责同志，江西省委党校校委班子成员参加会议。

30日上午　常务副校院长桑学成主持召开校委会，会议审议全省党校系统第九届科研评奖，审定《校交通安全管理规定》等事项。副校院长胡志军、钱学伟，教育长孙文华出席会议。二级巡视员卜利民，办公室、人事处、机关纪委、财务处、培训服务保障处、科研处、保卫处等部门负责人列席会议。

11 月

1 日上午　校院举行 2019 年秋季学期第一批主体班毕业典礼。省委常委、省委组织部部长、省委党校校长、省行政学院院长郭文奇出席毕业典礼，并为学员颁发荣誉奖牌和毕业证书。第 34 期省管干部进修班等 4 个主体班次的学员参加毕业典礼，5 位学员代表作学习小结发言。省纪委副书记、省监委副主任黄继鹏，省委副秘书长、省委党建办主任尹卫东，省纪委省监委派驻省委组织部纪检监察组组长姜爱军，省委组织部副部长洪浩，省委宣传部副部长赵金松出席毕业典礼。校院领导胡志军、钱学伟、陈开颜、孙文华，省有关部门职能处室的负责同志也出席了毕业典礼。省委党校常务副校长、省行政学院常务副院长桑学成主持毕业典礼。

4 日上午　副校院长钱学伟主持召开 11 月份行政办公会，会议对校院 10 月份完成的主要工作进行总结，对 11 月份重点工作进行部署安排。二级巡视员卜利民、王启发，各处室、直属单位主要负责人参加会议。

4 日　全省党校系统第十三届科研协作会暨庆祝新中国成立 70 周年理论研讨会在校院召开。常务副校院长桑学成出席并讲话，副校院长胡志军、教育长孙文华分别主持会议，副校院长钱学伟、二级巡视员卜利民参加会议。中央党校原副教育长柳建辉教授莅临会议并作“新中国 70 年发展历程和治国理政的基本经验”的主题报告。受中央党校科研部林振义主任委托，中央党校科研部科研协作处处长向忠顺到会致辞。全省各设区市市委党校常务副校长，分管科研工作的校领导，科研处和市情研究中心负责人，部分优秀科研成果奖、优秀决策咨询成果奖获奖代表，入选论文作者代表，省委党校有关处室负责人，各教研部门主要负责人，以及部分教研人员共 130 多人参加会议。

5 日上午　校院举行 2019 年秋季学期第二阶段开学典礼。省委常委、省委组织部部长、省委党校校长、省行政学院院长郭文奇出席开学典礼，并作了“党员干部要自觉提升历史思维能力”的开学动员讲话，要求全体学员认真学习历史特别是党史、新中国史，做到知史爱党、知史爱国，不断增强守初心、担使命的思想和行动自觉。省纪委副书记、省监委副主任黄继鹏，省委副秘书长、省委党建办主任尹卫东，省纪委省监委派驻省委组织部纪检监察组组长姜爱军，省委组织部副部长洪浩，省委宣传部副部长赵金松，校院领导胡志军、钱学伟、陈开颜、孙文华，以及省有关部门职能处室负责同志出席开学典礼。省委党校常务副校长、省行政学院常务副院长桑学成主持开学典礼。省委党校、省行政学院第35期省管干部进修班等6个班次的学员，省委党校、省行政学院副处级以上干部参加了开学典礼。

6日下午　校院举行校委理论学习中心组（扩大）学习会，专题学习党的十九届四中全会精神和《中国共产党党校（行政学院）工作条例》。常务副校院长桑学成主持学习会并传达学习党的十九届四中全会有关文件精神，副校院长胡志军带领学习《中国共产党党校（行政学院）工作条例》，科社教研部主任王金水教授解读党的十九届四中全会通过的《中共中央关于坚持和完善中国特色社会主义制度、推进国家治理体系和治理能力现代化若干重大问题的决定》。校院领导、各处室主要负责人和党支部书记参加学习。

7日上午　突尼斯国家行政学院院长艾斯迈·希赫丽·拉比迪与该院国际合作部主任马哈拉兹·哈弗希一行来我院考察交流，中央党校国际合作部相关负责同志陪同。省行政学院常务副院长桑学成会见拉比迪一行，双方进行了友好会谈。会谈前，省行政学院二级巡视员卜利民、继续教育学院院长钱业红等陪同拉比迪一行参观了校园。

7日下午　省纪委副书记、省监委副主任黄继鹏应邀来校院作“坚定不移推进全面从严治党向纵深发展”专题辅导报告。报告会由副校院长胡志军主持。第35期省管干部进修班等6个主体班的学员及校院处级以上干部，各党支部正副书记、委员参加了学习。

7日下午　省委书记娄勤俭在省委党校调研并宣讲十九届四中全会精神。省委常委、省委组织部部长、省委党校校长、省行政学院院长郭文奇，省委常委、省委秘书长郭元强，省委副秘书长、省委研究室主任杨琦，省委副秘书长、省委党建办主任尹卫东参加调研。省委党校全体校院领导，省委办公厅、省委组织部有关职能部门负责同志参加了调研座谈。

4 日至 11 日　校院组织开展了消防安全宣传、教育、演练等系列活动。相关处室、直属单位负责人，校安全员、全日制硕士研究生，以及两大服务团队服务人员、工程技术人员、安保队员等 130 余人参加了消防讲座学习和灭火演练活动。

11 日上午　校院召开处级以上干部大会，常务副校院长桑学成出席会议，传达学习省委书记娄勤俭在省委党校调研座谈会上的指示精神并讲话。副校院长胡志军主持会议。副校院长钱学伟、陈开颜，教育长孙文华，二级巡视员王启发参加会议。

11 日上午　常务副校院长桑学成主持召开校委会，会议审定关于徐忠军违反党纪的处理意见，听取《省委党校关于军队转业干部明确职级暂行办法》，审定校网络安全与信息化领导小组成员名单。副校院长胡志军、钱学伟、陈开颜，教育长孙文华出席会议。二级巡视员王启发，人事处、机关纪委等部门负责人列席会议。

11 日　校院召开 2019 年新入职青年教师座谈会。常务副校院长桑学成出席座谈会并讲话。教育长孙文华主持会议。8 位新入职的青年教师汇报交流了各自的学习经历和进校以来的感受，程超、赵楠楠两位青年教师介绍了他们入职党校以来的从教体会。教育长孙文华、公共管理教研部主任胡宗仁、科研处处长吴宏和校刊部主任李立峰等 4 位教授，分别针对如何“用学术讲政治”、如何开展党校教学和科研工作、如何撰写理论宣传文章以及如何进行决策咨询和课题申报等工作进行辅导授课。培训还安排了新入职青年教师赴恩来干部学院开展党性教育。

12 日下午　校院组织秋季学期第二批主体班 200 多名学员来到侵华日军南京大屠杀遇难同胞纪念馆进行现场教学活动。教育长孙文华出席并讲话。二级巡视员、学员处处长王启发主持活动仪式。

13 日至 15 日　校院组织 2019 年新入职青年教师赴淮安开展“不忘初心、牢记使命”专题党性教育。通过参观周恩来纪念馆、周恩来故居、周恩来“五德”教育馆、刘老庄八十二烈士纪念馆等红色纪念地，引导青年教师坚定理想信念、牢记职责使命，自觉践行党校姓党的根本原则。

16 日下午　校院举行 2019 届党员干部在职研究生毕业典礼。常务副校院长桑学成出席并讲话。副校院长胡志军主持毕业典礼。副校院长钱学伟、教育长孙文华宣读优秀研究生干部、优秀研究生及优秀毕业论文表彰决定。相关部门负责人、在职研究生任课教师、研究生处全体同志与毕业学员们一起参加了毕业典礼。毕业典礼上，校院领导为学员们颁发了毕业证书，为优秀研究生干部、优秀研究生学员及优秀毕业论文作者颁发了荣誉证书。导师代表李宗尧教授和学生代表丛苏峰同志分别作了发言。

19日下午　由江苏省委党校、江苏省委党史工办联合主办，江苏省中山书画院、南京市中山书画院协办的“近现代中华文化名人造像系列——文化之光·邢小方油画展”在图书馆开幕。省委党史工办主任邢光龙出席并宣布画展开幕。省级机关工委副书记徐前兵、省委党校教育长孙文华、省文联副主席陈国欢、南京民革专职副主委王真理、民革江苏省中山书画院副院长张仪、省委党校教授李继锋、画家邢小方出席开幕式。开幕式上，王真理作为嘉宾代表发言。邢小方还向江苏省委党校图书馆捐赠了油画作品《金秋》。

21日下午　校院举行生活垃圾分类工作推进会。二级巡视员卜利民出席并讲话。全校各部门负责人、物业和励学大厦两大服务团队负责人和联络员、校垃圾分类领导小组办公室全体成员参加会议。

18日至22日　校院组织38名行政管理人员赴红旗渠干部学院开展“不忘初心、牢记使命”专题教育培训。此次培训围绕学习“红旗渠精神”，采用专题讲座与现场教学相结合、音像教学与研讨交流相结合的形式，旨在教育引导参训学员进一步坚定理想信念、增强党性修养，不忘初心、牢记使命，为推动校院高质量办学凝聚强大精神力量。

22日上午　校院举行党的十九届四中全会精神学习报告会，校委理论学习中心组集中听取由中央党校科社教研部原主任、博士生导师秦刚教授所作的“坚持和完善中国特色社会主义制度——学习党的十九届四中全会精神”专题报告。常务副校院长桑学成主持报告会，并就进一步做好十九届四中全会精神的学习贯彻工作提出明确要求。校院领导、在校主体班次全体学员和全校处级以上干部参加学习。

22日下午　2019年度国家社科基金课题开题会在校院召开。会议特邀中央党校科学社会主义教研部原主任秦刚，南京大学人文社会科学资深教授、教育部长江学者特聘教授周晓虹，河北师范大学法政学院原党委书记张骥莅临指导。省委党校常务副校院长桑学成教授出席会议并指导课题开题，教育长孙文华教授出席会议，科研处处长吴宏教授主持会议。校院各教研部分管科研负责人、部分在研国家课题负责人、近五年新进博士，以及校院和南京市委党校拟申报2020年国家课题的教师等50余人参加了开题会。

25日上午　第1期省管干部学党史、新中国史专题培训班在校院开班，常务副校院长桑学成教授为第一期专题培训班讲授了题为“新中国辉煌70年：解码中国共产党为什么‘能’”的开班第一课。省委组织部副部长洪浩出席开班式并讲话。省委党校副校院长胡志军主持开班式。省级机关、省属企事业单位部分省管干部参加培训。此次专题培训分5期进行，培训对象包括省管干部、组工干部、宣传干部等。

27日上午　常务副校院长桑学成主持召开校委会，会议审定2019年军转干部安置方案、2019年基层遴选公务员分配方案和干部退休人员名单，讨论《省中特中心省委党校基地理论宣传文章发文奖励办法》等。副校院长胡志军、钱学伟，教育长孙文华出席会议。二级巡视员王启发，办公室、人事处、党群工作处（机关纪委）、总务处等部门负责人列席会议。

28日　江苏省党校文献情报学会第七届会员代表大会在校院召开，省委党校教育长孙文华出席并讲话。省社科联学会部主任程彩霞到会致辞。会议由省委党校图书馆副馆长杨庆云主持。江苏省文献情报学会第六届理事会理事长王平作工作报告和财务报告，并宣读表彰决定。杨庆云作第七届会员代表大会筹备工作报告。

28日　全省党校系统信息化与图书馆协作会议在校院召开。教育长孙文华出席并讲话。会议由信息管理处处长吴飚主持。会议就2019年全省党校系统信息化和图书馆工作进行了充分交流与讨论，分享了建设经验与成果，提出了2020年总体工作思路。会议邀请省委网信办网络安全协调处副处长吴天寿作了“网络安全形势分析及应对措施”的报告。各设区市市委党校分管校领导、信息化和图书馆等部门负责人和业务骨干，以及校院工作指导处、信息管理处和图书馆全体同志参加会议。

25日至29日　校院组织党务干部赴上海、嘉兴、昆山开展“不忘初心、牢记使命，做好新时代党务工作”专题教育培训。本次培训由省委党校昆山分校承办。校机关党委委员、机关纪委委员、各党支部书记及部分支委等参加培训。

29日　校院举行2019年秋季学期中青年干部培训班毕业典礼，省委常委、省委组织部部长、省委党校校长、省行政学院院长郭文奇出席毕业典礼，并为学员颁发荣誉奖牌和毕业证书。第18期中青年干部培训一班等3个主体班次的学员参加毕业典礼，3位学员代表作学习小结发言。省委组织部常务副部长王立平，省委组织部副部长洪浩，省委组织部部务委员、干部一处处长黄楚中出席毕业典礼。校院领导胡志军、钱学伟、陈开颜、孙文华，以及省委组织部有关职能处室的负责同志参加了毕业典礼。省委党校常务副校长、省行政学院常务副院长桑学成主持毕业典礼。

12月

1日下午　由江苏省委党校社会和文化教研部、江苏省社区发展研究会主办的“守正创新：构建社会治理新格局——学习贯彻党的十九届四中全会精神研讨会”在校院举行。江苏省社科联副主席徐之顺、江苏省委党校教育长孙文华出席会议并致辞。江苏省委党校原副校长、江苏省社区发展研究会名誉会长唐建中作总结讲话。江苏省委党校原副校长、江苏省社区发展研究会副会长朱成荣，江苏省委党校社会和文化教研部副主任（主持工作）薛莉，江苏社科名家、南京市社科院原院长、一级巡视员叶南客，及江苏省社区发展研究会会长、江苏省委党校社会和文化教研部教授倪洪兰分别主持开幕式、主旨报告、嘉宾沙龙和闭幕式。来自北京、上海、浙江、安徽和全省党校、高校、科研院所、政府、企事业单位等的70多位专家学者，围绕学习贯彻党的十九届四中全会精神、建设社会治理共同体、构建基层治理新格局、推进社区治理现代化等议题进行了深入的交流研讨。

3日　全省党校系统办公室、业务指导工作暨通讯员培训会议在校院召开。副校院长钱学伟出席并讲话。二级巡视员兼办公室主任、工作指导处处长卜利民总结了2019年以来全省党校系统办公室、业务指导工作的简要情况，并就下一步工作提出明确要求。13家设区市市委党校办公室、工作指导处负责人围绕以习近平新时代中国特色社会主义思想为指导，贯彻落实党的十九大、十九届四中全会精神以及学习贯彻《条例》精神，总结交流了开展办公室、业务指导工作的做法和经验，谋划展望了2020年工作。3日下午，组织开展了全省党校系统通讯员专题培训。原《新华日报》副总编辑、中国江苏网总编辑金炜忻应邀作“全媒体生态下的多媒体运营与内容表达”专题讲座。13家设区市市委党校办公室主任、工作指导处处长和通讯员，有关县（市、区）委党校负责人、办公室主任，以及校办公室、工作指导处全体人员参加了会议。校各处室通讯员一同参加了培训。

3日下午　全省党校系统教学工作座谈会在校院召开。副校院长胡志军出席并讲话，教育长孙文华主持会议。二级巡视员卜利民、王启发，原巡视员、教学督导组组长廖进，各设区市市委党校分管教学的校领导、教务处处长出席会议。各设区市市委党校分管教学的校领导分别介绍了近年来推进“用学术讲政治”教学改革的做法和成效。3日上午，各设区市市委党校会议代表观摩了2019年获全国党校（行政学院）系统第五届精品课奖的周延胜教授的示范课，并听取了关于精品课备课打磨过程的情况介绍。校院教务处、科研处、学员处、决策咨询研究中心有关工作人员参加了会议。

4日上午　常务副校院长桑学成主持召开校委会，专题研究党风廉政建设和有关人事工作。副校院长胡志军、钱学伟，教育长孙文华出席会议。二级巡视员、办公室主任、工作指导处处长卜利民，二级巡视员、学员处处长王启发，人事处、党群工作处（机关纪委）等部门负责人列席会议。

3日至6日　全国税务系统中青年处级领导干部调训班来校院开展党性教育现场教学。常务副校院长桑学成教授为该班学员讲授了“新中国辉煌70年：解码中国共产党为什么‘能’”的党史、新中国史专题课。副校院长胡志军出席开班式并致辞，介绍了江苏党性教育资源和校院的基本情况，并要求教务处、学员处认真组织实施教学计划，确保取得良好效果。

11月11日至12月7日　第六期新疆生产建设兵团党政领导干部赴江苏研修班在校院举办，来自兵团党政机关、企事业单位的36名学员参加了本期研修班学习。研修班重点围绕党性教育、江苏经济发展、社会管理和领导能力等内容组织专题教学，并先后组织学员前往南京、泰州、南通、苏州等地开展现场教学，还开展了班组研讨和学习成果交流等活动。至此，校院已成功完成2017—2019年《江苏省支援兵团实施党政领导干部研修班项目协议》。

9日下午　副校院长胡志军主持召开案例教学协调会，教育长孙文华、教学督导组组长廖进出席会议。《群众》杂志社原副总编辑苗成斌研究员分享了自己参加中组部案例教材编写的经历，交流了对案例教学的认识。参加中组部教学示范培训班的李宗尧、田伟两位教授分别从案例教学的特点作用、案例教学的实施方法等方面交流了学习体会。教研部门部分案例教学骨干教师和教务处有关负责同志参加了会议。

3日至12日　由外交部委托、校院承接的乌兹别克斯坦青年政治精英代表团在江苏参观考察。省外办和校院高度重视代表团在苏期间的接待工作，省外办一级巡视员黄锡强出席该团的开班式并讲话。继续教育学院院长钱业红，乌兹别克斯坦总统直属国家行政学院财务处处长、代表团团长马赫穆多夫·阿克巴尔出席了开班式。该团在苏期间，校院先后安排了习近平治国理政思想、江苏省情、组织领导力、“一带一路”和城镇化建设等五个专题介绍，并组织前往南京、扬州、泰州三地参观考察。

13日上午　第六个南京大屠杀死难者国家公祭日，上午10点01分，南京全城拉响警报，此时，省委党校正在教室上课的主体班次学员全体起立，一起为南京大屠杀死难者默哀一分钟。

14日下午　坚持和完善中国特色社会主义制度理论研讨会在校院召开。会议由江苏省中特中心省委党校基地、河海大学基地和省委党校廉政教育研究中心联合主办。省委党校教育长孙文华、省委宣传部理论处处长刘必好出席并致辞。南京艺术学院党委书记杨明出席会议并作主题报告。省委党校校刊部主任李立峰、廉政教育研究中心主任张桂珍、马克思主义学院院长布成良分别主持会议。会上，来自省委党校、河海大学和南京师范大学的10位专家学者分别从马列主义理论、党的领导和建设、政治制度与政治伦理以及生态文明建设等多个角度进行了论文交流和深入研讨。省委党校校刊部、科研处、廉政教育研究中心、马克思主义学院、科社教研部、经济学教研部、法政教研部，以及河海大学和南京师范大学的专家学者、教研人员和硕士研究生共50余人参加了会议。

11月25日至12月14日　拉萨市领导干部能力提升班在校院举办。培训班围绕理想信念、党性修养、政策理论、领导能力等内容组织专题教学，拉萨市25名分管乡村振兴工作的领导干部参加了此次培训。

16日　校院举办“学习贯彻党的十九届四中全会精神”主体班学员读书会。读书会由党史党建教研部董连翔教授主持，党史党建教研部主任张加华教授作小结点评。第35期省管干部进修班等5个主体班次近300名学员参加了读书会。7名学员代表围绕“学习贯彻党的十九届四中全会精神”作交流发言。

16日　全国离退休干部先进集体和先进个人表彰大会在北京举行，校院离休干部陆九云同志被中共中央组织部表彰为“全国离退休干部先进个人”。

17日上午　校院召开全校处级以上干部大会，传达学习全国党校（行政学院）校（院）长会议精神，部署贯彻落实意见。常务副校院长桑学成主持会议并讲话。校院领导胡志军、钱学伟、陈开颜、孙文华出席会议，全校副处级以上干部参加会议。

19日下午　常务副校院长桑学成主持召开校委会，校委理论学习中心组（扩大）专题学习《中国共产党问责条例》《中国共产党党员教育管理工作条例》《省级机关推进“三个表率”模范机关建设行动计划》《全国深化“放管服”改革优化营商环境电视电话会议重点任务分工方案》《江苏省深化“放管服”改革优化营商环境重点任务分工方案》《宗教事务条例》，听取新校区改扩建工程资产移交及竣工财务决算情况汇报，听取干部考察情况汇报，讨论违纪案件处分决定，审定2020年图书馆、校刊部公开招聘专业技术人员方案等。副校院长胡志军、钱学伟、陈开颜，教育长孙文华出席会议。二级巡视员卜利民、王启发，办公室、人事处、党群工作处（机关纪委）、机关党委、总务处等部门主要负责人列席会议。

20日下午　校院与南京理工大学合作共建马克思主义学院协议正式签署，签署仪式在南京理工大学学术交流中心举行。常务副校院长桑学成、副校院长胡志军、教育长孙文华，南京理工大学党委书记张骏、副书记陈岩松、席占稳，以及双方单位相关负责同志共同出席签署仪式。胡志军和陈岩松代表双方签署了共建协议。

24日晚上　为深入学习贯彻党的十九届四中全会精神，校院在主体班举办“推进国家治理体系和治理能力现代化”学员论坛。第34期县处级干部进修班学员、无锡市大数据管理局党组书记、局长胡逸围绕“大数据时代的政府治理”作了主题发言。省委党校决策咨询中心主任盛华根教授担任主持嘉宾，并作点评小结。主体班学员和教师120余人参加论坛。

25日　校院召开研究生教育20周年座谈会。会议的主题是深入学习贯彻《中国共产党党校（行政学院）工作条例》和全国党校（行政学院）校（院）长会议精神，认真回顾和总结江苏省委党校研究生教育20周年所取得的成绩和经验，深入分析和研究新时代党校研究生教育面临的新情况、新问题，继续推动研究生教育事业高质量发展。中央党校研究生院常务副院长朱国仁，省教育厅研究生教育处处长、省学位办主任杨树兵应邀出席并致辞。省委党校常务副校院长桑学成作主旨报告，副校院长胡志军主持会议。副校院长钱学伟、陈开颜，教育长孙文华，二级巡视员卜利民、王启发，来自中央党校和北京、上海、浙江、湖南、四川、重庆等兄弟省市党校的代表，全体教师、全体硕士生、研究生教学督导组专家、校友代表、全体行政部门负责人、研究生处全体工作人员等共350多人参加了会议。

23日至27日　校院举办全省党校（行政学院）系统深入学习贯彻党的十九届四中全会精神和《中国共产党党校（行政学院）工作条例》校长研修班。副校院长胡志军受常务副校院长桑学成的委托，在开班式上给全体学员传达了全国党校（行政学院）校（院）长会议精神，同时，介绍了江苏省委党校“以学术讲政治”教学改革情况，并对研修班提出具体要求。各设区市市委党校及县（市、区）委党校近3年新任职的77名校领导参加了此次研修培训。

30日下午　常务副校院长桑学成主持召开校委会，传达省委常委会会议精神，讨论关于巡视反馈意见整改工作，部署2019年全校工作总结等。副校院长胡志军、钱学伟、陈开颜出席会议。二级巡视员卜利民、王启发，办公室、人事处、党群工作处（机关纪委）等部门负责人列席会议。

“不忘初心、牢记使命”主题教育

【《关于开展“不忘初心、牢记使命”主题教育的实施方案》】

根据中共中央《关于在全党开展“不忘初心、牢记使命”主题教育的意见》和省委《关于开展“不忘初心、牢记使命”主题教育的实施方案》，结合我校（院）实际，就开展“不忘初心、牢记使命”主题教育，提出如下实施方案。

一、目标任务

开展“不忘初心、牢记使命”主题教育，是以习近平同志为核心的党中央统揽伟大斗争、伟大工程、伟大事业、伟大梦想作出的重大部署。全校党员领导干部要把主题教育作为学习贯彻习近平新时代中国特色社会主义思想的领航工程、提高党的建设质量的基础工程、密切联系服务群众的民心工程、推动江苏高质量发展走在前列的动力工程，积极投身到主题教育中，以“聚焦主业主课、聚力改革创新，推动高质量办学走在前列”为引领，为推动高质量发展走在前列、建设“强富美高”新江苏不懈奋斗。

开展“不忘初心、牢记使命”主题教育的根本任务是深入学习习近平新时代中国特色社会主义思想，锤炼忠诚干净担当的政治品格，团结带领全国各族人民为实现伟大梦想共同奋斗。要以处级以上领导干部为重点，全校党员参加，全面贯彻“守初心、担使命，找差距、抓落实”的总要求，力戒形式主义、官僚主义，着力实现“五深入五确保”目标：一是深入推进解放思想，不断加深对习近平新时代中国特色社会主义思想重大意义、科学体系、丰富内涵的理解，着力破除与新时代要求、高质量发展不相适应的思想观念和思维定势，真正在解放思想中统一思想，确保理论学习有收获；二是深入锤炼坚强党性，坚定理想信念，传承红色基因，不断增强“四个意识”，坚定“四个自信”，做到“两个维护”，自觉在思想上政治上行动上同以习近平同志为核心的党中央保持高度一致，确保思想政治受洗礼；三是深入落实“三项机制”，将其贯穿于使用干部、激励作为、推动工作全过程，引导党员干部勇于直面矛盾、增强斗争精神，以钉钉子精神贯彻落实党的十九大精神，党中央、省委决策部署，确保干事创业敢担当；四是深入转变工作作风，自觉同广大教职工想在一起、干在一起，着力解决学员和教职工的操心事、烦心事、揪心事，坚决整治形式主义、官僚主义，低调务实不张扬，撸起袖子加油干，确保为民服务解难题；五是深入涵养政治生态，严格规范党内政治生活，教育党员干部自省自警自律，知敬畏、存戒惧、守底线，公私分明，营造风清气正的政治生态，确保清正廉洁作表率。

二、工作安排

这次主题教育从 2019 年 6 月开始，8 月底基本结束，开展集中教育时间不少于 3 个月。本次主题教育不划阶段、不分环节，要突出党校特色，把学习教育、调查研究、检视问题、整改落实贯穿主题教育全过程。

（一）扎实推进学习教育，确保学深悟透

1. 示范带头学。校委领导班子要以马克思主义经典著作、马克思主义中国化最新成果、习近平新时代中国特色社会主义思想和党的十九大精神为理论学习重点，先学一步、深学一层，认认真真学原著悟原理，按照“七个一”工作方案带头开展主题教育，为全校党员领导干部作出表率。要制定一个详细可行的学习计划；要利用省委党校党性教育主题教室举行一次集体现场学习活动；要举办一次专题学习班，围绕“坚定理想信念、牢记党的宗旨、改进机关作风、勇于担当作为、保持清正廉洁”5 个专题进行深入学习研讨；要围绕“聚焦主业主课、聚力改革创新，推动高质量办学走在前列”目标要求开展一次专题调研；要发挥党校干部教育主渠道主阵地优势，常务副校长为全校党员讲一次专题党课，分管校领导到有关处室上一次专题党课；要围绕学员和教职工在学懂弄通做实习近平新时代中国特色社会主义思想上存在的学思用没有完全贯通、知信行不够高度同步的问题牵头开展一次专项整治；要召开一次专题民主生活会剖析问题，红脸出汗。

2. 原原本本学。全校党员干部要以自学为主，学习党的十九大报告和党规党章，学习《习近平关于“不忘初心、牢记使命”论述摘编》《习近平新时代中国特色社会主义思想学习纲要》以及省委党校编印的

《“不忘初心、牢记使命”主题教育学习资料》，跟进学习习近平总书记最新重要讲话文章，学习习近平总书记对江苏工作的重要讲话和指示精神，学习深刻理解其核心要义和实践要求。

3. 集中研讨学。在个人自学基础上，校委领导班子要集中安排一周时间，采取校委理论中心组学习形式，紧紧围绕“守初心、担使命，找差距、抓落实”的总要求，结合“一个学校、一个阵地、一个机构、一个智库”的职能定位，开展交流研讨。机关党委要组织各党支部党员通过举办主题论坛、读书会、品书会、微讲堂等形式，紧紧围绕“初心是什么、使命干什么、奋斗比什么”的主题，结合“用学术讲政治”教学改革、教研咨一体化、新型智库建设、人才强校战略、贯彻落实“三项机制”、精细化管理、创新工程等内容深入解放思想开展讨论，不断增强学习的针对性、有效性和感染力。

4. 系统深入学。发挥党校干部教育培训主渠道、主阵地优势，推出“不忘初心、牢记使命”主题教育教学专题，扎实推动主题教育内容进主体班课程、进学员头脑；举办“全省党校系统主题教育师资班”，着力提高全省党校系统主题教育理论教学研究水平；组织全体党员观看王继才先进事迹专题教育片；筹划举行“不忘初心、牢记使命，庆祝新中国成立70周年”文艺汇演，展现党校学员和教职工昂扬向上的精神风貌，激发推动高质量发展走在前列、加快建设“强富美高”新江苏的奋斗热情，不断把主题教育引向深入。

5. 现场教学。用好“恩来精神”“雨花英烈精神”“铁军精神”“淮海战役精神”等红色资源，依托“双百双千”领学计划等载体，校委领导班子带头到雨花台烈士纪念馆、赵亚夫事迹展示馆加强革命传统教育、形势政策教育、先进典型教育和党性警示教育。开展“领导干部学周恩来、基层干部学赵亚夫、普通党员学王继才”活动，推动党员干部见贤思齐、担当作为。

6. 联系自身学。坚持把自己摆进去、把职责摆进去、把工作摆进去，充分发挥我校党性教育主题教室功能，在全校党员中开展“四重四亮”活动，“七一”前组织主体班学员和全校党员干部分四批到党性教育主题教室上专题党课，重读入党志愿、重温入党誓词、重忆入党经历、重问入党初心，党员亮身份、服务亮承诺、工作亮标准、担当亮作为，争当新时代奋斗者。

（二）深入开展调查研究，坚持求真务实

1. 明确调研课题。校委领导班子成员要坚持问题导向，围绕贯彻落实习近平总书记重要指示批示精神和党中央、省委决策部署做好调研。校委领导班子成员分别带队，到市县党校围绕“推动高质量办学走在前列”进行调研，开展主题教育宣讲活动，培训基层骨干，做好思想引领；到基层单位开展干部教育培训调研，听取曾在党校参加学习培训的学员和各级领导干部关于增强干部教育培训时代性针对性有效性的意见、建议。校委领导班子成员还要到各自分管部门，围绕突出主业主课，发挥主渠道、主阵地作用；推动“用学术讲政治”教学改革“一号工程”，增强教学培训的针对性有效性；提高科研咨询水平，提升新型智库建设水平和党校影响力；推进人才强校战略，建设政治强、业务精、作风好的人才队伍；推动精细化管理，提高管理服务保障水平；加强党的建设，推动全面从严治党向纵深发展等方面开展针对性调研。处级以上党员干部要紧紧围绕教学培训针对性有效性不够强、教研咨融合程度不够深、新型智库建设水平不够高、人才队伍结构不够优、名师大家不够多、管理水平不够高等影响和制约“聚焦主业主课，聚力改革创新，推动高质量办学走在前列”的突出问题到本部门开展深入调研。调查研究要做到切口小、挖掘深、分析透、办法准，实实在在能解决问题。

2. 改进调研方式。在调研过程中，提倡不发通知、不打招呼、不听汇报、不用陪同接待和直奔基层、直插现场的“四不两直”调研方式，多到问题集中、困难较多、情况复杂、矛盾尖锐的地方，注重运用已有数据和素材进行综合分析，不打造“经典调研路线”，不扎堆调研，不增加基层单位负担。

3. 形成调研成果。调研结束后，校委领导班子成员要梳理调研情况，交流调研成果，根据调研成果的具体情况，努力转化一批科研选题、打造一批科研课题，不断加强对主题教育的研究和阐释，努力推出一批高层次、有分量的研究成果并把成果转化为解决问题的具体举措。

4. 讲好专题党课。常务副校长要带头给全校党员领导干部讲专题党课，其他校委领导班子成员要在学习调研基础上到分管领域或基层单位讲专题党课。党课要突出针对性，讲学习体会收获，讲运用习近平新时代中国特色社会主义思想指导实践、推动工作存在的差距和改进工作的思路措施。

（三）严肃认真检视问题，持续对表对标

1. 广泛听取意见。要坚持自己找问题、欢迎群众提问题、不怕上级点问题，深入开展“三听两问”，听学员、听教研人员、听干部职工意见，问部门负责同志、党支部负责同志存在的突出问题，问改进作风、改进工作的意见和建议，同时，利用座谈交流、个别访谈、问卷调查等方式，多措并举找准问题。

2. 认真检视反思。党员领导干部要对照习近平新时代中国特色社会主义思想和党中央决策部署，对照党章党规，对照初心使命，对照岗位职责，联系思想工作实际，实事求是检视自身差距，把问题找实、把根源找深，并明确努力方向。校委领导班子要聚焦党的政治建设、思想建设、作风建设存在的突出问题进行检视反思。检视剖析要逐条列出问题，不搞官样文章，不硬性规定字数。

（四）全面抓好整改落实，敢于动真碰硬

1. 开展专项整治。重点整治对贯彻落实习近平新时代中国特色社会主义思想和党中央决策部署置若罔闻、应付了事、弄虚作假、阳奉阴违的问题；整治干事创业精气神不够、患得患失、不担当不作为的问题；整治违反中央八项规定和省委十项规定精神的突出问题；整治会风会纪不严、自由散漫的作风问题。对发现的问题，要列出清单，逐项整改。专项整治情况要以适当方式向党员干部群众进行通报。对专项整治中发现的违纪违法问题，要严肃查处。

2. 落实整改措施。整改措施要针对问题、落细落小，能改的立即改，一时解决不了的盯住改、限期改，一件一件整改到位。

3. 召开专题民主生活会。主题教育结束前，校委领导班子要召开专题民主生活会，运用学习调研成果，针对检视反思的问题，联系整改落实情况，红脸出汗，严肃认真开展批评和自我批评。机关党委要组织全校各个党支部，依托“三会一课”主题党日等，开展学习教育，严格组织生活，加强组织建设。

三、组织领导

各部门要把开展“不忘初心、牢记使命”主题教育作为一项重大政治任务，切实加强组织领导，抓好工作落实，确保主题教育不走过场、取得实效。

（一）落实领导责任。全校主题教育在校委领导下开展。校委成立“不忘初心、牢记使命”主题教育领导小组，常务副校长担任组长，领导小组下设办公室，负责日常工作。校委领导班子成员、全校各级领导干部要抓好自身教育，作出表率，率先垂范。各党支部要高度重视、精心组织，根据主题教育领导小组办公室安排部署，认真开展主题教育学习活动。

（二）强化具体指导。主题教育领导小组办公室采取随机抽查、调研访谈等方式，对各党支部开展主题教育情况加强指导；要及时了解全省主题教育面上开展情况，及时请示汇报，帮助解决问题。

（三）加强宣传引导。进一步彰显党校干部教育培训特色，组织“不忘初心、牢记使命”主题教育宣讲团，细化系列专题，组织集体备课，为全省面上主题教育工作做好服务；充分发挥《唯实》杂志、《江苏行政学院学报》、《江苏党校报》、校园门户网站、微信公众号等宣传平台作用，通过新闻报道、言论评论、典型宣传等形式，深入宣传党中央精神和省委部署要求，及时反映工作进展成效，为主题教育营造良好氛围。

（四）突出实际效果。这次主题教育对读书笔记、心得体会等不做硬性要求，要坚持不搞“作秀式”“盆景式”和解决不了实际问题的调研，杜绝用工作业务问题代替思想政治问题的问题检视，不断强化工作措施，细化工作方案，加快问题整改，确保取得实效。

（五）注重统筹兼顾。要把开展主题教育同进一步推进解放思想结合起来，学习贯彻新思想，践行新发展理念；同严格落实“三项机制”，树立正确用人导向结合起来，及时选拔使用忠诚干净担当的好干部；同学习身边先进结合起来，积极选树秉持理想信念、保持崇高境界、坚守初心使命、敢于担当作为的先进典型；同巩固深化“两学一做”学习教育常态化制度化成果结合起来，把主题教育中形成的好经验好做法用制度形式运用好、坚持好。

【“不忘初心、牢记使命”主题教育专项整治工作情况】

自“不忘初心、牢记使命”主题教育开展以来，校委按照省委统一部署，自觉提高政治站位，统一思想认识，深入推进主题教育各项工作，圆满完成主题教育各项任务。校委围绕教育主题，结合当前正在做的事情，聚焦党内存在的八个方面的突出问题进行了认真查摆和深入分析，精心组织安排，制定整治方案，逐项整改落实。现将省委党校“不忘初心、牢记使命”主题教育专项整治工作情况报告如下：

一、提高政治站位，加强专项整治工作组织领导

省委党校进一步提高政治站位，树牢“四个意识”，坚定“四个自信”，切实做到“两个维护”，把开展专项整治作为解决党内突出问题的重大部署，作为确保主题教育取得实效的重要举措，高度重视，统一思想，严格贯彻落实。

（一）统一思想认识。全校认真学习《关于对第一批主题教育单位整改落实情况进行“回头看”的通知》精神，把思想行动统一到中央、省委决策部署上来，充分认识开展专项整治是一项重要的政治任务，是正风肃纪的首要任务，统一思想，加强认识；深入分析研判，围绕专项整治八个突出问题进行深挖彻查，凝聚思想共识，明确主攻方向，制定整改方案，提出具体要求。

（二）强化责任落实。专项整治工作在校“不忘初心、牢记使命”主题教育领导小组领导下开展，常务副校长统筹抓落实，分管校领导分工抓整改；制定专项整治工作台账，明确整治责任，细化整治措施，量化整治时限；以市、县党校为重点，指导基层党校认真开展专项整治工作。

（三）紧密联系实际。建立完善长效机制，深挖问题根源，彻底解决党内突出问题，把专项整治工作与学习贯彻习近平新时代中国特色社会主义思想结合起来，与学习宣传贯彻落实党的十九届四中全会精神结合起来，与“聚焦主业主课、聚力改革创新，推动高质量办学走在前列”目标任务结合起来，确保党校各项工作有序推进、相互促进。

二、坚持问题导向，做好专项整治工作问题整改

省委党校坚持问题导向抓整改、明确具体责任抓落实，对主题教育检视问题清单中涉及专项整治的突出问题紧抓不放、一抓到底，确保事事有回音、件件有着落，专项整改工作取得显著进展。

（一）落细落小精准施策，项目化推进专项整治

针对专项整治问题列出清单，建立台账，自查自纠，逐条梳理，明确责任人、责任单位，明确落实整改要求和时限，推进专项整治工作向纵深开展。

1．整治对贯彻落实习近平新时代中国特色社会主义思想和党中央决策部署置若罔闻、应付了事、弄虚作假、阳奉阴违的问题。组织全校深入学习贯彻落实习近平新时代中国特色社会主义思想、习近平总书记对党校的工作要求、习近平总书记对江苏工作的重要指示和党中央的决策部署，杜绝空泛表态、敷衍塞责，有令不行、有禁不止，弄虚作假、阳奉阴违等行为，切实增强“四个意识”、坚定“四个自信”、做到“两个维护”，严明政治纪律和政治规矩。对习近平总书记关于党校工作的重要批示指示逐条进行全面梳理，排查落实情况。对尚未落实或者落实不到位的，查明原因，列出清单，形成专项报告。

2．整治干事创业方面精气神不够、患得患失、不担当不作为的问题。坚决贯彻中央和省委的决策部署，创新工作举措，夯实推进措施，推动“聚焦主业主课、聚力改革创新，推动高质量办学走在前列”目标任务有力开展；梳理排查在党校发展中长期没有实质性进展、群众反映强烈且长期得不到解决的问题，列出清单，明确责任人单位和整改时限。加强窗口部门主题教育学习力度，杜绝“中梗阻”“弹簧门”等简单粗暴、服务意识淡化等问题。

3．整治违反中央八项规定精神的问题。严格执行中央八项规定，杜绝违规吃喝、违规收受礼品礼金、违规操办婚丧喜庆事宜等问题；严格纪律建设，杜绝变异公款吃喝、私车公养、收送电子红包等违规问题；严格外出讲课请销假制度，杜绝领导干部违规参加各类研讨会、论坛等问题；严格财务纪律，明确公务差旅、公务接待、公车使用标准并严格执行；明确和规范评比表

彰、津贴补贴和职工福利、办公用房整改、领导干部参加研讨会和论坛等制度内容。

4. 整治形式主义、官僚主义，层层加重基层负担，文山会海，督查检查考核过多过频的问题。明确党委办党校管党校责任，杜绝随意要求基层党校填表报数报材料等问题；严格公文管理，杜绝将红头文件改为白头文件、便函等“隐性文件”等问题；严格调研考察制度，杜绝以调研指导、学习考察为名变相开展督查检查考核现象；精简办文办会，2019 年以来下发的文件和召开的会议数量大幅减少；按照上级要求，规范“一票否决”和签订责任状等事项，全年和各处室签订党风廉政工作责任状、意识形态工作责任状和安全生产工作责任状。

5. 整治领导干部配偶、子女及其配偶违规经商办企业，甚至利用职权或者职位影响为其经商办企业谋取非法利益的问题。领导干部严格按照《中国共产党纪律处分条例》第 95 条和第 97 条规定的精神，如实进行个人申报，人事处对申报情况进行汇总登记，有重点地开展抽查核实。

6. 整治对群众关心的利益问题漠然处之，空头承诺，推诿扯皮，以及办事不公、侵害群众利益等方面的问题。积极回应教职工、学员普遍关心的利益问题，深入分析，切实解决；严肃工作纪律，严格开展督查，畅通举报渠道，杜绝办事不公、优亲厚友、搞无原则照顾、侵害教职工利益等问题。

7. 整治基层党组织软弱涣散、党员教育管理宽松软、基层党组织主体责任缺失的问题。加强机关党建工作，配齐配强党务干部，提升基层党组织战斗堡垒作用；严格落实主体责任，严格按照“三会一课”制度开展组织生活；校委班子成员以普通党员身份参加所在支部组织生活成为常态；坚持党员发展标准，杜绝“带病入党”“人情入党”以及违反程序发展党员等问题。

8. 整治对黄赌毒和黑恶势力听之任之、失职失责，甚至包庇纵容、充当保护伞的问题。运用多种形式开展宣传教育活动，积极配合有关部门开展“扫黑除恶”专项整治，打击黄赌毒。

（二）健全完善贯彻落实习近平总书记中央指示批示工作机制

扎实推进习近平总书记重要指示批示精神和党中央决策部署贯彻落实。坚持把解决贯彻落实习近平总书记重要指示批示精神和党中央决策部署力度不够和不到位问题作为重中之重，细化实化举措，强化督促检查，确保落地见效。

1. 完善制度建设。完善贯彻落实习近平总书记中央指示批示工作机制，深入调查研究，制定方案，建成一套科学、合理、规范、实用的制度体系。同时，进一步强化制度执行力，以钉钉子的精神抓落实，自觉维护贯彻落实习近平总书记中央指示批示工作机制的严肃性和权威性。

2. 夯实理论基础。坚持把深入学习贯彻习近平新时代中国特色社会主义思想作为贯彻落实习近平总书记中央指示批示的基础工作，带头学习《习近平新时代中国特色社会主义思想三十讲》《习近平谈治国理政》等重点篇目，坚持不懈用党的理论创新成果武装头脑。

3. 坚持从严治党。严格落实党风廉政建设和意识形态工作主体责任，认真落实“一岗双责”，带头以《中国共产党章程》《中国共产党廉洁自律准则》《关于新形势下党内政治生活的若干准则》严格要求自己，严格贯彻落实中央八项规定及《实施细则》和省委《具体办法》要求。

（三）结合党校实际抓好整改落实

始终坚持把党校姓党作为党校办学的根本原则不动摇，一切办学活动都坚持党性原则，结合党校工作特点，彰显党校工作特色，从严从实抓好整改工作。

1. 强化政治建设。全面贯彻落实全国和全省党校工作会议精神，始终把政治建设摆在首要位置，坚定不移地把全面从严治党的要求贯穿于党校工作各方面全过程，带头自觉在思想上政治上行动上同以习近平同志为核心的党中央保持高度一致，把中央和省委的各项决策部署贯彻好、落实好。

2. 强化理论武装。高扬党的理想信念旗帜，强化党的意识、阵地意识，加强阵地建设、发挥阵地作用，旗帜鲜明、大张旗鼓讲马克思主义、讲中国特色社会主义、讲共产主义；辨析和引导各种社会思潮，敢于亮剑发声，掌握话语，做到在党言党、在党爱党、在党忧党、在党为党。

3. 强化教学改革。大力推进“用学术讲政治”教学改革“一号工程”，努力提高党校教师“用学术讲政治”的能力水平。出台《关于深入推进“用学术讲政治”实施办法（试行）》《推动科研高质量发展实施办法》，坚持正确政治方向。

4. 强化资政服务。紧紧围绕省

委省政府工作中心，立足于江苏发展实际，在“四化同步”、现代农民的产生和培育、应急管理、产业发展、区域发展、乡村社区、生态环境等领域探索研究，形成成果，为省委决策提供智力支持。

5. 强化机关党建。完善校委中心组学习制度，切实发挥校委中心组在引领全校理论学习上的示范带头作用。校委班子坚持带头学、带头讲，带头交流研讨、带头分析问题、带头研究问题；把抓好党建工作作为重大政治任务的要求落实到实际工作中，切实担负起管党治党重大政治责任，全面增强从严治党的自觉性和坚定性。

（四）继续加强基层党校业务指导工作

深入开展调查研究，结合全省党校系统工作实际，深入分析、制定方案、持续推进，切实解决基层党校最忧最盼的问题。

1. 进一步突出主业主课。强化教学培训，在统筹培训内容、发挥学科优势、创新教学方法、开设精品课程、提高科研质量等方面给予指导；召开全省党校常务副校长等会议，依托省党校教师进修学院，办好全省党校系统校长班、骨干师资班，增加培训人数和次数、扩充培训内容；制定完善《全省党校系统教师培训规划》，未来五年内把全省党校教师轮训一遍。

2. 进一步突出人才培养。加强对市县党校师资队伍培养力度，以跟班学习、系统培训等多种方式支持基层党校师资建设；根据市县党校需求，有针对性地开设基层党校教师进修班，逐步提高党性教育培训和省情、市情研究培训的精准度和频次。

3. 进一步突出资源共享。整合党校系统优质资源，建设全省党校师资库，建设党校系统优质资源共享平台，实现全省范围的师资和精品课资源共享；共享党性教育基地和现场教学点，开发合作办学新模式；积极收集省内关系经济发展、社会民生等方面的先进典型和优秀案例，集中分析解剖，形成课题，进入主体班课程。

三、巩固工作成效，完善专项整治工作制度体系

下一步，省委党校将继续巩固拓展专项整治工作成效，坚持整改目标不变、整改劲头不松、整改力度不减，切实把各项整改工作抓紧抓实抓好，扎实做好专项整治“后半篇文章”。

（一）进一步加强政治引领。坚

持把党的政治建设摆在首位，深入学习贯彻习近平新时代中国特色社会主义思想，引导全校党员干部进一步树牢“四个意识”、坚定“四个自信”、做到“两个维护”，始终在政治立场、政治方向、政治原则、政治道路上同以习近平同志为核心的党中央保持高度一致，增强政治意识、责任意识和忧患意识，不断增强抓好专项整治的思想自觉和行动自觉。

（二）进一步巩固工作成效。一是对已完成的整改任务，适时组织“回头看”，防止问题反弹。要继续深入学习贯彻落实习近平新时代中国特色社会主义思想、党的十九届四中全会精神、习近平总书记对党校的工作要求、习近平总书记对江苏工作的重要指示。严格执行中央八项规定，严格外出讲课请销假制度、财务纪律、公文管理、调研考察制度、领导干部个人申报等制度，严格落实主体责任，严格执行“三会一课”制度。二是对还没有完全彻底解决的问题，严格按照整改方案，加强督促检查，确保按时整改到位。要健全和完善贯彻落实习近平总书记中央指示批示工作机制、基层党校教师跟班学习机制；不断完善《关于深入推进“用学术讲政治”实施办法（试行）》《推动科研高质量发展实施办法》，推进“用学术讲政治”教学改革向纵深开展；完善《全省党校系统教师培训规划》，完成全省党校教师轮训任务。三是是对需要较长时间整改的事项，坚持一抓到底，坚决完成整改，务求取得实效。要继续在探索建立既区别于公务员又不同于普通事业单位的行政学院教师管理体制上下功夫，在开展创新工程上做文章，在做好校院资产管理上出实招，切实解决问题。

（三）进一步完善规章制度。深入调查研究，对党校现行的规章制度进行全面梳理，该废止的废止，该修订的修订，该出台的出台，把一些经过实践检验、行之有效的经验做法形成制度。特别是要把主题教育中形成的好经验好做法用制度形式固定下来，运用好、坚持好，形成长效机制。坚持以制度建设巩固作风建设成果，推动形成一批制度规范，不断深化扩大专项整治成果。

【“不忘初心、牢记使命”主题教育工作总结】

“不忘初心、牢记使命”主题教育启动以来，在省委主题教育第八巡回指导组的有力指导下，我校立足党校发展的新形势新任务，严格落实“守初心、担使命，找差距、抓落实”总要求，坚持基础工作不漏项、规定动作不缺项、自选动作选好项，将学习教育、调查研究、检视问题、整改落实贯穿全过程，在保证主题教育有序开展的同时，努力将主题教育成果转化为推动高质量办学的强大动力。

一、主要工作开展情况

主题教育开展以来，我校坚持目标导向，突出党校特色，将多项措施有机融合、统筹推进，力戒形式主义和官僚主义。

（一）以强化组织领导为关键，周密安排部署。结合党校实际，加强顶层设计，迅速研究制定贯彻落实措施，确保主题教育高起点谋划、高标准推进、高质量落实。一是把准方向。第一时间召开校委理论学习中心组（扩大）学习会，专题学习中央、省委主题教育工作会议精神，围绕“省委有要求、党校有行动、落实见成效”的工作思路，研究安排我校主题教育工作。召开全体党员大会，牢牢把握总要求和五个具体目标，对主题教育工作进行全面动员部署，为主题教育开好局、起好步奠定了思想基础。二是健全组织。成立主题教育领导小组，常务副校长任组长，先后主持召开多次专题会议，对主题教育进行安排部署、总体谋划。领导小组下设办公室，负责日常工作，并组建若干工作组，分工合作并督促各部门严格执行，形成了上下联动抓教育的良好局面。三是挂图作战。按照中央和省委的要求，结合党校实际，制定我校开展主题教育实施方案，明确目标任务、重点措施、具体要求等，为主题教育顺利实施提供依据和遵循。此外，还结合教学培训主业主课，制定主题教育计划安排，对实施方案再细化，明确各项工作时间表，做到挂图作战、按表推进、环环相扣、无缝衔接。

（二）以抓实学习教育为前提，夯实思想根基。把学习贯彻习近平新时代中国特色社会主义思想作为主线，采取“四学”措施，推动学习教育往深里走、往心里走、往实里走。一是原原本本通篇学。突出对《习近平关于“不忘初心、牢记使命”论述摘编》《习近平新时代中国特色社会主义思想学习纲要》和习总书记视察江苏时重要讲话精神的学习，督促党员干部静下心读原著、学原文、悟原理。汇编整理党校《“不忘初心、牢记使命”主题教育学习资料》和主题教育应知应会内容，各支部定期检查党员学习和掌握情况。二是关键少数带头学。注重校委示范引领，校委班子坚持先学深学一步，按照“七个一”工作方案，制定详细可行的学习计划。校委理论学习中心组集中一周时间，围绕5个专题，采取专家辅导半小时、校委班子成员领读半小时、与会人员每人研讨发言半小时的学习流程，为全校党员做出示范、放出样子。三是支部引领深入学。注重发挥党支部主体作用，把学习教育融入日常，把辅导、领读、研讨结合起来，坚持以讲促学，支部委员在深入自学的基础上，带头讲、领着学，在学习交流中实现互促共进、共同提高。开展结对研学，组织38个教研部门党支部和行政部门党支部开展共建，发挥教师党员理论特长，帮助行政人员深学一层。同时，紧扣“不忘初心”主旨，向全校党员印发了入党志愿书，组织党员重读入党志愿、重温入党誓词、重忆入党经历、重问入党初心。四是丰富载体深入学。依托本地红色教育资源，深入开展革命传统教育和先进典型教育，组织全校党员赴雨花台烈士陵园开展“缅怀革命先烈、重温入党誓词”教育活动，邀请赵亚夫同志来校作专题报告。借力媒体平台，组织党员观看《大无大有》《赵亚夫》《孤岛32年》等专题片，深刻感悟“恩来精神”“亚夫精神”“王继才精神”，用身边的典型教育党员、引导党员、鼓舞党员。

（三）以发挥自身优势为抓手，推进举措创新。始终坚持党校姓党的根本原则，根植教育培训资源，以贴合实际、具有成效的自选动作，切实增强学习教育的针对性和感染力。一是发挥理论优势。组织“不忘初心、牢记使命”主题教育宣讲团，精心打磨7个系列专题，组织集体备课，扎实做好全省面上宣讲工作，累计为80多家省、市党政机关作专题辅导报告。精心举办“全省党校系统主题教育师资班”，引导全省党校系统骨干教师率先把习近平新时代中国特色社会主义思想学深学透，不断提升授课水平和讲课效果，为第二轮市县主题教育活动宣讲打下坚实基础。二是拓宽平台渠道。与中央档案馆、国家档案局、江苏省档案馆联合打造的党性教育主题教室新馆，在主题教育期间正式开馆启用，以珍贵的党史档案为载体，在对我校党员进行全员教育的基础上，共接待省级机关、省部属企事业单位 40 多批 3000 多人次前来参观学习。举办“不忘初心、牢记使命，庆祝新中国成立 70 周年”文艺汇演，分“初心”“爱国”“筑梦”三个篇章，以音乐、舞蹈、诗歌等多种形式，表达党校教职工对初心和使命的理解，增强推动高质量办学的凝聚力和向心力。三是营造宣传氛围。充分发挥《唯实》、《江苏行政学院学报》、《江苏党校报》、校园门户网站、微信公众号等宣传平台作用，通过新闻报道、言论评论、典型宣传等形式，深入宣传中央精神和省委部署要求，及时反映工作进展成效。我校主题教育开展情况先后 17 次被《新华日报》、江苏卫视、《学习时报》等媒体报道，5 位专家学者接受江苏卫视主题教育专家访谈。

（四）以深入调查研究为载体，掌握党校实情。坚持把解决问题、推动工作作为调查研究的出发点和落脚点，通过深入调研摸清情况、厘清问题，提出对策措施。一是精选课题。以推动工作为要务、以教职工利益为导向、以高质量办学为目标，围绕坚持党校姓党、突出主业主课、推动“用学术讲政治”教学改革“一号工程”、提高科研咨询水平、加强人才队伍建设、推进精细化管理、提升管理服务保障水平等方面的课题，深入开展调查研究。二是了解实情。校委领导班子成员分别带队，按照省委“四不两直”的要求，选取一些工作难度大、带有普遍性问题的市县党校，明确调研主题、调研内容和目标任务，深入到干部培训和教学改革一线听意见、查实情，做到不打造“经典调研路线”、不扎堆调研、不增加基层单位负担，先后征求到各类意见建议 120 余条，其中涉及校领导班子的 21 条。三是转化成果。积极做好调研“后半篇文章”，在实地调研的基础上，及时汇总梳理调研发现的问题、听到的意见，作出综合研判，切实分析透彻问题症结，提出解决问题、改进工作的思路举措，形成调研报告 6 篇，并召开调研成果交流会，努力把调研成果转化为解决问题的具体举措。结合调研成果，校委班子成员结合自身思考，由常务副校长带头，为分管部门党员干部共讲了6场专题党课，深刻诠释初心使命，砥砺党员干事担当。

（五）以全面深挖细查为契机，摸清问题短板。以正视问题的自觉和刀刃向内的勇气，找准差距不足，深刻剖析根源，为整改落实提供精准靶向。一是拓宽征询渠道。坚持自己找问题、欢迎群众提问题、不怕上级点问题，通过召开教职工座谈会、学员座谈会、设置意见箱和网上意见栏等方式，深入开展“三听两问”，广泛征求多方面的意见建议。二是开展谈心谈话。按照“三个必谈”的要求组织谈心谈话，常务副校长与班子成员、班子成员之间、班子成员与分管处室负责人分别进行谈心谈话，既谈工作问题也谈思想问题，既谈自身差距也提醒对方不足，努力把意见建议把准、把矛盾问题找实。三是深刻检视反思。校委班子成员带头，对照习近平新时代中国特色社会主义思想和党中央决策部署，对照党章党规，对照初心使命，对照岗位职责，联系思想工作实际，实事求是检视自身差距，努力把问题找实、把根源找深，累计形成110件个人检视问题清单。

（六）以主动认领问题为先导，写好整改文章。坚持把“改”字贯穿始终，通过开好专题民主生活会，进一步确定整改重点、明确整治责任，推进“红脸治病”。一是解决问题“存量”。对上年度民主生活会整改情况和上年度巡视整改专题民主生活会整改情况进行“回头看”，对各项措施效果进行再检查、再深化。截至目前，上年度民主生活会和巡视整改专题民主生活会上针对班子提出的意见建议，已基本整改完成。对需要长期坚持整改的，也已经制定具体方案，督促相关部门严格落实。二是查摆问题“增量”。民主生活会上，校委班子和班子成员坚持问题导向，紧密结合实际，把自己摆进去、把职责摆进去、把工作摆进去，认真检视问题、剖析原因，共梳理出校委班子17项问题，班子成员个人问题共68条。同时，校委班子成员本着对自己、对同志、对事业高度负责的态度，认真开展批评与自我批评，达到了相互教育、凝聚共识、增进团结的目的。三是推动问题“消量”。对查摆出来的各方面问题，校委认真履行整改主体责任，坚持真认账、不推诿，真反思、不敷衍，坚决把讲政治贯穿整改全过程，做到整改责任全承担，一项一项进行研究，一条一条制定整改措施，一个阶段一个阶段深入推进，问题整改工作取得了初步成效。

二、主要收获

一是理论学习更加自觉。全校党员通过强读强记、常学常新，对习近平新时代中国特色社会主义思想的内涵精髓领会更加系统深入，对推动高质量办学把握更加全面准确，对纵深推进管党治党的要求理解更加清晰透彻。

二是思想政治更加坚定。全校党员进一步深化了对党的初心和使命的认识，增强了守初心的自觉，明晰了担使命的方向，更加深刻地领会了党中央开展这次主题教育的重大意义，找准了精神坐标，凝聚了前行动力。

三是干事创业更加务实。全校党员坚持在学深悟透中汲取担当"源动力"，在调查研究中找准担当主攻方向，在对标习近平新时代中国特色社会主义思想中反思担当差距，在整改落实中体现担当责任，有力推动问题一个一个解决，想干事、能干事、干成事的氛围更加浓郁。

四是为民服务更加有力。进一步强化了党员干部特别是领导干部为学员服务、为教职工服务、为基层党校服务的宗旨意识。通过这次主题教育，校园东北角小院历史遗留问题、校园大门安全管理问题、校内道路交通秩序问题等一批困扰教职工的操心事、烦心事得到有效解决。

五是廉洁意识更加牢固。经过这次主题教育，校委班子对"一岗双责"的要求更加明确，践行党风廉政建设责任更加主动。此外，通过深入开展以案释纪、以案说法、以案为鉴警示教育，党员干部的廉洁意识也更加牢固，纷纷表示将严守政治纪律和政治规矩，共同努力营造风清气正的干事环境。

六是制度机制更加健全。出台了《推动科研高质量发展实施办法（暂行）》《优秀科研奖评选办法》《优秀科研组织奖评选办法》《科研成果计分标准》《校定重点核心期刊目录》《学术专著出版资助办法》《江苏省党校行政学院系统课题管理办法》等制度规定，为推动高质量办学提供了更多机制抓手、制度依据。

三、存在问题

主题教育开展以来，虽然取得了一定的成效，但是经过回头审视，还存在以下三个方面的不足：

一是学习教育用力不均。在理论学习的方式方法创新上还不够，学习效果还没有达到高标准的预期目的。对校委班子和处级以上领导干部的学习抓得比较紧比较实，但对普通党员干部的学习要求还不够严。

二是调查研究不够系统。调研的形式相对单一，对面上的工作一般性了解比较多，对深层次的矛盾问题了解把握不够，实效性有待于进一步提高。

三是成果转化效率不高。调查研究的成果转化为推动工作的具体思路举措还不够，调查研究、科学决策、贯彻落实的工作链条还需要完善。部分已制定的举措，针对性和操作性不强，有待于进一步谋划。

四是长效机制有待建立。实践中行之有效的做法没有及时上升为制度，整改落实的长效机制也有待于进一步完善。

四、下一步工作打算

一是坚持常态抓教育，增强党校姓党观念。坚持把习近平新时代中国特色社会主义思想当作根本指引，抓紧研究制定学习常态化长效化机制，通过定期召开理论中心组学习会议、支部学习会、各类学术论坛等方式，统筹推进集体学习与个人自学，促进学思践悟、付诸行动。紧密联系推动高质量办学走在前列的目标定位，持续挖掘习近平新时代中国特色社会主义思想的深度内涵，做到“得其门而入，悟其道而授”。充分发挥马克思主义基本理论学科优势，深入研究阐释重大理论问题，形成更多有分量、有价值、高水准的科研成果。

二是坚持聚力抓党建，营造良好政治生态。把政治建设放在首位，压紧压实党建和党风廉政建设工作责任，研究制定关于进一步严格党内政治生活和加强民主集中制建设的意见，不断强化各党支部政治功能。充分利用党校优势资源，发挥好党性教育主题教室、廉洁从政主题教育馆等作用功能，以及校刊校报、门户网站、微信公众号等媒体平台，使党建工作可视化、动态化。坚持在常和长、严和实、深和细上下功夫，把从严治校要求落实到教学、科研、管理等各方面全过程，以党风带动校风、教风和学风建设，打通从严治校的“最后一公里”。

三是坚持务实抓整改，加快解决各类问题。把“改”字贯穿始终，按照“整改有目标、推进有措施、落实有责任、完成有时限”的要求，对主题教育期间发现的问题，坚持立查立改、即知即改，能当下改的要限时整改到位，一时解决不了的，要明确阶段目标，逐一建账、盘点销号。班子成员在带头整改的同时，牵头督促分管领域认真整改，特别是聚焦长期存在、反复出现的问题，倒排工期，狠抓专项整治，让问题件件有整改、事事有落实。加快推进制度建设，围绕已整改完整的问题，以及在主题教育过程中产生的经验举措，探索通过制度固化成果，争取实现“解决一个问题，就建立一个制度；建立一个制度，就规范一类问题”。

四是坚持不懈抓作风，确保制度落地执行。把督查手段运用起来，既要注重结果，更要注重过程；既要注重中心工作的集中检查，更要注重日常工作的经常督查。通过行政办公会、专题会办会等，及时记录制度执行和工作落实情况，督促各部门养成雷厉风行的良好习惯。严格执行情况考评，建立科学的制度执行考评体系，把制度执行力作为评价干部素质的重要方面，作为年终考核的基本依据，对各部门制度执行情况进行量化评价，与落实鼓励激励、容错纠错、能上能下“三项机制”相结合，防止和纠正执行快慢、执行好坏“一个样”。

机构设置

【概述】

校院内设管理机构 15 个，教研业务机构 14 个，直属单位 2 个。

管理机构为：办公室（党校工作指导处）、人事处、党群工作处（机关党委、工会、团委与其合署办公）、老干部处、财务处、总务处、培训服务保障处、教务处（公务员培训处）、科研处（智库办公室）、学员处（团校工作处）、研究生处、继续教育学院（江苏省党校教师进修学院）、信息管理处、保卫处、江苏省党支部书记学院。

教研业务机构为：哲学教研部、经济学教研部、科学社会主义教研部、党史党建教研部、经济管理教研部、公共管理教研部、社会和文化教研部、法政教研部、世界经济与政治教研部、马克思主义学院、决策咨询研究中心、图书馆、校刊部、廉政教育研究中心。

直属单位为：省级机关管理干部学院（代管国培中心）、省青年管理干部学院。

【校（院）领导】

校长：

郭文奇

院长：

樊金龙（2019 年 4 月止）

郭文奇（2019 年 4 月起）

常务副校长、副院长：

桑学成

副校长、副院长：

胡志军　钱学伟　陈开颜

教育长：

孙文华

校务委员：

程晓澎（2019 年 12 月起）

顾明进（2019 年 12 月起）

二级巡视员：

卜利民（2019 年 5 月起）

王启发（2019 年 5 月起）

【行政教辅部门负责人】

部门	正职	副职
办公室（党校工作指导处）	卜利民	刘　丰　王丽金　戈　琳
人事处	程晓澎	杨军红
党群工作处	周文筠	戴伯成
机关纪委	周文筠	王波（2019 年 8 月起）
机关党委	孙云峰	
老干部处	许　红（2019 年 8 月止）	李小红（2019 年 9 月起主持工作） 施开军
财务处	王　琴	夏拥军 杜　欣（2019 年 8 月起）
总务处	林可旺	吴伯旺　杜亮喜
培训服务保障处	周步新	吴正根　武晓军
教务处（公务员培训处）	孙文华	季洪浪　姚立才
科研处（智库办公室）	吴　宏	杜贵阳　张明想
学员处（团校工作处）	王启发	张红玲　陈明宏
研究生处	顾明进	贾斌斌
继续教育学院（江苏省党校教师进修学院）	钱业红	张　伟　马　迎
江苏省党支部书记学院	钱业红	徐跃功（2019 年 9 月起）
信息管理处	吴　飚	马贞俊　毛跃奇
保卫处	刘维治（2019 年 4 月止） 周荣华（2019 年 4 月起）	周荣华（2019 年 4 月止） 刘福东
教材中心		朱　军

【教研部门负责人】

部门	正职	副职
哲学教研部	章　凝（2019 年 1 月止）	刘力永（2019 年 1 月起主持工作）
经济学教研部	李宗尧	孙耀武
科学社会主义教研部	王金水	陈传善
党史党建教研部	张加华	李继锋　周延胜
经济管理教研部	吴正林	王新军　周晓平
公共管理教研部	胡宗仁	刘　伟
社会和文化教研部	华　涛（2019 年 8 月止）	薛　莉（2019 年 8 月起主持工作） 许爱梅
法政教研部	陈　蔚	梁三利
世界经济与政治教研部	黄瑞玲	王　英 薛　莉（2019 年 8 月止）
马克思主义学院	布成良	叶　凌
决策咨询研究中心	盛华根	田　伟
图书馆	王平（2019 年 8 月止）	杨庆云（2019 年 8 月起主持工作） 丁小文 仲　明
校刊部	李立峰	彭安玉
廉政教育研究中心	张桂珍	时　伟

【直属单位负责人】

单位	常务副院长	副院长
省级机关管理干部学院（代管国培中心）	沈　健（2019 年 8 月起主持工作）	陈风雷（副主任）
省青年管理干部学院	朱学兵	朱列岭

教学培训

【概述】

2019年，校院教学工作深入贯彻习近平新时代中国特色社会主义思想，党的十九大精神，党的十九届二中、三中、四中全会精神，以及《中国共产党党校（行政学院）工作条例》，坚持以“聚焦主业主课、聚力改革创新，推动高质量办学走在前列”为工作遵循，以“用学术讲政治”为工作导向，以深化教学供给侧结构性改革为工作主线，扎实推进机制更新、方法出新、程序创新，各项工作呈现良好态势，圆满地完成了省委省政府交办的全年干部教育培训任务。

一是精准设置教学专题。坚持把学习贯彻新思想作为重中之重。继续深入推动新思想进课堂、进教材、进学员头脑，专门设置单元，开设近20个教学专题，适当安排外请讲座，邀请省级党校精品课获奖教师授课。聚焦干部教育培训的新要求。围绕领导干部学党史、新中国史的要求，打造了“新中国辉煌70年：解码中国共产党为什么‘能’”等一批专题；围绕“不忘初心、牢记使命”主题教育，形成了“领导干部要做担当作为的表率”等系列专题。完善省领导和各厅局主要负责人作报告的约请机制。2019年共举办24场专题报告会，围绕“深入学习贯彻习近平总书记统一战线重要思想”“推进全面从严治党向纵深发展”“推动高质量发展走在全国前列”等重大理论和现实问题，着眼提高政治觉悟、政治能力和执政本领，邀请中央、省、市领导干部和专家学者作报告。第一时间将党的十九届四中全会精神纳入主体班教学。党的十九届四中全会召开之后，第一时间特邀中央党校教授作辅导报告，加深对《中共中央关于坚持和完善中国特色社会主义制度推进国家治理体系和治理能力现代化若干重大问题的决定》的学习领会。

二是创新优化教学安排。加强班次学员特点研究，汇总分析学员“三带来”“三留下”及各方面意见建议，有差别地安排教学内容和组织形式，增强针对性、实效性。立足学员特点。省管班、县处班学员对区域行业情况比较了解，对“习近平总书记关于新时代中国特色社会主义社会建设重要论述”专题内容开展班级论坛；对于中青班学员，着眼提升专业能力和领导水平，先后邀请优秀中青年干部作经验交流，并围绕“提升领导干部媒体应对能力”等热点问题举办专题讲座；在乡镇班，以结构化研讨和跨班交流的形式提升教学的针对性。丰富“第二课堂”。安排15次周一晚讲堂，邀请名师大家，谈历史文化，讲健康养生。分4次嵌入国防教育周，邀请国防大学教授开展国防教育专题辅导。严格学业考核。围绕新思想和党的十九大精神，党史、新中国史和党章党规党纪等，加大学员入学和毕业考试工作力度。围绕新思想撰写读书体会，开展读书交流。

三是持续提升教学质量。按“用学术讲政治”要求，组织学习会、观摩课，打造精品课、样板课等，全面提升课程质量。开展教学专项课题研究。围绕主体班教学需要，发布“党校教学贯彻习近平新时代中国特色社会主义思想‘课程体系和教学大纲’（学习纲要）研究”等15个重大教学专项课题。编发辅助材料。全年围绕“用学术讲政治”、学员“三带来”等共发放《教学简报》11期、《教学参考》5期，编辑出版“调查与思考”调研报告集和“实践与创新”典型案例集。组织学习观摩。1月召开“用学术讲政治”工作推进会，8月组织教师学习会，进一步增强教师对“用学术讲政治”的理性认识和实践把握，组织5位获全国党校（行政学院）系统精品课的教师进行示范教学并开展研讨交流。同时组织多堂教学观摩课，安排优秀教师示范讲授，并在听课结束后及时开展研讨活动。搭建打磨平台。坚持以点串线、以线带面，形成了校院打磨精品课、项目组打磨样板课、教研部打磨核心主干课的工作格局：精品课，打造全国党校（行政学院）系统精品课，校院领导会同督导组专家共计打磨20多次；样板课，经教研部推荐，校内评审确定5门课程，重点打磨后再经校外专家评审，确定1—2门样板课；核心课，教研部立足自身学科定位，确定重点专题，整体推进学科团队建设，打磨核心门面课。“三课”同步打磨、同步发力，不断提高专题质量。

四是推进教研咨一体化。以教研咨一体化建设作为贯彻“一号工程”的重要抓手。坚持制度引导。成立校院教研咨一体化工作委员会，出台《关于深入推进“用学术讲政治”的实施办法（试行）》，加大对优秀教学专题、高质量科研、决策成果的奖励力度，设立教研咨一体化优秀成果奖，鼓励主体班教学专题、学术论文、决策咨询成果之间相互促进、相互转化，全面引导教师教学科研和决策咨询协调发展。突出学理评价。完善“1＋3”教学效果评估体系，突出“问题导向”和“学理支撑”评估比重，经调整分别达到30％和60％。根据各主体班教学评估问题导向、学理支撑单项指标排名情况，对部分专题提出进一步修改和完善的意见建议。加大激励力度。体现在三个方面：教学要以科研支撑，新专题可通过科研立项给予经费资助，立项、结项、质量提升要有学理考核要求；科研要向教学转化，科研成果实现教学新专题转化的则提高经费配套，科研成果评奖时教学评估突出的在同等条件下给予优先考虑；统筹决策咨询研究，按教学科研一盘棋的思路，确定具体研究项目，协同推进、强化考核。设立教研咨一体化优秀成果奖，奖励充分体现教研咨一体化的教学和科研成果。强化纪律约束。将教学科研业绩与教师的职称晋升、岗位评聘和专家人才推荐、出国出境培训等各方面待遇直接挂钩，激发教师围绕主业主课、用学科理论讲好教学专题的内生动力。

五是提升管理效能。深化专题生成机制。完善《主体班教学专题生成规程（试行）》，紧扣中央和省委要求，定期发布专题指南，组织教研部门申领与申报，坚持新人新课在专题申报时，必须具备与专题强关联的科研成果，严把评审、打磨、试讲、调整四关。2019年共举行3次试讲，涉及20个专题。实行项目制管理。凡涉及整体的、重大的教学管理事项，集中时间集体讨论，形成共识，成立项目组，集体攻关，协同推进。加大教学资源共建共享。签订《长三角地区党校（行政学院）优质教学资源共建共享协议》，推进优质教学资源共建共享；同国家税务总局党校合作，形成互派主体班异地现场教学机制；确定南京市溧水区等4家第二批现场教学基地，明确进一步打造的教学点和相关要求。有序推进信息化建设。利用信息化手段是提升教务管理日常效率、胜任新时期教务工作的关键一招，在确保软件服务团队更换后教务管理系统平台顺利切换和有效运转的同时，积极推进新平台开发。

【主体班】

序号	班次名称	学制	学习时间	人数
1	第 32 期省管干部进修班	2 个月	3 月 3 日—4 月 30 日	95
2	第 6 期新任省管干部（正职）任职培训班	1 周	3 月 3 日—3 月 8 日	44
3	第 7 期新任省管干部（省级机关副职）任职培训班	1 周	3 月 10 日—3 月 15 日	60
4	第 8 期新任省管干部（市县）任职培训班	1 周	3 月 17 日—3 月 22 日	60
5	第 9 期新任省管干部（高校院所、事业单位副职）任职培训班	1 周	3 月 24 日—3 月 29 日	60
6	第 31 期县处级干部进修班	2 个月	3 月 3 日—4 月 30 日	50
7	第 17 期县处级中青年干部培训一班	4 个月	3 月 3 日—7 月 5 日	45
8	第 7 期县处级中青年干部培训二班	4 个月	3 月 3 日—7 月 5 日	48
9	第 17 期处级公务员任职培训班	2 个月	3 月 3 日—4 月 30 日	41
10	第 9 期选调生培训班（处级）	2 个月	3 月 3 日—4 月 30 日	43
11	第 19 期乡镇党委书记进修班	2 个月	3 月 3 日—4 月 30 日	49
12	第 33 期省管干部进修班	2 个月	5 月 6 日—7 月 5 日	90
13	第 12 期师职军转干部任职培训班	1 个月	5 月 6 日—6 月 6 日	74
14	第 32 期县处级干部进修班	2 个月	5 月 6 日—7 月 5 日	51
15	第 20 期乡镇党委书记进修班	2 个月	5 月 6 日—7 月 5 日	50
16	第 9 期青年团干部进修班	2 个月	5 月 6 日—7 月 5 日	47
17	第 34 期省管干部进修班	2 个月	9 月 1 日—11 月 1 日	90
18	第 18 期中青年干部培训一班	3 个月	5 月 7 日—7 月 6 日	44

续 表

序号	班 次 名 称	学制	学习时间	人数
19	第 8 期中青年干部培训二班	3 个月	5 月 7 日—7 月 6 日	42
20	第 1 期中青年干部培训三班	3 个月	5 月 7 日—7 月 6 日	42
21	第 33 期县处级干部进修班	2 个月	9 月 1 日—11 月 1 日	53
22	第 18 期处级公务员任职培训班	2 个月	9 月 1 日—11 月 1 日	46
23	第 10 期选调生培训班（科级）	2 个月	9 月 1 日—11 月 1 日	51
24	第 35 期省管干部进修班	2 个月	11 月 4 日—1 月 3 日	94
25	第 34 期县处级干部进修班	2 个月	11 月 4 日—1 月 3 日	51
26	第 3 期副处职公务员任职培训班	1 个月	12 月 2 日—1 月 3 日	49
27	第 8 期团委书记进修班	2 个月	11 月 4 日—1 月 3 日	44
28	第 16 期公务员初任培训班	半个月	12 月 2 日—12 月 13 日	83
29	第 17 期公务员初任培训班	半个月	12 月 16 日—12 月 27 日	88

【省级机关处级干部年训专题轮训班】

序号	班次	学习时间	在校天数	结业人数
1	省级机关处级干部年训（守初心、担使命，推动高质量发展走在前列）专题培训班第 1 期	6 月 17 日—6 月 19 日	3 天	716
2	省级机关处级干部年训（守初心、担使命，推动高质量发展走在前列）专题培训班第 2 期	6 月 19 日—6 月 21 日	3 天	717
3	省级机关处级干部年训（守初心、担使命，推动高质量发展走在前列）专题培训班第 3 期	6 月 24 日—6 月 26 日	3 天	723

续表

序号	班次	学习时间	在校天数	结业人数
4	省级机关处级干部年训（守初心、担使命，推动高质量发展走在前列）专题培训班第 4 期	6 月 26 日—6 月 28 日	3 天	705
5	省级机关处级干部年训（守初心、担使命，推动高质量发展走在前列）专题培训班第 5 期	7 月 8 日—7 月 10 日	3 天	720
6	省级机关处级干部年训（守初心、担使命，推动高质量发展走在前列）专题培训班第 6 期	7 月 10 日—7 月 12 日	3 天	721
7	省级机关处级干部年训（守初心、担使命，推动高质量发展走在前列）专题培训班第 7 期	7 月 15 日—7 月 17 日	3 天	714
8	省级机关处级干部年训（守初心、担使命，推动高质量发展走在前列）专题培训班第 8 期	7 月 17 日—7 月 19 日	3 天	709
9	省级机关处级干部年训（守初心、担使命，推动高质量发展走在前列）专题培训班第 9 期	7 月 22 日—7 月 24 日	3 天	691

【其他研修班】

序号	班次名称	学制	学习时间	人数
1	第 67 期省哲学社会科学教研骨干研修班	半个月	5 月 6 日—5 月 17 日	92
2	第 68 期省哲学社会科学教研骨干研修班	半个月	5 月 20 日—5 月 31 日	115

续 表

序号	班 次 名 称	学制	学习时间	人数
3	第 69 期省哲学社会科学教研骨干研修班	半个月	6 月 3 日—6 月 14 日	116
4	第 1 期全省人大街道工委主任研修班	一周	7 月 1 日—7 月 5 日	119
5	第 6 期全省乡镇人大负责同志研修班	一周	7 月 2 日—7 月 6 日	123
6	第 70 期省哲学社会科学教学科研骨干研修班	半个月	9 月 1 日—9 月 12 日	110
7	第 71 期省哲学社会科学教学科研骨干研修班	半个月	9 月 16 日—9 月 27 日	105
8	第 72 期省哲学社会科学教学科研骨干研修班	半个月	10 月 14 日—10 月 25 日	113

【主体班教学改革】

以教研咨一体化建设作为贯彻“一号工程”的重要抓手。

坚持制度引导。成立校院教研咨一体化工作委员会，出台《关于深入推进“用学术讲政治”的实施办法（试行）》，加大对优秀教学专题、高质量科研、决策成果的奖励力度，设立教研咨一体化优秀成果奖，鼓励主体班教学专题、学术论文、决策咨询成果之间相互促进、相互转化，全面引导教师教学科研和决策咨询协调发展。

突出学理评价。根据学员教学评价意见反馈，以及针对现有专题学理支撑尚有提升空间的实际，进一步完善“1＋3”教学效果评估体系，突出“问题导向”和“学理支撑”评估比重，经调整分别达到30％和60％。根据各主体班教学评估问题导向、学理支撑单项指标排名情况，对部分专题提出进一步修改和完善的意见建议，结合年度教学评奖评选确定各主体班学理支撑优秀讲题。

加大激励力度。体现在三个方面：教学要以科研支撑，新专题可通过科研立项给予经费资助，立项、结项、质量提升要有学理考核要求；科研要向教学转化，科研成果实现教学新专题转化的则提高经费配套，科研成果评奖时教学评估突出的在同等条件下给予优先考虑；统筹决策咨询研究，按教学科研一盘棋的思路，确定具体研究项目，协同推进、强化考核。设立教研咨一体化优秀成果奖，奖励充分体现教研咨一体化的教学和科研成果。

强化纪律约束。将教学科研业绩与教师的职称晋升、岗位评聘和专家人才推荐、出国出境培训等各方面待遇直接挂钩，激发教师围绕主业主课、用学科理论讲好教学专题的内生动力。通过教学、科研、决策咨询以及职称评审、培训进修、专家推荐等各方面的制度措施，营造办学资源聚焦主业主课、教师精力聚焦主业主课的良好氛围。

【精品课培育】

周延胜教授讲授的“毛泽东延安整风三篇论著及其当代价值”专题，获评第五届全国党校（行政学院）系统精品课，校院获评第四届全国党校（行政学院）系统教学管理优秀奖，成为连续两届获得精品课和教学管理优秀奖的两家省级党校之一。推送李宗尧、陈蔚、梁三利等三位教授讲授的“习近平生态文明思想”“学习贯彻习近平总书记坚定‘四个自信’重要论述”“习近平总书记全面依法治国新理念新思想新战略”三个专题报省委组织部推荐，并获评全国干部教育好课程。深度打磨章凝教授讲授的“马克思主义基本问题”等5门“用学术讲政治”样板课，取得明显成效。推选50门课程参评江苏省干部教育培训名师名课。

【现代培训方式方法】

一是精准设置教学专题。提高教学专题的有效供给，持续完善课程体系。坚持把学习贯彻新思想作为重中之重。继续深入推动新思想进课堂、进教材、进学员头脑，专门设置单元，开设近20个教学专题，适当安排外请讲座，邀请省级党校精品课获奖教师授课。聚焦干部教育培训的新要求。围绕领导干部学党史、新中国史的要求，打造了“新中国辉煌70年：解码中国共产党为什么‘能’”等一批专题；围绕“不忘初心、牢记使命”主题教育，形成了“领导干部要做担当作为的表率”等系列专题。完善省领导和各厅局主要负责人作报告的约请机制。2019年共举办24场专题报告会，围绕“深入学习贯彻习近平总书记统一战线重要思想”“推进全面从严治党向纵深发展”“推动高质量发展走在全国前列”等重大理论和现实问题，着眼提高政治觉悟、政治能力和执政本领，邀请省委常委、省委统战部部长杨岳，省委常委、省委宣传部部长王燕文，省人大常委会副主任曲福田，省政协副主席、南京大学党委书记胡金波，省纪委副书记、省监委副主任黄继鹏，省委组织部常务副部长王立平，省发改委主任李侃桢等来作报告。第一时间将党的十九届四中全会精神纳入主体班教学。党的十九届四中全会召开之后，第一时间特邀中央党校科学社会主义教研部原主任秦刚作辅导报告，加深对《中共中央关于坚持和完善中国特色社会主义制度推进国家治理体系和治理能力现代化若干重大问题的决定》的学习领会。

二是创新优化教学安排。加强班次学员特点研究，汇总分析学员“三带来”“三留下”及各方面意见建议，有差别地安排教学内容和组织形式，增强针对性、实效性。立足学员特点。省管班、县处班学员对区域行业情况比较了解，对“习近平总书记关于新时代中国特色社会主义社会建设重要论述”专题内容开展班级论坛，班委会主持、学员分享。对于中青班学员，着眼提升专业能力和领导水平，先后邀请省政府副秘书长赵建军、南京市溧水区委书记薛凤冠等优秀中青年干部作经验交流，并围绕“提升领导干部媒体应对能力”“知识产权与创新发展”“区块链驱动数字经济创新”等热点问题举办专题讲座。在乡镇班，以结构化研讨的形式让老师和学员共同研究探讨“着力保障和改善民生”等专题；开展跨班交流，结合“如何做好乡镇党委书记”，邀请省管班学员到乡镇班交流。丰富“第二课堂”。安排15次周一晚讲堂，邀请南京大学莫砺锋教授、省人民医院院长赵俊教授等名师大家，谈读书、谈经典、谈文化，讲历史、讲党的宗教政策、讲健康。分4次嵌入国防教育周，邀请国防大学刘正斌、孙科佳少将等开展国防教育专题辅导。严格学业考核。围绕新思想和党的十九大精神，党史、新中国史和党章党规党纪等，加大学员入学和毕业考试工作力度。围绕新思想撰写读书体会，开展读书交流。结合“不忘初心、牢记使命”主题教育撰写党性分析报告并在班级交流。

【学员管理】

一、工作完成情况

全年共完成培训班次42个，培训学员2817人。

1. 完成年度主体班次带班任务。共29个班次，培训学员1684人。

2. 完成短期培训班带班任务。共19个班，培训学员1527人。

3. 认真组织参与，积极开展主题活动。积极参加校院“不忘初心、牢记使命”主题教育活动。7月初，举办“不忘初心、牢记使命，庆祝新中国成立70周年”文艺汇演。9月底，组织全体主体班学员举办“我和我的祖国——庆祝中华人民共和国成立70周年”文艺演出。

4. 落实两个机制，调研成果丰硕。全年共完成调研报告100余篇，7篇调研报告获得省领导批示，分别是：《拆好废旧汽车　助力江苏高质量发展》获得副省长马秋林批示，《聚焦突出问题　协同改革创新　打造思政“金课”》获得省委常委、省委宣传部部长王燕文批示，《江苏医养结合高质量发展的问题与对策》获得副省长陈星莺批示，《推动苏北农民住房改善面临的问题及建议》获得副省长费高云批示，《强化四种思维，高质量推进我省高校思政课建设》获得省委常委、省委宣传部部长王燕文批示，《推进“两化融合”亟待智慧电厂破题》获得副省长马秋林批示，《推进乡村人才振兴面临的问题与对策》获得省委副书记任振鹤批示。

5. 坚持在领导干部中开展国防教育，获江苏省全民国防教育委员会命名“全省国防教育示范基地”荣誉称号。

二、主要工作特点和收获

1. 夯实开班工作。一是开好班主任见面会。做到“五个明确”“五个讲清”：明确教学计划设置和教学重点，明确临时党支部成员和主要工作，明确学习任务和教学计划安排，明确各类学习活动、作业清单和完成时限，明确开学第一周工作和注意事项；讲清楚教学培训目标和教学内容的设置安排，讲清楚小组讨论、班级研讨、班级论坛的组织形式和方法步骤，讲清楚党性锻炼计划和党性分析报告的写作要求，讲清楚学习活动的组织形式和工作安排，讲清楚校院培训纪律和管理规定。二是开好小组会。围绕开学典礼上的讲话组织讨论，相互分享学习成果，正确确立个人学习目标和打算。三是开好班级党员大会。对班委会制订的《临时党支部工作计划》进行讨论，不断完善工作内容，为班级工作开好头起好步夯实基础。

2. 创新学习形式。一是举办励学读书会和励学品书会。组织4次励学读书会，组织全体学员分享学习习近平新时代中国特色社会主义思想方面著作的读书心得。创新励学品书会活动，邀请长篇小说《鏖战》作者、徐州工程学院党委书记、徐州作家协会主席张新科教授，与学员们面对面交流小说的构思和阅读体会，激发了学员们深度学习党史、新中国史的浓厚兴趣。举办红色革命故事会，邀请“延安儿女故事团”革命后代走进党校话初心讲家风，邀请老一辈革命家后代周秉德、胡木英等作报告，传承老一辈革命家的革命精神和优良传统。二是开设学员论坛和学员沙龙，12名学员走上讲台，分享个人在各领域的研究成果。三是增设班级交流形式，引导学员围绕学习专题分享学习成果，共组织29场近百人次在班级范围进行学习分享。四是积极打造自主学习平台。10月15日，邀请江苏省演艺集团和昆山当代昆剧院重磅打造的原创昆剧大戏——《顾炎武》来校院演出，丰富教育内容。第9期选调生培训班开展了6次“小讲堂·微分享”活动。第18期中青年干部培训一班认真学习贯彻习近平总书记讲话精神，起草并签署了学员“模范学习守纪倡议书”。第1期中青年干部培训三班开办“我的初心故事”分享会。第8期团委书记进修班结合青年团干部的特点开展了“青课堂”“青红歌”“青分享”“青运动”系列活动，推动了学习互动，促进了学学相长。

3. 抓实现场教学。除了组织主体班次学员赴雨花台烈士陵园开展“缅怀革命先烈、重温入党誓词”主题教育活动、赴南京大屠杀遇难同胞纪念馆开展现场教学外，还组织28个班次学员，分别赴江西井冈山革命圣地、山东临沂党性教育基地、浙江嘉兴、河南兰考和安阳、贵州遵义、陕西延安和延川梁家河，以及昆山分校、淮安、徐州、句容等地，开展现场教学39次；同时还举办了“国防教育周”、“三个一”文化建设现场教学活动，组织全体主体班学员参观“礼赞新中国　奋进新时代——江苏省庆祝中华人民共和国成立70周年成就展”。进一步拓展了教育培训的广度，受到了学员的好评。

4. 完善制度建设。根据新时代全面加强党的建设的新要求，紧密结合学员管理的新要求，修订完善了《学员管理工作规定》和《关于进一步加强学风建设、严格学员管理的意见》。制定《学员管理委员会七项制度》，完善《主体班学员党性修养量化考核办法》，使学员管理工作进一步规范有序。进一步完善了《党校教师调研机制》和《教学效果反馈机制》两个机制，积极为教师提高教学质量服务、为学员接受优质教育架起了桥梁。

5. 从严学员管理。严格执行省委组织部“五个一律”规定，加强检查和巡查，每周通报“三率”情况，检查提醒讲评贯穿学期管理始终。坚持落实班主任跟班听课制度，认真执行请销假和考勤制度，坚决落实学籍管理规定。充分发挥班级临时党支部自我管理的主体作用，第17期中青一班临时党支部根据班级实际制定《加强学风建设，强化班级管理的意见》。各主体班坚持每周讲评、召开例会，每个单元进行小结。指导学员管理委员会，严格落实联席会议制度、课堂考勤制度、班级晚点名制度、晚间校园巡视制度、学员返校登记制度、晚间住宿抽查制度和到课率、就餐率、住宿率公示制度等七项制度，定期进行情况通报。10月，省委巡视组同学员管理部门联合对学员进行晚点名抽查，对晚点名没有参加的2名学员，要求提交书面说明。通过严肃的纪律约束，促进学员把主要精力投入到读书学习上，增强学习培训的效果。通过严格管理，主体班的平均到课率达99%以上，就餐率达94%以上，住宿率达98%以上。

6. 强化服务保障。各班主任坚持每天预告编发学习课程短信提醒学员，确保不出差错；坚持每天督促学员按时评课评教；坚持做到每次研讨交流提前布置、全程参与、有效组织；坚持做到每次组织现场教学，有预案、有计划、有分工，精心组织，确保万无一失。组织各类讨论和研讨160余次，督促学员完成学习体会文章2800余篇，组织主体班学员撰写《党性锻炼计划》《学员党性分析报告》1240余篇，组织党性分析交流会27次。用好校园网“学员工作”平台，鼓励学员积极撰写学习体会和新闻稿，择优编发，全年共编辑学员讯息和理论文章130多篇。及时收集各主体班活动信息，编印《学员动态》26期，供学员学习并报送校院领导和有关部门参阅。主体班学员案例“实践与创新”和调研报告“调查与思考”在国家行政学院出版社正式出版。

7. 加强自身建设。一是加强政治建设。坚持每周召开学习会、处务会，跟进学习党的创新理论，及时把习近平总书记在中央党校中青年干部培训班上的两次讲话列入学习内容，抓实“不忘初心、牢记使命”教育，组织学习党的十九届四中全会精神，邀请科社教研室主任王金水教授进行辅导。处室不定期全时段推送中央党校等公众学习信息资料。二是加强能力建设。认真组织学习《中国共产党党校（行政学院）工作条例》，开展学习研究，把握政策法规。两次组织班主任工作研讨交流会，互相取长补短，提升素质。利用处务会收集学员管理中的问题，研究对策措施。三是加强纪律建设。坚持“三会一课”制度，定期学习上级文件，组织学习《中国共产党纪律处分条例》和班主任承诺书，召开组织生活会，重温入党志愿书，进行自我剖析，对照党章和有关要求查找差距和不足，制定具体的整改措施。引导全处人员树立“窗口”意识，践行学员管理“组织员”“指导员”“管理员”“协调员”“监督员”“服务员”职责，在严守纪律上自觉当模范作表率。

【研究生教育】

一、概述

根据《中国共产党党校工作条例》中关于“按照国家有关法律法规和政策规定，开展学位研究生以及其他形式的干部继续教育和培训”，以及《关于加强和改进新形势下党校工作的意见》中“加强优势学科和重点学科建设……重视学位点建设，加强学科带头人培养工作。学位研究生教育要坚持国家标准、办出党校特色。党校学科建设和学科发展，纳入国家哲学社会科学创新体系建设”的有关规定，校院立足于为党和国家培养具有坚实宽广的马克思主义理论基础、系统深入的专业知识、独立从事科研和政策研究能力的高层次马克思主义理论骨干和高素质领导人才，在硕士研究生和在职研究生培养过程中，逐渐形成了比较完善的研究生培养体系和独具特色的人才培养模式。

研究生处的主要职责包括：按照研究生教育主管部门和校委、分管校领导的要求，编制年度招生计划并组织实施，教学组织与管理，学员和学籍管理，学位授予和就业指导，行政管理以及党务与思想政治工作，导师管理和班主任建设等。

二、硕士学位点情况

1998年，国务院学位办批准中共江苏省委党校为硕士学位授予单位，从1999年开始，江苏省委党校面向全国招收全日制硕士学位研究生。目前共有5个硕士学位授权一级学科点，分别为0201理论经济学、0202应用经济学、0302政治学、0303社会学、0305马克思主义理论。另有4个独立的二级学科点，分别是010101马克思主义哲学、030103宪法学与行政法学、120202企业管理、120401行政管理。每年全日制学术型研究生招生计划为42人，至今毕业生总人数500余人，目前在校硕士生120人。

三、学位研究生教育

1. 做好培养方案顶层设计。根据研究生招生和培养方式的变化，积极推进学位研究生培养方案由二级学科向一级学科转变。在赴四川、重庆、湖南等党校和扬州大学等高校调研的基础上，与部分高校、兄弟党校进行了电话交流，同时对标各专业《硕士学位授权申请表》和《学位授权点自我评估总结报告》，制定了培养方案修订办法，组织各学科带头人、专家组对2019年硕士生培养方案进行修订并严格执行。

2. 保持高质量完成招生工作。在教育部官方网站“研招网”上投放招生信息，加大招生宣传力度，扩大社会影响。在2019年招录的42名新生中，211以上高校生源占45%。连续十年被省教育厅评为“优秀招生单位”。

3. 组织举办各类学术活动。先后邀请《天津行政学院学报》《中共天津市委党校学报》总编刘琼莲教授、南京中医药大学韩许高博士等学者做学术讲座。通过举办专家论坛、学术报告会、学术讲座等活动，扩大硕士生的学术研究视野，提升其专业素质。组织硕士生参加各类高端学术论坛、时政报告、研讨会等学习活动，多方面多渠道提升硕士生综合素质。

4. 强化导师管理与课程教学。全面落实研究生导师第一责任人要求，完成2019级硕士生导师双选。建立研究生导师招生资格审核制度，按照导师申请、部门初审、学校审定的程序开展招生资格审定。严把课堂教学入口关，新人新课必须试讲，研究生教学督导组对研究生教学实施全方位全流程督导。搭建“青课晒”等教学交流平台，编写教学动态，及时反馈教学信息，全面提升教学质量。2019年试讲8人次，听课评课108次，举办“青课晒”4次，开展专家讲堂3次，编写教学管理情况反馈10期。

5. 严把论文质量关。加强学位研究生论文开题、指导、预答辩、盲评、答辩和答辩后修改等环节管理。由王庆五教授和布成良教授共同指导的2018届政治学理论专业毕业生甄佳佳的学位论文《网络民粹主义研究》，喜获2019年江苏省优秀学术学位硕士论文。2019届30名硕士生全部顺利毕业。继续做好在职研究生毕业论文指导分配、动员辅导、跟踪管理和“盲评阅、盲答辩”工作，强化论文答辩后盲抽检，通过正面导向，重心下移、关口前移，引导研究生处和教研部、导师和研究生共同形成合力，有效构筑研究生毕业论文质量保障体系。

6. 搭建各类发展平台。注重搭建各类平台，以推动硕士生综合能力的提升。通过搭建“学术文体节征文”“金陵研究生社科论坛”等平台，组织研究生开展中文演讲比赛、英文演讲比赛、经典研读交流、学员论坛、社会调研及报告撰写交流等活动，调动硕士生自主创造性，进一步扩大硕士生教育的社会影响力。

7. 组织社会实践调研。组织2017级、2018级研究生赴盐城、泰州、徐州开展社会实践和调研活动，组织学生撰写了50多篇调研文章。通过实践调研，开拓学生视野，拓宽研究新思路。

8. 重视学生党建工作。组织硕士生各年级支部召开专题组织生活会、民主评议党员会。组织各年级支部分赴盐城、泰州开展现场教学，先后参观盐城抗击“6・23”特大龙卷风纪念馆、阜宁县吴滩镇立新康居工程、新四军重建军部旧址、“东罗秋实”展览馆等爱国主义教育基地，重温红色历史，传承革命精神。围绕“改革开放四十周年——实践成就与经验”“奋进新时代，实现复兴梦”主题成功举办金陵研究生社科论坛、中文演讲比赛活动，强化学生党支部的政治功能。加强支部建设，及时成立2019级硕士生党支部，2017级党支部吸收8名同学为中共预备党员，2018级党支部确定12名同学为2019年发展对象，总支共确定24名同学为入党积极分子。

9. 做好各类服务保障。为硕士研究生提供优美的生活环境，对硕研楼硕士生宿舍进行改造升级，更新硬件设施，着力打造宜居宿舍。全面落实奖助政策，3位同学荣获国家奖学金，国家助学金和学业奖学金全覆盖。给硕士生发放伙食补贴，在食堂开设专门就餐窗口。完善“三助”体系，在办公室、教务处、科研处、图书馆、中特中心、继续教育学院等相关部门支持下，为硕士生提供“助管助学助研”岗位，解决困难学生的后顾之忧。

10. 加强学生就业指导。严格落实省教育厅文件精神，及时传达省教育厅就业指导培训会议精神，帮助硕士生正确解读上级就业政策和有关规定，做好就业手续咨询办理，催收学生就业材料，加强与毕业生的沟通，做到就业派遣信息零差错。加强教育厅就业平台管理，严格审核学生就业信息，指导毕业生掌握签约及派遣流程，让毕业生与用人单位及时对接，少走弯路；及时、精准推送各类招聘信息。时刻关注毕业生发展，定期对就业情况进行跟踪指导。邀请优秀毕业生参加经验交流会，分享学习体会和成功经验，帮助在校硕士生制定适合自身发展的学业规划和就业目标。2019年就业率为86.7%。

四、2019年硕士研究生毕业论文

姓名	论文题目	导师
许　诺	习近平意识形态建设理论研究	李立峰
高怡然	历史唯物主义视域下的贝格尔宗教学理论研究	章　凝
桂　闪	基于马克思主义视角的弗洛姆社会理论研究	刘力永
王　静	詹姆斯·奥康纳生态思想评析	李立峰
史静静	我国农业现代化与新型城镇化互动关系的实证研究	谈　镇
余　飞	市场分割与企业增加值率——基于不同市场分割类型的微观检验	黄瑞玲
梅　琼	创新驱动扬子江城市群经济高质量发展研究	黄瑞玲
沈炳盛	生态文明背景下企业环境责任的影响因素研究	李宗尧
王　月	论行政法领域的禁止不当联结原则	梁三利
王　磊	我国税收法定原则研究	姜孟亚
侯韦锋	我国生态环境行政执法与刑事司法衔接机制研究	孙曙生
许　威	我国检察公益诉讼存在的若干问题及其完善	沈林荣
邓春花	监察委与刑事司法机关程序衔接机制研究	孙曙生
施　鹏	国家治理现代化视野下的当代中国政治文化研究	布成良
姚铁飞	新时代中国共产党全面依法治国研究	王庆五
左淑雅	网络意识形态安全研究	王金水
国家睿	《关于建国以来党的若干历史问题的决议》的产生过程和历史影响研究	董连翔
陆　琳	习近平关于人类命运共同体的重要论述研究	张加华
马雪露	我国在南海仲裁案中的危机应对	王　英

续表

姓名	论文题目	导师
丁　奇	党的十八大以来廉政文化建设研究	王世谊
程傲雪	十八大以来党内监督发展研究	张桂珍
崔　冉	中国共产党党内巡视制度的功能及完善研究	张桂珍
陈诗彤	转型社区的认同困境研究——以大型国企单位社区 D 社区为例	陈曙红
张梓悦	“普二新政”背景下幼儿照料困境研究——以南京市为例	倪洪兰
李　珺	资本结构与盈利能力的关系研究——基于江苏省中小板企业的实证检验	许　卫
于　阳	员工关系对 90 后员工离职倾向影响的实证研究	华彦玲
朱　倩	南京市创新生态系统优化研究	方宏伟
郭　玥	问责制中的官员容错免责研究	杜万松
余　璐	网约车政府监管问题研究	胡宗仁
滕　枭	习近平文化自信重要论述研究	王庆五

五、在职研究生教育

2019 年，406 名 2016 级在职研究生顺利毕业，取得研究生学历。其中，24 人获评“优秀研究生干部”，66 人获评“优秀研究生学员”，3 篇毕业论文被评为“优秀毕业论文”。

校院从专业设置、培养方案、招生报名、考试录取、教学教务、论文撰写等各个环节，不断完善在职研究生教育改革新举措新制度，进一步提高培养质量和社会美誉度。

1. 持续推进在职研究生招生改革。在职研究生教育按照“加强学科建设，打破部门界限，整合校院资源，提高办学质量”的改革思路，强化办学意识，成立专家委员会，优化招生专业，突出党校特色，获得良好社会效应。报名人数 1163 人，经严格的报考资格审查和入学考试，最终录取 502 人。

2. 坚持把党校姓党贯穿教育教学全过程。一是坚持党校姓党，强化理论教育和党性教育，尤其是把新时代中国特色社会主义思想作为理论教育的中心内容。二是加强师德师风建设，坚持教书与育人相统一。三是认真落实意识形态责任制，严肃课堂政治纪律。四是认真开展形式多样的主题教育，弘扬以爱国主义为核心的民族精神和以改革创新为核心的时代精神。各专业班次根据教学计划安排，在开学初就制定了全年班级党性锻炼计划并严格遵照执行。

3. 抓实毕业论文质量。在职研究生每个专业都开设了“毕业论文写作”讲座；印发《在职研究生毕业论文工作有关文件》汇编，加强制度规范；集中开展毕业论文撰写动员，分析历年毕业论文不能顺利通过的主要原因；为各班级设置资料员，做好资料信息查询服务保障；加强在职研究生毕业论文环节管理，定期检查督导学员论文撰写进度，按时统计汇总各环节工作完成情况，并向教研部门和指导教师及时通报论文撰写、指导、评阅及答辩工作情况；在评阅前对论文重复率进行统一检测；按照有关制度组织在职研究生优秀毕业论文评选并进行表彰。

4. 以活动为平台助力师生成长成才。一是完善教学督导管理，坚持听课评课全覆盖，定期整理并反馈专家意见，帮助教师提升教学水平。二是完善新人新课试讲制度，坚持把“青课晒”活动制度化、常态化、精细化。三是强化社会调研，定期举行优秀调研报告评选活动，对优秀调研报告进行表彰并现场分享。四是打通硕士研究生与在职研究生培养通道，开展“奋进新时代，实现复兴梦”中文演讲比赛、“Growing Up with New China”英文演讲比赛、经典研读交流等活动，两类学生同台竞技、优势互补、相互促进。

5. 继续推进信息化建设。严格按照教育部对学位研究生信息化管理要求，积极推进学位研究生招生录取平台、招生调剂系统以及有关管理和服务平台信息化建设；充分利用研究生网站平台，完善网站布局，加大宣传报道，扩大党校研究生社会影响力。

6. 不断提升服务管理水平。始终坚持“严格管理、热情服务”的原则，利用入学教育，安排管理人员进班宣讲，让党校姓党、从严治校理念深入人心，维护党校在职研究生良好的社会声誉和形象；严格实施考勤管理，及时公布各班到课率；制定“修二补一”制度，为确因工作原因缺课的学员开通绿色通道；为各专业配齐配强班主任、硕士生辅导员、研究生处联络员三支管理队伍，各司其职，相互监督；会同相关后勤服务部门，召开学员座谈会，听取学员的意见建议，改进管理和服务水平。

2019 年，围绕推进研究生教育高质量发展，坚持“党校姓党”办学方针，按照从严治校、从严施教、从严管理的总体要求，理顺培养链各环节，强化精细化管理，为江苏经济社会发展培养了一批马克思主义理论骨干和领导管理人才，塑造了江苏省委党校研究生教育的良好形象。

【继续教育学院（江苏省党校教师进修学院）】

2019 年，继续教育学院（江苏省党校教师进修学院　江苏省党支部书记学院）认真学习贯彻习近平新时代中国特色社会主义思想和党的十九届二中、三中、四中全会精神，贯彻落实《中国共产党党校（行政学院）工作条例》，紧紧围绕“聚焦主业主课、聚力改革创新，推动高质量办学走在前列”的目标任务，加强精细化管理，规范办学流程，严格学员管理，圆满完成全年工作任务。

一、对外培训工作稳中向好

2019 年的对外培训工作有三个明显的特点：一是委托单位层次提高。中组部、澳门中联办是首次委托办班，两家省部级单位分别举办了 4 期专题公务员对口培训班和 3 期澳门优秀人才培训班，对学院的办学水平给予充分肯定。二是围绕主题教育、乡村振兴、精准扶贫、对口支援开展培训。学院先后举办各类“不忘初心、牢记使命”主题教育培训班 11 期，乡村振兴专题培训班 2 期，深度贫困地区加快发展专题培训班 4 期，新疆、西藏对口支援培训班 4 期，体现了服务党和国家中心任务开展培训的办学理念。学员反响热烈，普遍表示收获很大。三是坚持党校姓党，加强学员管理，提高培训质量。以主体班教学计划为基础，坚持“用学术讲政治”，突出党校的主业主课和培训特色。进一步规范办班流程，签订办班协议书和加强学员管理承诺书，入学教育时重点强调“五个一律”，全过程加强学员管理，全年未出现任何学员违纪现象。委托单位和学员对培训管理与服务的满意度达到96.7%，对培训的总体评价表示“非常满意”的达85.1%。全年学院共承办各类培训班次70个，培训学员5500余人。

二、中央党校在职研究生工作圆满完成

学院严格按照中央党校研究生院提出的具体要求，认真做好2016级江苏直属班和全省各教学点在职研究生毕业论文答辩和收尾工作，圆满完成了最后一届中央党校在职研究生的各项工作。一是认真组织江苏直属班的教学与管理。组织完成2016级江苏直属班的毕业论文上报查重和毕业论文答辩工作，共有40名学员顺利通过答辩，其中3名学员的论文被中央党校评为优秀毕业论文。二是继续加强对教学点的管理与指导。认真做好南京、南通、镇江3个教学点各项工作的检查与指导，协助组织2016级学员毕业论文答辩工作，安排专家教授分赴各教学点，按时完成122名学员的答辩工作。三是圆满完成2016级毕业工作。上半年完成了毕业学员成绩上报和档案整理工作，7月份带领部分优秀学员代表赴京参加中央党校2019届在职研究生毕业典礼。

三、江苏省党校教师进修学院工作平稳推进

根据年度培训计划，结合落实“不忘初心、牢记使命”主题教育活动计划安排，以及学习宣传贯彻党的十九届四中全会精神和《中国共产党党校（行政学院）工作条例》需要，举办全省党校（行政学院）系统“不忘初心、牢记使命”主题教育师资班2期，深入学习贯彻党的十九届四中全会精神专题师资班和校院长班各1期。邀请中央党校和上海市委党校知名专家示范授课。

四、江苏省党支部书记学院工作开局良好

为认真贯彻新时代党的建设总要求和新时代党的组织路线，深入落实《中国共产党支部工作条例（试行）》和《新时代江苏基层党建“五聚焦五落实”三年行动计划（2019—2021年）》，全面提升基层党组织书记能力素质，在省委组织部的主导之下，2019年5月，江苏省党支部书记学院在省委党校正式成立。省委常委、省委组织部部长、省委党校校长、省行政学院院长郭文奇和省委党校常务副校长、省行政学院常务副院长、省党支部书记学院院长桑学成参加了揭牌仪式。

来自全省的145名农村基层党组织书记，参加了首期“党建引领乡村振兴”示范培训班，学员反应热烈，社会反响良好。学院在农村、城市、民营企业领域分别设立分院。7月24日，农村分院（苏州）在张家港市善港村揭牌成立，并举办“书记讲给书记听”首期示范班，150名村书记参训。8月9日，民企分院（无锡）在红豆集团挂牌成立，并举办全省民营企业党组织负责人培训班，220人参训。下一步，学院将坚持“学院姓党”根本原则，把支部书记学院打造成为锤炼党性的政治熔炉、激活支部的动力引擎、培育支书精神的红色基地，深入挖掘、传承弘扬老支书精神，培养造就一批又一批新时代新支书，让支部书记学院真正成为广大支部书记人人向往的精神家园。

2019年继续教育学院（江苏省党校教师进修学院　江苏省党支部书记学院）办班情况

类别	序号	班次	培训时间	人数
外事班（10）	1	澳门工会联合总会社团负责人研习班	5月19日—5月25日	28
	2	第四批老挝干部考察团	6月19日—6月24日	30
	3	2019年越共高级干部考察团	6月21日	23
	4	澳门优秀人才培训班	7月13日—7月19日	22
	5	柬埔寨青年政治精英代表团	9月2日—9月12日	25
	6	孟加拉人民联盟干部考察团	9月4日	21
	7	澳门社团负责人培训班	10月26日—11月1日	14
	8	突尼斯国家行政学院代表团	11月6日—11月9日	2
	9	第四期老挝高级干部研修班	11月18日	25
	10	乌兹别克斯坦青年政治精英培训班	12月2日—12月12日	7

续 表

类别	序号	班次	培训时间	人数
专题班（5）	1	新疆教育管理干部领导力提升高级研修班	4 月 14 日—4 月 25 日	61
	2	供销合作社服务乡村振兴示范区建设专题培训班	4 月 25 日—4 月 26 日	136
	3	税收经济分析高级研修班	5 月 6 日—5 月 10 日	60
	4	全省文联系统干部培训班	7 月 24 日—7 月 26 日	148
	5	新疆生产建设兵团党政领导干部研修班	11 月 10 日—12 月 7 日	36
党政班（18）	1	句容市“四硬”型年轻干部培训班	3 月 10 日—4 月 3 日	36
	2	宜兴市基层干部党性修养提升专题培训班	3 月 11 日—3 月 14 日	47
	3	丹阳市第十四期中青年干部培训班	5 月 13 日—5 月 24 日	44
	4	深度贫困地区加快发展专题公务员对口培训班（第一批，四川班）	6 月 16 日—6 月 22 日	50
	5	靖江市年轻干部危机管理和风险防范培训班	7 月 17 日—7 月 19 日	37
	6	深度贫困地区加快发展专题公务员对口培训班（第二批，江西班）	7 月 21 日—7 月 27 日	50
	7	伊宁市 2019 年机关党务工作者培训班	8 月 18 日—8 月 27 日	60
	8	全省外事系统青年干部政治能力建设专题培训班	8 月 20 日—8 月 23 日	52
	9	2019 年选调生集训班	8 月 26 日—8 月 30 日	747

续表

类别	序号	班次	培训时间	人数
	10	深度贫困地区加快发展专题公务员对口培训班（第三批，云南班）	9月5日—9月11日	50
	11	2019年省部属企业、科研院所、行业协会发展对象培训班	9月24日—9月27日	325
	12	江苏省农业科学院新任处所级干部业务能力素质培训班	9月25日—9月27日	27
	13	深度贫困地区加快发展专题公务员对口培训班（第四批，西藏班）	10月10日—10月16日	51
	14	南京市消防救援队“不忘初心、牢记使命”主题教育党支部书记培训班（第一期）	10月22日—10月25日	27
	15	南京市消防救援队“不忘初心、牢记使命”主题教育党支部书记培训班（第二期）	10月28日—10月31日	32
	16	2019年度全省审计机关党建工作培训班	10月30日—11月1日	37
	17	拉萨市领导干部能力提升班	11月24日—12月14日	23
	18	沭阳县委巡察干部能力提升班	12月22日—12月27日	31

续 表

类别	序号	班次	培训时间	人数
企事业班（29）	1	江苏交通控股有限公司年轻干部任前培训班	2月25日—3月1日	53
	2	国家开发银行江苏省分行2019年第一期学习贯彻习近平新时代中国特色社会主义思想培训班	3月15日—3月16日	119
	3	沿海集团年轻干部（入党积极分子）培训班	4月8日—4月12日	33
	4	江苏核电有限公司党务工作者培训班（第一期）	4月15日—4月24日	44
	5	国开行苏州分行学习贯彻习近平新时代中国特色社会主义思想培训班（第一期）	5月15日—5月18日	42
	6	国开行苏州分行学习贯彻习近平新时代中国特色社会主义思想培训班（第二期）	5月22日—5月25日	42
	7	南京南化建设有限公司干部综合素质提升培训班	5月22日—5月26日	49
	8	大屯煤电集团公司2019年度党组织书记素质提升培训班	5月27日—6月1日	38
	9	恒丰银行南京分行专题党课培训班	6月3日	45
	10	2019年江苏铁塔基层纪委干部培训班	6月4日—6月6日	29

续表

类别	序号	班次	培训时间	人数
	11	江苏银行2019年“领英计划”支行行长轮训班（第一期）	6月10日—6月14日	63
	12	华能江苏分公司2019年党支部书记、党务骨干轮训班（第一期）	6月11日—6月14日	44
	13	省信用再担保集团“不忘初心、牢记使命”主题教育培训班	6月24日—6月26日	43
	14	江苏科技大学中层正职干部理论学习培训班	7月1日—7月5日	58
	15	江苏核电有限公司党务工作者培训班（第二期）	7月2日—7月12日	39
	16	南京艺术学院教工党支部书记培训班	7月5日—7月7日	43
	17	华能江苏分公司2019年党支部书记、党务骨干轮训班（第二期）	7月9日—7月12日	48
	18	常州工程职业技术学院“建功新时代，奋斗有作为”中层及以上干部综合能力提升培训班	7月9日—7月12日	69
	19	江苏银行2019年全行新入职大学生企业文化集中培训班	7月27日—7月31日	809
	20	中信银行南京分行党员党性修养轮训班	10月14日—10月18日	289
	21	中建三局华东公司2019年中层干部培训班	10月22日—10月25日	74

续 表

类别	序号	班次	培训时间	人数
	22	江苏银行2019年中青年干部党性修养培训班	10月27日—11月1日	23
	23	江苏省国信集团第五期中青年干部培训班	10月28日—11月15日	44
	24	航空工业南京机电中层领导干部“不忘初心、牢记使命”主题教育培训班（第一期）	11月5日—11月7日	64
	25	航空工业南京机电党支部书记、组织委员“不忘初心、牢记使命”主题教育培训班	11月7日—11月9日	69
	26	中船重工第八研究院“不忘初心、牢记使命”支部书记集中轮训班	11月8日—11月9日	64
	27	江苏银行“领英计划”2019年全功能支行行长轮训班（第二期）	11月11日—11月15日	50
	28	航空工业南京机电中层领导干部“不忘初心、牢记使命”主题教育培训班（第二期）	11月12日—11月14日	73
	29	江苏省沿海开发集团企业领导人员（党组织书记）培训班	11月18日—11月22日	29
系统班（7）	1	广东省委党校干部教师“不忘初心、牢记使命”专题培训班	5月19日—5月25日	40
	2	成都市委党校2019年专兼职班主任班务管理及党性教育培训班	6月30日—7月5日	42

续 表

类别	序号	班次	培训时间	人数
	3	2019年伊犁州直党校系统教学管理骨干培训班	7月7日—7月18日	40
	4	全省党校系统“不忘初心、牢记使命”主题教育师资班（第一期）	8月15日—8月18日	78
	5	全省党校系统“不忘初心、牢记使命”主题教育师资班（第二期）	8月18日—8月21日	82
	6	全省党校（行政学院）系统深入学习贯彻党的十九届四中全会精神和《中国共产党党校（行政学院）工作条例》校长研修班	12月23日—12月27日	77
	7	全省党校（行政学院）系统深入学习贯彻党的十九届四中全会精神专题师资培训班	12月25日—12月27日	148
党支部书记班（1）	1	党建引领乡村振兴——首期江苏省党支部书记示范培训班	5月10日—5月13日	145

科研资政

【概述】

2019年，科研处着力提高科研组织化程度，群策群力全面推进“用学术讲政治”教学改革“一号工程”，促进教研咨一体化建设，修订并颁布了一系列加强科研和决策咨询工作的政策措施，加大校院教研部门协作和对各级党校（行政学院）科研工作业务指导力度，推动校院科研工作向更高质量迈进。

一是坚持“党校姓党”，全力建设学习研究阐释习近平新时代中国特色社会主义思想和十九大精神的理论研究阵地。进一步深入学习宣传贯彻习近平新时代中国特色社会主义思想和党的十九大以及党的十九届二中、三中、四中全会精神，组织召开第八届江苏党的建设高层论坛、庆祝改革开放40周年理论研讨会等学术论坛和理论研讨会等20余次，组织教师撰写理论宣传文章并参加全国党校（行政学院）系统庆祝新中国成立70周年理论研讨会、长三角地区党校（行政学院）智库联盟首届学术交流会等。撰写了一批学术研究文章和理论宣传文章，发表论文211篇，其中50余篇成果在《光明日报》《学习时报》《新华日报》《群众》等省级以上媒体发表。一批成果获“江苏省社科应用研究精品工程”优秀成果奖、江苏发展研究奖。

二是瞄准科研高立项目标，提高科研组织化精细化程度。强化管理部门全程跟进和服务保障意识，2019年获省级以上课题29项，其中国家社科基金年度项目9项、国家社科基金后期资助项目1项，位居省级党校第二；江苏省社科基金项目5项，全国党校（行政学院）系统调研课题6项，省软科学项目3项。为贯彻校院《关于深入推进“用学术讲政治”的实施办法（试行）》要求，立项“党校教学贯彻习近平新时代中国特色社会主义思想课程体系和教学大纲研究”等2019年度重大教学专项课题共15项。1项国家社科基金项目阶段性研究成果在《成果要报》全文刊登。

三是打造高端智库品牌，决策咨询富有成效。围绕深入学习党的十九大精神和习近平新时代中国特色社会主义思想，聚焦省委省政府中心工作和重大战略部署、社会热点难点问题，落实娄勤俭书记在省委党校调研重要指示精神，紧紧依托省重点培育智库江苏党的建设理论与实践创新研究院、校“四中心一论坛”、习近平总书记关于加强和改进人民政协工作的重要思想研究基地，充分发挥学员以及全省党校（行政学院）系统资源优势，加强与党委政府部门、政策研究机构的科研协作，共组织编写《研究报告》40 余篇，其中通过我校《研究报告》向省领导报送各类研究报告 25 篇，共获得省领导批示 10 人次。经过多年建设，江苏党的建设高层论坛被评为 2019 年度江苏智库实践十佳案例。2 项成果获 2019 年度江苏智库研究与决策咨询优秀成果，一等奖二等奖各 1 项。

四是深化科研协作，切实发挥全省党校（行政学院）系统的整体优势。修订并印发《江苏省党校系统课题管理办法》，组织 2018 年度全省党校（行政学院）系统调研课题结项及 2019 年度全省党校系统调研课题申报立项工作。开展全省党校（行政学院）系统第九届科研评奖工作，组织召开“2018 年度全省党校（行政学院）系统重点调研课题”深化研究对接座谈会、全省党校（行政学院）系统第 13 届科研协作会暨庆祝新中国成立 70 周年理论研讨会。参与组建长三角地区党校（行政学院）智库联盟，组织教师参加长三角地区党校（行政学院）智库联盟首届学术交流会，以高质量的智库成果为党委政府提供政策建议，服务于长三角区域一体化发展国家战略。加强对下级党校（行政学院）的工作指导和支持，参加长三角三省市科研协作会、第十届长三角地区社会现代化高峰论坛等区域性和设区市市委党校（行政学院）的学术会议。

【重要科研课题立项】

国家级课题					
序号	批准号	项目来源	项目类别	课题名称	负责人
1	19BDJ041	国家社科基金项目	一般	新时代党员干部的理想人格塑造研究	倪洪兰

续 表

序号	批准号	项目来源	项目类别	课题名称	负责人
2	19BKS104	国家社科基金项目	一般	新时代人民政协制度发展研究	布成良
3	19BSH020	国家社科基金项目	一般	“党建＋微治理”促进社区治理创新研究	吴青熹
4	19BSH158	国家社科基金项目	一般	全面两孩政策下的亲职抚育困境与社会支持体系建构研究	陈　雯
5	19BXW081	国家社科基金项目	一般	人类命运共同体视角下的孔子学院跨文化传播研究	刘志刚
6	19CDJ002	国家社科基金项目	青年	延安时期“学术中国化”运动中马克思主义学术话语权建构及现实启示研究	徐岑琛
7	19CDJ008	国家社科基金项目	青年	中国共产党党章话语体系及建设路径研究	王　瑾
8	19CGJ014	国家社科基金项目	青年	冷战后欧洲民族分离运动比较研究	孙　超
9	19CKS027	国家社科基金项目	青年	新时代社会主要矛盾转化背景下人的尊严全面提升研究	郭倩倩
10	19FKSB047	国家社科基金项目	后期资助一般	《资本论》三大理论新解	孔陆泉
全国党校（行政学院）系统调研课题					
1	2019dfdxkt039	全国地方党校（行政学院）重点调研课题	重点	多维联动促进乡村振兴的作用机理与路径研究	郭倩倩

续表

序号	批准号	项目来源	项目类别	课题名称	负责人
2	2019dfdxkt040	全国地方党校（行政学院）重点调研课题	重点	新中国70周年全要素生产率的演化趋势与结构分析	袁小慧
3	2019dfdxkt041	全国地方党校（行政学院）重点调研课题	重点	“党建＋微治理”促进社区治理创新研究	吴青熹
4	2019dfdxkt042	全国地方党校（行政学院）重点调研课题	重点	构建一体推进的不敢腐不能腐不想腐有效机制研究	孙曙生
5	2019dfdxkt043	全国地方党校（行政学院）重点调研课题	重点	新时代我国发展型社会矛盾的趋势特征和破解机制研究	陈　雯
6	2019dfdxkt044	全国地方党校（行政学院）重点调研课题	重点	优化基层治理体系的路径研究——以江阴市集成改革等为例	刘　伟
省、市社科基金课题					
1	19WTA002	省社科基金项目	人民政协理论与实践课题	人民政协作为实行多党合作和政治协商制度重要政治形式和组织形式研究	布成良
2	19EYC008	省社科基金项目	青年	金融共生对小微企业融资的作用机制及影响效应研究	程　超
3	19EYD007	省社科基金项目	自筹	乡村振兴背景下江苏家庭农场企业化经营路径研究	曹永森
4	19WTB011	省社科基金项目	一般委托	江苏省宣传思想文化领域法治建设规划研究	桑学成

续 表

序号	批准号	项目来源	项目类别	课题名称	负责人
5	19ZTB001	省社科基金项目	特别委托	新时代网络意识形态工作研究	李立峰
6	2019—YB22	市社科基金项目	一般	新时代南京市发展型社会矛盾的趋势特征和破解机制研究	陈　雯
省、市软科学课题					
1	BR2019074	省软科学		江苏高科技园区创新生态的构架、比较及培育研究	方建中
2	BR2019075	省软科学		科技创新支撑江苏经济高质量发展考核指标研究	袁小慧
3	BR2019076	省软科学		高新区产业创新生态培育机制研究	邹　红
4	201901021	市软科学	重点	南京创新都市产业经济发展模式研究	袁小慧

【2019 年结项项目】

序号	项目来源	项目类别	结项证书号	项目名称	负责人
1	国家社科基金项目	重点	20190169	中国特色社会主义协商民主制度研究	布成良
2	国家社科基金项目	一般	20191201	中国共产党推进国家治理现代化的实践探索与理论提炼研究	黄建军

续表

序号	项目来源	项目类别	结项证书号	项目名称	负责人
3	国家社科基金项目	青年	20191878	新兴媒体背景下公民有序政治参与引导机制研究	时　伟
4	国家社科基金项目	一般	20192656	中国优秀传统文化及其大众化研究	叶　凌
5	省社科基金项目	重大	3693	思想建党和制度治党紧密结合研究	杨　明
6	省社科基金项目	一般	3441	江苏构建新型农业社会化服务体系研究	王新军
7	省社科基金项目	一般	3691	把全面从严治党在江苏基层党建中落细落小落实研究	孙乐艳
8	省社科基金项目	一般	3692	增强农村基层党组织对经济社会发展的领导力与执行力研究	谌玉洁
9	省社科基金项目	一般	3801	推动习近平新时代中国特色社会主义思想入脑入心、落地生根研究	杜贵阳
10	全国党校（行政学院）系统调研课题	重点		以基层党建引领乡村振兴的实践研究——以江苏为例	胡志军
11	全国党校（行政学院）系统调研课题	重点		全面从严治党背景下江苏城市社区党建现状、问题与对策研究	时　伟
12	全国党校（行政学院）系统调研课题	重点		全面从严治党与塑造新时代理想人格研究	倪洪兰
13	全国党校（行政学院）系统调研课题	重点		人类命运共同体思想的理论来源和文化价值	刘志刚

续 表

序号	项目来源	项目类别	结项证书号	项目名称	负责人
14	全国党校（行政学院）系统调研课题	重点		如何构建现代农业的产业体系、生产体系和经营体系	程　超
15	全国党校（行政学院）系统调研课题	重点		习近平总书记关于全面深化改革重要论述的渊源和脉络研究	孙耀武

【承办重要学术会议情况】

一、校院召开 2019 年度国家社科基金项目申报动员会暨选题研讨会

1 月 9 日，校院召开 2019 年度国家社科基金项目申报动员会暨选题研讨会。常务副校院长桑学成出席会议并讲话，南京审计大学公共管理学院院长、教育部长江学者特聘教授金太军，河海大学商学院教授、博士生导师赵敏参加会议并进行点评。校院教研部门负责人、部分教研人员、校院青年博士等 70 余人参加了会议。科研处处长吴宏教授主持会议。

桑学成在讲话中强调，国家社科基金项目是科研高质量发展最重要的指标，是衡量校院办学质量高低的重要依据，也是衡量各位老师有没有学术地位的最基本的指标，大家要切实增强做好国家社科基金项目申报的紧迫感和使命感，主动积极申报。一是要高度重视，广泛发动；二是要精心组织，强化服务；三是要注重学术规范，认真填报。桑学成还对选题论证进行了指导，要精心选题、科学论证、规范填写。

科研处传达了全省社科规划管理工作会议精神，并对做好申报工作作了具体部署。31 位教师汇报了 2019 年国家社科基金项目拟申报选题思路，与会专家逐一进行了点评。参会教师普遍感到，这种专家会诊

指导的形式，有利于保证选题质量、提高申报效率，对自己帮助很大，受益匪浅，下一步将根据专家意见和建议，完善论证好申报选题，按时保质提交申报材料。

二、学习贯彻习近平庆祝改革开放40周年大会重要讲话精神座谈会在省委党校举行

1月25日，学习贯彻习近平庆祝改革开放40周年大会重要讲话精神座谈会在省委党校举行。本次会议由江苏省城市经济学会、江苏可持续发展研究基地联合举办。与会专家围绕学习贯彻习近平庆祝改革开放40周年大会重要讲话、中央经济工作会议精神、江苏省委十三届五次全会以及江苏两会精神进行了深入的交流。省城市经济学会会长、南京大学城市科学研究院院长张鸿雁，省城市经济学会秘书长、省委党校科研处副处长杜贵阳分别主持会议。江苏省城市经济学会、江苏可持续发展研究基地近20位学者参加座谈会。

学会副会长、省委研究室原副主任范朝礼，学会副会长、《群众》杂志社副总编辑李程华分别以“始终保持解放思想的常态”和“长三角一体化与江苏区域战略提升的思考”为题作主题报告。学会荣誉理事、江苏可持续发展研究基地研究员、省委党校储东涛、孔陆泉教授分别以“打好组合拳推动江苏经济高质量发展”和“改革开放是一次伟大革命”为题，分享了他们的学习体会。学会副秘长、江苏可持续发展研究基地研究员薛莉，学会副秘长、南京大学城市科学研究院副院长胡小武，学会副秘长、龙湖集团南京公司常务副总经理吕刚分别以“刚柔相济加强江苏地方政府债务精细化管理”“长三角一体化国家战略与江苏城市发展战略定位重构”“紧约束下的南京新城发展和房地产互动”为题作了专题发言。大家一致认为，习近平总书记在庆祝改革开放40周年大会上的重要讲话，深刻总结改革开放宝贵经验，着眼新时代发展面临的新形势新任务新挑战，提出了把新时代改革开放继续推向前进的目标要求，为我们推动新时代改革开放指明了方向。大家认为，学习贯彻习近平总书记重要讲话，要始终保持解放思想的常态，要坚持以发展为第一要务、牢牢扭住经济建设这个中心、紧紧抓住推动高质量发展这个关键。

三、举办马克思主义高端论坛

为庆祝新中国成立70周年，5月25日，校院举办马克思主义高端论坛。常务副校院长桑学成教授出席并致辞。中央党校科学社会主义教研部副主任刘学军教授莅临并作主题报告。来自南京大学、东南大学、华东师范大学、浙江财经大学和上海市委党校等院校的70多名专家学者参加论坛。

桑学成在致辞中指出，本次马克思主义论坛是在全省上下深入学习贯彻习近平新时代中国特色社会主义思想、推动高质量发展走在前列、加快建设“强富美高”新江苏的时代背景下召开的一次重要的学术会议，这对于交流马克思主义中国化的最新成果、指导和促进马克思主义学院的发展具有十分重要的意义。桑学成强调，举办此次马克思主义论坛，就是要汇聚省内外马克思主义研究者的智慧与力量，紧紧围绕习近平新时代中国特色社会主义思想这一马克思主义中国化的最新成果，加强对中国制度的理论研究和理论创新，推动马克思主义理论学科建设和教育教学水平不断迈上新台阶。

刘学军以“坚持和完善中国特色社会主义政治制度”为题作了主题报告。他从中国特色社会主义政治制度的内涵、内在逻辑和发展创新三个方面，阐述了新时代坚持和完善中国特色社会主义政治制度的时代价值和可能路径。南京艺术学院党委书记杨明教授、东南大学马克思主义学院院长袁久红教授、《江海学刊》主编韩璞庚教授等12位专家学者，围绕“中国制度：理论·实践·话语体系”这一主题作了交流发言。与会人员一致认为，通过这次论坛，坚定了对中国特色社会主义的“四个自信”，增强了新时代坚持和发展马克思主义的自信心和责任感。

四、举办第八届“江苏党的建设高层论坛”

6月29日，由江苏省委党校主办，江苏党的建设理论与实践创新研究院、江苏省中特中心省委党校研究基地、江苏党的建设研究基地承办的第八届“江苏党的建设高层论坛”在省委党校举行。会议主题是“加强党的政治建设：理论与实践”。中央纪委驻文化部纪检组原组长李洪峰作了“密切联系党的历史使命和战略目标建设党”的主题报告。省委党校常务副校院长，党建研究院院长、首席专家桑学成到会致辞并作主题发言。省委宣传部社科规划办主任许益军出席并讲话。

桑学成在致辞时指出，党的十八大以来，习近平总书记反复强调要旗帜鲜明讲政治。党的十九大更是强调党的政治建设是党的根本性建设，要以政治建设为统领，把政治建设放在首位。从理论逻辑来看，加强党的政治建设是马克思主义政党建设的本质要求；从历史逻辑来看，加强党的政治建设是我们党的优良传统；从现实逻辑来看，加强党的政治建设是推动全面从严治党向纵深发展的迫切需要。党建研究院作为江苏党建的重要智库平台，要充分发挥党校学科优势、系统优势和学员优势，充分发挥“江苏党的建设高层论坛”、《研究报告》等载体平台作用，在“加强党的政治建设”研究方面多出精品力作，为推动江苏全面从严治党迈上新台阶提供智力支持。

来自中央党校、中国浦东干部学院、华东师范大学、南京大学、苏州大学、江苏省委党校、江苏省社科联、南京市委党校的10位领导和专家作了主题发言。来自全省党校（行政学院）系统的专家也从不同的视角进行了深入研讨和交流。大家一致认为，新时代党的建设必须始终把党的政治建设摆在首位，充分发挥党组织的政治领导作用，以政治建设引领带动党建质量全面提高。

本次论坛还组织了征文活动，共收到论文140多篇，其中50篇论文入选会议论文。会上，15位论文作者作了交流发言。特邀领导专家、媒体嘉宾，省委党校相关部门负责人，党建研究院全体教师，各设区市市委党校（行政学院）分管领导、科研处处长、市情研究中心主任，以及入选会议论文作者代表等130多人参加会议。

五、“庆祝中华人民共和国成立70周年学术论坛·全省性法政类学会专场”举行

9月7日，由省社科联、省科学社会主义学会、省哲学学会、省政治学会、省马克思主义理论研究会、省邓小平理论研究会、省领导学研究会共同主办，中共江苏省委党校承办的“庆祝中华人民共和国成立70周年学术论坛·全省性法政类学会专场”在省委党校举行。省委党校常务副校院长桑学成教授，省社科联党组成员、副主席徐之顺研究员到会致辞。新华日报社社长、党委书记双传学教授，《群众》杂志社原总编周毅之教授分别作了“如何认识新时代意识形态工作”“新中国70年的‘两大奇迹’和国家治理现代化”的主旨报告。国防大学政治学院何怀远教授、南京大学王建华教授、南京师范大学王小锡教授、河海大学戴锐教授、南京师范大学王刚教授、省委党校刘伟教授等6位专家分别围绕“习近平强军思想”“中国特色政党制度的选择”“中国伦理学70年发展成就”“高校思政课程理念的70年演化与跃迁”“新中国70年来马克思主义中国化的传播逻辑”“党的建设”等主题作交流发言。

本次论坛为全省性社科类学会庆祝中华人民共和国成立70周年系列学术活动之一，共收到学术论文50多篇，100多位专家学者从不同角度、多个层面研讨新中国成立70年来的光辉历程、伟大成就和宝贵经验。

六、举行“周恩来精神与新时代”学术论坛

9月11日，为进一步弘扬周恩来精神，培育新时代忠诚干净担当的干部，促进江苏高质量发展，由中共江苏省委党校主办，江苏党的建设理论与实践创新研究院承办，江苏省周恩来研究会、恩来干部学院、中共代表团梅园新村纪念馆、扬子晚报社协办的“周恩来精神与新时代”学术论坛在江苏省委党校举行。中新社原副社长、全国政协委员周秉德同志与中央社会主义学院原副院长甄小英同志分别作了主题报告。常务副校院长，党建研究院院长、首席专家桑学成出席并致辞。江苏省周恩来研究会执行会长张亚青致辞。省委党校教育长孙文华主持论坛开幕式和主题报告。

桑学成在致辞中指出，周恩来同志毕生为中国人民谋幸福、为中华民族谋复兴，为党、为国家、为人民奉献了一切，他的光辉事迹和伟大品格是开展“不忘初心、牢记使命”主题教育最生动、最深刻的教材。江苏省党的建设理论与实践创新研究院作为江苏重点培育智库，应更加自觉地承担起研究、弘扬周恩来精神的光荣使命，通过相关的科研立项，推动发表一批高质量的学术研究成果。整合党校、高校师资，形成一批周恩来精神的精品课程，使之成为党性教育中的江苏品牌。

张亚青在致辞中说，在新中国成立70周年之际，聚首研讨周恩来精神与新时代，既是对周恩来同志的缅怀，也是对伟大祖国的致敬。奋斗在新时代路上，周恩来精神是激励大家不忘初心、牢记使命、永远奋斗的巨大力量。

淮阴师范学院党委常委、副校长韩同友教授，江苏省委党校党史党建教研部副主任李继锋教授，淮安市周恩来邓颖超研究会常务副会长、周恩来纪念地管理局原局长张谨，江苏省委党史工办《世纪风采》副主编聂红琴，江苏省委党校路阳教授，恩来干部学院副院长郑超，江苏省周恩来研究会秘书长陶炳才，渡江胜利纪念馆副馆长、研究馆员吴小宝等分别作了主题发言。与会专家一致认为，习近平总书记用“六个杰出楷模”概括周恩来同志的崇高精神，号召全党同志向周恩来同志学习，具有极强的针对性和时代价值。周恩来的一生是“为人民谋幸福”的一生，是“为民族谋复兴”的一生。学习周恩来精神、践行初心使命，就是要学习他热爱人民、勤政为民的精神品质，认真践行以人民为中心的发展思想；就是要学习他勇于担当、鞠躬尽瘁的奋斗精神，深刻认识到“中华民族伟大复兴，绝不是轻轻松松、敲锣打鼓就能实现的”，“实现伟大梦想，必须进行伟大斗争”。

七、召开江苏省中共党史学会庆祝中华人民共和国成立70周年学术研讨会

9月17日上午，江苏省中共党史学会庆祝中华人民共和国成立70周年学术研讨会召开。省委常委、常务副省长、省委秘书长樊金龙出席会议并讲话。全国政协常委、全国政协农业和农村委员会主任、省党史学会会长罗志军作总结讲话。常务副校院长、学会常务副会长桑学成主持会议，省社科联党组书记刘德海到会指导，东南大学原党委书记、学会顾问郭广银，省政府参事室原主任、学会顾问宋林飞等作了交流发言。

樊金龙在讲话中指出，进一步总结研究新中国成立70年来的伟大成就，从党史、新中国史中汲取奋进的力量，对于开辟中国特色社会主义江苏实践新境界，具有重大理论与现实意义。他强调，党史具有鲜明的政治属性，要通过对党史、新中国史的研究，引导广大干部群众矢志不渝地走中国特色社会主义道路；党史蕴含丰富的智慧密码，要通过对党史、新中国史的研究，为推动高质量发展走在前列提供经验借鉴；党史传承无穷的精神力量，要通过对党史、新中国史的研究，在江苏大地上弘扬光大革命传统和斗争精神。

罗志军在讲话时回顾了新中国以及江苏70年来取得的举世瞩目的成就。他说，新中国成立以来的70年，是沿着民族复兴之路奋勇前行的70年，是不断创造伟大奇迹、彻底改变中华民族前途命运的70年。他指出，历史启示我们：必须始终坚持以马克思主义理论为指导，坚定不移沿着中国特色社会主义道路阔步前进；必须毫不动摇地坚持和加强党的集中统一领导，确保党始终成为各项事业的坚强领导核心；必须始终坚持以人民为中心的发展思想，更好满足人民群众对美好生活的向往；必须始终坚持发展是硬道理，不断增强经济社会发展的活力和韧劲；必须始终坚持改革开放，不断推动江苏高质量发展走在前列。

本次研讨会共收到90多篇学术论文，来自全省党史、党校、高校、部队院校和革命纪念场馆等系统的100多名会员代表参加了会议。

八、举行“市场一体化与长三角一体化发展”学术沙龙

9月26日，由江苏省社科联主办，省市场经济研究会、省委党校省情研究中心承办的“市场一体化与长三角一体化发展”学术沙龙在江苏省委党校举行。省社科联党组成员、副主席徐之顺出席会议并讲话，省市场经济研究会常务副会长、省委党校教育长孙文华教授主持会议。来自省内党政机关、科研院所、党校系统及部分高校的100多位专家学者参加会议，就如何推动长三角地区更高质量一体化发展建言献 策。

九、全省党校系统第十三届科研协作会暨庆祝新中国成立70周年理论研讨会召开

11月4日，全省党校系统第十三届科研协作会暨庆祝新中国成立70周年理论研讨会在省委党校召开。常务副校院长桑学成出席并讲话，副校院长胡志军、教育长孙文华分别主持会议，副校院长钱学伟参加会议。中央党校原副教育长柳建辉教授莅临会议并作“新中国70年发展历程和治国理政的基本经验”的主题报告。受中央党校科研部林振义主任委托，中央党校科研部科研协作处处长向忠顺到会致辞。

桑学成在讲话中指出，这次会议的主要任务是，认真学习贯彻党的十九届四中全会精神和《中国共产党党校（行政学院）工作条例》，总结研究新中国成立70周年的辉煌成就和宝贵经验，表彰全省党校系统三年来涌现的优秀科研成果，深入探讨进一步深化全省党校系统科研协作、推动科研高质量发展的思路举措。桑学成说，近年来，全省各级党校认真贯彻落实全国、全省党校工作会议和习近平总书记关于党校工作的重要讲话指示精神，牢牢把握党校科研的正确方向，坚持把党校姓党贯穿科研工作各方面全过程，聚焦深入学习贯彻习近平新时代中国特色社会主义思想，推动思想引领和理论建设取得新成效；聚焦服务党委政府中心工作，推动新型智库建设展现新气象；聚焦提升科研组织化程度，推动管理服务得到新加强。桑学成指出，在肯定成绩的同时，也应当清醒地看到自身存在的不足与短板，切实增强做好新时代党校科研工作责任感和使命感。

桑学成强调，科研工作是党校（行政学院）发展的基础支撑，要始终坚持“党校姓党”根本原则，把深入学习、宣传、研究对习近平新时代中国特色社会主义思想作为首要任务，把紧紧围绕党的中心工作作为根本要求，把更好服务主业主课作为关键方面。要着力营造浓厚学术氛围，切实加大对“用学术讲政治”成果业绩的综合激励力度，强化对“用学术讲政治”落实不力的约束措施，引导教师把主要精力集中到教学科研上来，集中到“用学术讲政治”上来，以更多高质量的学术成果支撑高质量的教学培训。要努力提高科研工作组织化程度，在推动教研咨一体化上求实效，在充分发挥学员优势上谋创新，在深化科研协作上探新路，切实打牢高质量办学的坚实基础。

向忠顺在致辞中充分肯定了近年来江苏党校系统科研工作取得的成绩和进步，介绍了《中国共产党党校（行政学院）工作条例》对科研工作和决策咨询的功能定位以及中央党校推动科研高质量发展的系统谋划、工作布局和经验做法。

会上，8 位全省党校系统教研人员进行了研讨会论文交流，2 位专家作了精彩点评。会议举行了颁奖仪式，对获得全省党校系统第九届科研奖的单位和个人进行了表彰。7 家优秀科研工作组织奖获奖单位、2 位优秀科研成果奖和优秀决策咨询成果奖获奖代表作了交流发言。

全省各设区市市委党校常务副校长，分管科研工作的校领导，科研处和市情研究中心负责人，部分优秀科研成果奖、优秀决策咨询成果奖获奖代表，入选论文作者代表，省委党校有关处室负责人、各教研部门主要负责人以及部分教研人员共 130 多人参加会议。

十、召开 2019 年度国家社科基金课题开题会

11 月 22 日，2019 年度国家社科基金课题开题会在省委党校召开。

会议特邀中央党校科学社会主义教研部原主任秦刚，南京大学人文社会科学资深教授、教育部长江学者特聘教授周晓虹，河北师范大学法政学院原党委书记张骥莅临指导。常务副校院长桑学成教授出席会议并指导课题开题，教育长孙文华教授出席会议，科研处处长吴宏教授主持会议。

开题会上，课题负责人分别汇报了课题研究的最新进展、课题研究中存在的困惑，以及下步研究计划。4位专家在肯定初步研究成果的同时，分别分析了课题研究中存在的问题，提出了完善课题研究的意见和建议。课题负责人一致认为，参加国家课题开题会受益良多。专家们的精心指导，对于大家进一步提高研究站位、明确课题研究的方向和重点、提振做好国家课题研究的信心具有重要的指导意义。大家纷纷表示，要投入更多的精力做好课题研究，力争推出更多高质量成果。

这次开题会是贯彻落实校委提高科研组织化程度决策部署的一项重要举措。为落实校委指示精神，科研处加强与课题负责人沟通，为开题会的召开做好服务保障。各教研部分管科研负责人、部分在研国家课题负责人、近五年新进博士、部分拟申报2020年国家课题的教师等50余人参加了开题会。

十一、举行学习贯彻党的十九届四中全会精神研讨会

12月1日下午，由江苏省委党校社会和文化教研部、江苏省社区发展研究会主办的“守正创新：构建社会治理新格局——学习贯彻党的十九届四中全会精神研讨会”在省委党校举行。江苏省社科联副主席徐之顺、江苏省委党校教育长孙文华出席会议并致辞。江苏省委党校原副校长、江苏省社区发展研究会名誉会长唐建中作总结讲话。江苏省委党校原副校长、江苏省社区发展研究会副会长朱成荣，江苏省委党校社会和文化教研部副主任（主持工作）薛莉，江苏社科名家、南京市社科院原院长、一级巡视员叶南客，及江苏省社区发展研究会会长、江苏省委党校社会和文化教研部教授倪洪兰分别主持开幕式、主旨报告、嘉宾沙龙和闭幕式。

在开幕式上，徐之顺充分肯定了江苏省社区发展研究会一年来取得的工作成绩和学习贯彻党的十九届四中全会精神的思想自觉与行动自觉，并围绕学习贯彻党的十九届四中全会精神谈了自己的学习体会。

孙文华在致辞中表示，希望党

校教研人员认真学习消化本次研讨会的成果，在既有教学科研基础上，围绕“社会治理新格局”这一新任务、新命题持续发力，形成更多更好的教学、科研和决策咨询成果。

来自北京、上海、浙江、安徽和全省党校、高校、科研院所、政府、企事业单位等的70多位专家学者，围绕学习贯彻党的十九届四中全会精神、建设社会治理共同体、构建基层治理新格局、推进社区治理现代化等议题进行了深入的交流研讨。专家们认为，实现基层社会治理现代化是推进国家治理体系和治理能力现代化的应有之义。社区作为社会治理的基本单元、国家治理的神经末梢，是国家治理与居民需求信息传递的重要桥梁，是国家推动治理现代化的重要场域。当前，应重视培育和发展现代意义上的社区情感共同体，推动多元主体参与、共同治理的现代社区建设，以提高社会治理法治化、智能化、专业化水平。

十二、召开“坚持和完善中国特色社会主义制度”理论研讨会

12月14日，坚持和完善中国特色社会主义制度理论研讨会在省委党校召开。会议由江苏省中特中心省委党校基地、河海大学基地和省委党校廉政教育研究中心联合主办。省委党校教育长孙文华教授、省委宣传部理论处处长刘必好出席并致辞。南京艺术学院党委书记杨明教授出席会议并作主题报告。省委党校校刊部主任李立峰教授、廉政教育研究中心主任张桂珍教授、马克思主义学院院长布成良教授分别主持会议。

孙文华在致辞中说，党的十九届四中全会是在新中国成立70周年之际、在“两个一百年”奋斗目标历史交汇点上、在中华民族伟大复兴处于关键时期召开的一次重要会议，是对中国特色社会主义制度的全面梳理和系统总结，对于党和国家各项事业的发展具有重大的开创性和里程碑意义。党校和社科理论界的同志要深刻认识全会召开的重大意义，研究阐释好全会精神和《决定》，并将其作为重要的政治任务抓紧抓实抓好。省中特中心基地要在深入学习党的十九届四中全会精神和《决定》上带好头、作示范，深入开展宣讲宣传，努力提升理论研究水平。

刘必好从党的理论宣传角度指出了研究和宣传党的十九届四中全会精神的重要性，并通报了省委宣传部新修订的《优秀理论成果认定办法》。杨明从历史传统和现实意义的视角出发，全面分析和解读了党

的十九届四中全会以及与会议有关的几个重要文件。

会上，来自省委党校、河海大学和南京师范大学的10位专家学者分别从马列主义理论、党的领导和建设、政治制度与政治伦理以及生态文明建设等多个角度进行了论文交流和深入研讨。

省委党校校刊部、科研处、廉政教育研究中心、马克思主义学院、科社教研部、经济学教研部、法政教研部，以及河海大学和南京师范大学的专家学者、教研人员和硕士研究生共50余人参加了会议。

十三、举办张太雷与“常州三杰”精神学术论坛

在“不忘初心、牢记使命”主题教育活动开展之际，为深入研究中国共产党早期领导人张太雷同志以身许党、救国救民的感人事迹与崇高精神，进一步阐述、提炼与弘扬“常州三杰”精神，12月7日，张太雷与“常州三杰”精神学术论坛在省委党校举办。论坛由中共江苏省委党校主办，江苏党的建设理论与实践创新研究院、张太雷研究中心、中共江苏省委党校党史党建教研部承办。江苏省委党校常务副校长、江苏党的建设理论与实践创新研究院院长兼首席专家桑学成教授出席论坛开幕式并致辞。江苏省委党史工办副主任杨中华，江苏省党的理论建设与实践创新研究院副院长、《群众》杂志社原副主编苗成斌等出席会议。论坛开幕式由江苏省委党校党史党建教研部主任张加华教授主持。

桑学成教授在致辞中指出，党校姓党，研究党史，研究党史人物，研究、传承与弘扬红色文化是党校义不容辞的责任。作为资深党史专家，他对“常州三杰”对中国共产党的创建、中国共产主义运动的兴起、马克思主义的传播及中国化、人民军队的建立等所建立的不朽功勋表达了由衷的敬意。桑学成指出，“常州三杰”的事迹与精神感染与激励了一代又一代共产党人，成为“不忘初心、牢记使命”主题教育中富有巨大魅力的典范，永远是我们见贤思齐的楷模。

天津大学张太雷研究中心副主任蔡文杰教授作了主旨报告。他从新发现的国内外史料，特别是新发现的俄罗斯档案入手，以充分而有力的证据，详细列举了张太雷与共产国际、俄共（布）的关系。他认为，只有充分认知共产主义运动的国际化特质，才能充分认知张太雷对建党的特殊贡献。

《张太雷新传》作者、来自上海的丁言模先生，华中师范大学马克思主义学院的李良明教授，江苏省瞿秋白研究会执行会长赵一心，国防大学李峻教授，“常州三杰”纪念馆负责人、研究馆员黄明彦，凤凰出版传媒集团党群部主任、一级作家王振羽，常州市委党校办公室副主任李兴勇，常州市委党校教师蔡嘉生，《群众》杂志社原副主编苗成斌，张太雷研究中心副主任兼秘书长常浩如，中共常州市委党校教师康艺佳等作报告和交流发言。江苏省委党校董连翔、周延胜、王培智三位教授与常州党史工办主任李亚雄等分别主持了论坛讨论，并基于自身学术背景进行了点评。

张太雷研究中心主任、江苏省委党校李继锋教授在作会议小结时说，“常州三杰”对中国革命的贡献是巨大的，不仅是常州的骄傲，也是江苏乃至中国的骄傲。“常州三杰”精神不仅在 20 世纪初是时代精神的展示，在 21 世纪的今天仍然光芒四射，继续成为时代的标识。

来自天津、湖北、上海、江苏等地的 70 多名专家学者，围绕张太雷的研究与“常州三杰”精神的概念、内涵与弘扬进行了深入研讨。

【出版学术著作】

序号	成果名称	作者	成果形式	出版单位	出版日期
1	《长三角城市群形成与扩展的效率研究》	王晓红	专著	中国社会科学出版社	2019 年 5 月
2	《空间经济评论（2018）》	蒋伏心 李宗尧	编著	经济科学出版社	2019 年 5 月
3	《列宁社会主义监督思想及其价值意蕴研究》	李小珊	专著	上海三联书店	2019 年 10 月
4	《共享与善治——改革开放进程中的社区建设》	倪洪兰	编著	中共中央党校出版社	2019 年 10 月

续 表

序号	成果名称	作者	成果形式	出版单位	出版日期
5	《家庭迁移决策及其社会效应研究》	崇维祥	专著	中国社会科学出版社	2019 年 10 月
6	《中国文化对外话语体系与传播策略研究》	刘志刚	专著	中国社会科学出版社	2019 年 11 月
7	《全面从严治党的难点与对策研究》	桑学成等	著作	人民出版社	2019 年 12 月
8	《中国特色社会主义研究》	桑学成 李立峰	编著	江苏人民出版社	2019 年 12 月

【校定权威和核心期刊发表论文】

序号	成果名称	作者	发表报刊名称	发表日期	论文档次
1	为加强党的政治建设提供文化支撑	桑学成	人民日报	2019.09.07	一类
2	着力提高领导干部底线思维能力	桑学成	光明日报	2019.07.18	一类
3	以数据治理推动政府治理创新：困境辨识、行动框架与实现路径	王金水	当代世界与社会主义	2019 年第 5 期	一类
4	庶政改革：南京国民政府时期的江宁县政实验及运作模式	王　科	江海学刊	2019 年第 6 期	一类

续表

序号	成果名称	作者	发表报刊名称	发表日期	论文档次
5	流动的孩子们：新生代农民工生命历程异化与代际传递研究	陈 雯	中国社会科学内部文稿	2019 年第 1 期	一类
6	坚定制度自信的纲领性文献	陈 蔚	经济日报	2019.12.02	一类
7	激发全民族文化创新创造活力	布成良	光明日报	2019.01.22	一类
8	党内政治文化建设的三个维度	李立峰	光明日报	2019.05.15	一类
9	以高度的答卷意识奋力走在高质量发展前列	李立峰	光明日报	2019.08.27	二类
10	找准形式主义、官僚主义的“病灶”	桑学成	中国党政干部论坛	2019 年第 8 期	一类
11	加强学员教育管理　充分发挥熔炉作用	桑学成	学习时报	2019.06.21	二类
12	互联网背景下党内监督的衍化与改进	王金水	南京社会科学	2019 年第 4 期	二类
13	推进党的创新理论进课堂	王金水	学习时报	2019.08.30	二类
14	精准打磨专题课每一个环节	周延胜	学习时报	2019.12.16	二类
15	中国道路：跳出西方“国强必霸”逻辑的和平发展之路	许 江	红旗文稿	2019 年第 1 期	二类
16	为何建支部　如何建支部——重温陈云《党的支部》	许 江	学习时报	2019.01.04	二类

续 表

序号	成果名称	作者	发表报刊名称	发表日期	论文档次
17	环境保护法的价值取向	陈建科	学习时报	2019.08.28	二类
18	坠落的人：后“9·11”时代的价值追问	许爱梅	江苏行政学院学报	2019 年第 4 期	二类
19	廉政文化建设中的责任政治逻辑	许爱梅	南京社会科学	2019 年第 11 期	二类
20	“政治两面人”的生成逻辑与消弥路径——基于人格心理学视角的阐释	倪洪兰	江苏行政学院学报	2019 年第 6 期	二类
21	党员干部人格塑造的三个维度	倪洪兰	学习时报	2019.11.29	二类
22	中国俄苏国际问题研究的学术演进和智识革新(1978—2018)	孙　超	俄罗斯东欧中亚研究	2019 年第 2 期	二类
23	村民议事协商的四重价值	徐岑琛	学习时报	2019.09.11	二类
24	建国 70 年中国全要素生产率的演化趋势与结构分解	袁小慧	南京社会科学	2019 年第 7 期	二类
25	改革开放 40 年中国绿色增加值演化趋势与结构分解	袁小慧	中国人口资源与环境	2019 年第 10 期	二类
26	从严治党关键在制度治党	王　瑾	学习时报	2019.02.27	二类
27	首部纪律处分条例是如何出台的	王　瑾	学习时报	2019.04.02	二类

续 表

序号	成果名称	作者	发表报刊名称	发表日期	论文档次
28	乡村振兴视域下城乡文化的冲突、融合与互哺	刘志刚	行政管理改革	2019 年第 12 期	二类
29	“共同体”，还是“社区”	黄　杰	学海	2019 年第 5 期	二类
30	我国建设用地资源错配的测算、因素分解及产出损失研究	孙文华	系统工程理论与实践	2019 年第 9 期	C 刊
31	终极抢救与规范之作——评《烽火记忆——百名抗战老战士口述史》	李继峰	抗日战争研究	2019 年第 2 期	C 刊
32	建党以来“对党忠诚”的定义及要求	徐丙祥	人民论坛	2019 年第 7 期	C 刊
33	流动的孩子们：新生代农民工生命历程异化与代际传递研究	陈　雯	中国青年研究	2019 年第 2 期	C 刊
34	顿巴斯战争与前线城市中的政治——以马里乌波尔、克拉马托尔斯克为例	孙　超	俄罗斯研究	2019 年第 2 期	C 刊
35	非正式制度、中心化国家构建与现代中亚政治的形成	孙　超	俄罗斯研究	2019 年第 5 期	C 刊
36	国家构建、民主化回应与中亚政治稳定的形成	孙　超	国际关系研究	2019 年第 3 期	C 刊
37	市场分割提升了工业企业的增加值率吗？——来自中国工业企业的经验证据	黄瑞玲	世界经济与政治论坛	2019 年第 6 期	C 刊

续 表

序号	成果名称	作者	发表报刊名称	发表日期	论文档次
38	中美经贸摩擦与推动中国全面开放新格局	梁曙霞	世界经济与政治论坛	2019 年第 1 期	C 刊
39	中美经贸摩擦与推动中国全面开放新格局	杨志琴	世界经济与政治论坛	2019 年第 1 期	C 刊
40	乡村振兴战略背景下重建乡村文明的意义、困境与路径	刘志刚	福建论坛	2019 年第 4 期	C 刊
41	资源下乡背景下农村基层党组织凝聚力弱化困境	周忠丽	中国政治	2019 年第 2 期	人大复印资料
42	互联网时代的资本主义经济金融化——资本关系的变异与资本积累方式的转变	李策划	西部论坛	2019 年第 6 期	C 扩
43	印尼佐科政府的“印太愿景”论析	刘艳峰	和平与发展	2019 年第 5 期	C 扩
44	银行杠杆、同业业务创新与系统性风险	徐　欣	云南财经大学学报	2019 年第 11 期	C 扩
45	当代世界格局衍化与中国全球治理角色转型	孙　超	陕西师范大学学报	2019 年第 2 期	C 扩
46	关于“一带一路”倡议实践进程中的冷战思维研究现状及再思考	孙　超	辽宁大学学报	2019 年第 1 期	C 扩
47	论中国共产党防范化解新时代意识形态风险问题的基本认识	李建柱	理论导刊	2019 年第 10 期	北图

续 表

序号	成果名称	作者	发表报刊名称	发表日期	论文档次
48	社会阶层固化之势下我国参与型政治文化建设	陶育华	天津行政学院学报	2019年第2期	北图
49	社会阶层固化之势下我国参与型政治文化建设	王金水	天津行政学院学报	2019年第2期	北图
50	嵌入性视角下农村基层党组织提升治理能力的困境及应对策略	谌玉洁	中共福建省委党校学报	2019年第4期	北图
51	结构性嵌入：党建引领社会治理的实现机制	许爱梅	党政研究	2019年第4期	北图
52	结构性嵌入：党建引领社会治理的实现机制	崇维祥	党政研究	2019年第4期	北图
53	标签理论：理解“艺术”和“越轨”的新向度——从霍华德·贝克尔的《局外人：越轨的社会学研究》和《艺术界》谈起	韩 丹	中共福建省委党校学报	2019年第1期	北图
54	高质量发展背景下关于我国流通产业升级的思考	田 伟	商业经济研究	2019年第2期	北图
55	长江经济带经济发展质量的演化趋势与对策研究	袁小慧	数学的实践与认识	2019年第13期	北图
56	新兴媒体背景下舆论生态的困境及其多维治理	时 伟	云南行政学院学报	2019年第2期	北图
57	走向合作的公共危机治理——《风险社会的治理之道》简评	桑学成	新华日报	2019.03.10	核心

续 表

序号	成果名称	作者	发表报刊名称	发表日期	论文档次
58	加强党性修养　永葆党员本色	桑学成	新华日报	2019.07.25	核心
59	旗帜鲜明加强党的政治建设	桑学成	新华日报	2019.08.13	核心
60	解码中国共产党为什么“能”	桑学成	新华日报	2019.10.15	核心
61	坚持和完善党的领导制度体系	桑学成	新华日报	2019.12.17	核心
62	把党建设得更加坚强有力	桑学成	新华日报	2019.12.24	核心
63	以红色文化涵养党内政治文化	桑学成	新华日报	2019.12.24	核心
64	聚力推动思政课守正创新	李建柱	新华日报	2019.04.30	核心
65	主题教育要紧抓四个“着力点”	王金水	新华日报	2019.06.25	核心
66	以党内政治文化引领党的政治建设	王金水	新华日报	2019.10.29	核心
67	初心和使命的时代内涵	张加华	新华日报	2019.06.04	核心
68	坚持党的集中统一领导是最显著优势	张加华	新华日报	2019.11.12	核心
69	党的领导是改革开放取得成功的根本保证	唐金玲	新华日报	2019.01.08	核心
70	党的领导是改革开放取得成功的根本保证	张加华	新华日报	2019.01.08	核心

续 表

序号	成果名称	作者	发表报刊名称	发表日期	论文档次
71	乡镇振兴视域下的基层党建组织建设	王　科	新华日报	2019.12.24	核心
72	领导干部要进一步增强主动学习意识	刘　伟	新华日报	2019.03.05	核心
73	真学真懂让理论学习有收获	许爱梅	新华日报	2019.09.03	核心
74	重视党员干部理想人格重塑	倪洪兰	新华日报	2019.05.28	核心
75	守正创新强文化	布成良	新华日报	2019.01.29	核心
76	江苏精神的传承与创新	布成良	新华日报	2019.09.24	核心
77	容错纠错需要案例思维	黄建军	新华日报	2019.04.09	核心
78	推进党内政治生态建设	黄建军	新华日报	2019.07.24	核心
79	坚持和完善“一国两制”制度体系	徐岑琛	新华日报	2019.11.12	核心
80	坚持马克思主义在意识形态领域指导地位的根本制度	彭安玉	新华日报	2019.12.17	核心
81	推进城乡融合振兴乡村文化	刘志刚	新华日报	2019.11.05	核心
82	主题教育的宝贵经验与现实意义	桑学成	群众	2019 年第 13 期	核心
83	新中国辉煌 70 年：解码中国共产党为什么能	桑学成	群众	2019 年第 5 期	核心
84	坚定不移推进党的伟大自我革命	陈开颜	群众	2019 年第 3 期	核心

续 表

序号	成果名称	作者	发表报刊名称	发表日期	论文档次
85	探索开启现代化新征程的江苏路径	王晓红	群众	2019 年第 19 期	核心
86	坚定不移推进党的伟大自我革命	张加华	群众	2019 年第 3 期	核心
87	着力建设一支“四强”型干部队伍	张加华	群众	2019 年第 9 期	核心
88	着力建设一支“四强”型干部队伍	武　星	群众	2019 年第 9 期	核心
89	选好用好农村党组织带头人	周忠丽	群众	2019 年第 21 期	核心
90	《论共产党员的修养》形成始末及主要内容	王　科	群众	2019 年第 24 期	核心
91	以乡贤文化提升农村青年社会责任感	郭　凯	群众	2019 年第 8 期	核心
92	加快构建现代化航空运输服务体系	邹　红	群众	2019 年第 13 期	核心
93	壮大村集体经济，为脱贫攻坚提供有力支撑	华彦玲	群众	2019 年第 9 期	核心
94	优化体制机制推进生态文明建设	陈　娟	群众	2019 年第 9 期	核心
95	优化体制机制推进生态文明建设	盛华根	群众	2019 年第 9 期	核心
96	领导力释义与领导力发展	胡宗仁	群众	2019 年第 20 期	核心
97	政策创新助力打造民企“融资高地”	黄瑞玲	群众	2019 年第 15 期	核心

续 表

序号	成果名称	作者	发表报刊名称	发表日期	论文档次
98	借力进博会　推动产业转型升级	杨志琴	群众	2019 年第 23 期	核心
99	通向现代化的中国道路	布成良	群众	2019 年第 21 期	核心
100	牵住产业结构化的“牛鼻子”	盛华根	群众	2019 年第 12 期	核心
101	如何增强经济形势研判能力	田　伟	群众	2019 年第 2 期	核心
102	以总部经济发展提升苏州中心城市集聚辐射能力	田　伟	群众	2019 年第 16 期	核心
103	以制度型开放推动营商环境国际化	袁小慧	群众	2019 年第 10 期	核心
104	永葆清正廉洁的政治本色	张桂珍	群众	2019 年第 17 期	核心
105	党史上的守纪律讲规矩	时　伟	群众	2019 年第 6 期	核心
106	始终坚持把党的政治建设摆在首位	李立峰	群众	2019 年第 19 期	核心
107	始终坚持把党的政治建设摆在首位	徐岑琛	群众	2019 年第 19 期	核心
108	重塑乡规民约　助力乡村振兴	刘志刚	群众	2019 年第 23 期	核心
109	纵深推进知识产权司法审判改革	高　莉	群众	2019 年第 21 期	核心
110	以文化人建设积极健康党内文化	张加华	唯实	2019 年第 12 期	核心

续 表

序号	成果名称	作者	发表报刊名称	发表日期	论文档次
111	以文化人建设积极健康党内文化	许　江	唯实	2019 年第 12 期	核心
112	人才队伍建设为经济社会发展提供有力支撑——以新疆维吾尔自治区克州为例	邹　红	唯实	2019 年第 6 期	核心
113	重塑新时代理想人格 助力党内政治文化建设	倪洪兰	唯实	2019 年第 5 期	核心

【《研究报告》成果】

总期数	期数	时间	成果名称
86	1	2019.01.02	江苏医养结合高质量发展的问题与对策
87	2	2019.01.03	推动苏北农民住房改善面临的问题及建议
88	3	2019.01.04	优化交通运输结构　推动江苏高质量发展
89	4	2019.01.23	拆好废旧汽车　助力江苏高质量发展
90	5	2019.01.23	刚柔相济加强江苏地方政府债务精细化管理
91	6	2019.01.27	以系统化思维推动容错纠错机制更好落地见效
92	7	2019.01.29	打好苏北农村住房改善的“组合拳”
93	8	2019.02.12	对江苏农村留守儿童安全状况的调查及建议
94	9	2019.04.12	强化四种思维　高质量推进我省高校思政课建设
95	10	2019.04.23	聚焦突出问题　协同改革创新　打造思政“金课”
96	11	2019.04.25	乡镇书记对治理形式主义的思考与建议
97	12	2019.06.05	高校思政教育要更加关注需求侧
98	13	2019.06.11	加快推进乡村组织振兴的挑战与对策

续 表

总期数	期数	时间	成果名称
99	14	2019.07.23	我省“不忘初心、牢记使命”主题教育对标找差亟待加码
100	15	2019.09.07	培育“扎根型书记”推进江苏乡村振兴
101	16	2019.09.19	推进江苏养老产业高质量发展的对策建议
102	17	2019.10.24	创新江苏自贸试验区体制机制　奋力推动自贸区建设走在全国前列
103	18	2019.11.13	推进“两化融合”亟待智慧电厂破题
104	19	2019.11.13	推动江苏制造业转型升级的对策建议
105	20	2019.11.16	推进乡村人才振兴面临的问题与对策
106	21	2019.11.16	江苏民营经济高质量发展的制约因素与对策建议
107	22	2019.12.17	我省落实意识形态工作责任制的调查与思考
108	23	2019.12.17	让企业当好主力军、打好主力仗
109	24	2019.12.27	突出企业主体　构建江苏产业创新体系
110	25	2019.12.27	江苏省大学生思想政治状况的调查与思考
111	26	2019.12.27	江苏智能制造发展存在的突出问题与对策建议

【全省党校系统重点调研课题】

编号	课题名称	负责人	所在单位
XT1901	以基层党建引领江苏自治法治德治“三治结合”的乡村治理体系研究	周军强	中共南京市委党校
XT1902	新时代加强党的基层组织建设研究——以无锡党建联盟创新实践为例	金　政	中共无锡市委党校
XT1903	江苏补齐全面小康短板的重点任务与关键举措研究	李华生	中共徐州市委党校

续 表

编号	课题名称	负责人	所在单位
XT1904	江苏牟家村提高乡村低收入群体幸福感的公共服务管理研究	王其山	中共常州市委党校
XT1905	苏州生态环境治理体系和治理能力现代化推进机制研究	刘文洪	中共苏州市委党校
XT1906	新时代加强基层党组织组织力建设的南通经验研究	蒋　建	中共南通市委党校
XT1907	连云港加快建设地标性产业集群的思路与对策研究	徐浩佳	中共连云港市委党校
XT1908	构建自治法治德治结合的乡村治理研究体系	石平洋	中共淮安市委党校
XT1909	盐城加快建设地标性产业集群的思路与对策研究	叶茂楼	中共盐城市委党校
XT1910	大运河文化带建设中扬州 IP 孵化研究	陈长新	中共扬州市委党校
XT1911	自治法治德治“三治结合”的乡村治理体系研究——基于镇江句容郭庄镇的调研思考	艾晓晖	中共镇江市委党校
XT1912	泰州培育壮大创新主体的思路与对策研究——基于金融要素视角	王　龙	中共泰州市委党校
XT1913	宿迁改善农民居住条件，推进城乡融合发展研究	刘立新	中共宿迁市委党校

学科建设

【概述】

2019年，校院根据《中国共产党党校（行政学院）工作条例》要求，紧扣“聚焦主业主课、聚力改革创新，推动高质量办学走在前列”的目标任务，推动教学科研与学科建设相融合，持续加强学科梯队建设力度，加快培育重点优势学科，高质量完成年度学科建设工作。

注重突出党校教育特色，紧紧围绕党校主业主课，把学科建设与教学质量整体提升相结合、与主体班课程建设相结合，深入研究干部成长规律和党校教育规律，重点建设以习近平新时代中国特色社会主义为主的马克思主义理论学科，加强党性教育学科建设，不断充实完善教学布局和课程体系，引导教研人员根据学科研究方向开展教学，促进主业主课与学科建设的有机融合，努力打造具有党校特色的学科体系。

以教研队伍为根本，加大学科梯队建设力度。在人才强校工程的推动下，引进10名博士生教师，充实到各学科。3名教师被评为省社科英才，5名教师被评为省社科优青，在职教师中拥有博士学位的占比已经超过50%。推进访学工程、挂职工程以及全省党校（行政学院）系统“三个一批”人才培养工作，助力学科人才快速成长；以“请进来”和“走出去”相结合的方式开展各种学术活动，为教师提供学术交流平台，开阔学术视野，交流学术难题，拓展学术思维；不断优化学科队伍，抓好以青年教师为重点的科研人才培育，注重学科带头人的培养和选拔，形成结构合理的学科梯队，确保学科可持续发展有了源源活水。

参加省学位与研究生教育调研会；完成学位授权点合格评估抽评学科材料报送，一级学科社会学硕士学位授权点抽评结果合格；参加首届江苏高校学位管理工作讲坛；召开应急管理案例开发学术交流会，推进相关学科转型建设；围绕重点项目申报，跨学科组织力量集智攻关，推动学科之间交流融合；召开研究生教育20周年座谈会，认真回顾和总结20年所取得的成绩和经验，继续推动研究生教育事业高质量发展。目前，校院马克思主义学科群不断壮大，党校特色突出、服务主业主课、满足教学科研需要的学科体系正在形成，学科建设整体水平不断提高。

【一级学科建设】

代码	一级学科	代码	二级学科/研究方向名称
0201	理论经济学	020101	政治经济学
		020105	世界经济
		020106	人口资源与环境经济学
		0201Z1	政府经济学
0302	政治学	030201	政治学理论
		030203	科学社会主义与国际共产主义运动
		030204	中共党史（含党的学说与党的建设）
		030206	国际政治
		0302Z1	当代中国政治与廉政建设
		030202	中外政治制度
0303	社会学	030301	社会学
		0303Z1	社会管理与社会政策
0305	马克思主义理论		马克思政党理论与党的建设、马克思主义中国化与习近平治国理政思想、马克思主义基本原理、思想政治教育
0202	应用经济学		国民经济学、区域经济学、产业经济学、经济发展与地方政府治理
		010101	马克思主义哲学
		030103	宪法学与行政法学
		120202	企业管理
		120401	行政管理

队伍建设

【概述】

2019年人才队伍建设，以习近平新时代中国特色社会主义思想和党的十九大精神为指导，全面贯彻全国、省组织工作会议精神，围绕校院中心工作，以不断推进人才队伍建设为重点，认真抓好各项工作的落实。

师资队伍建设方面：加快人才引进和培养，认真组织专业技术人才招聘工作，引进了9名博士生。安排新进博士参加实习锻炼和跟班听课。组织开展专业技术资格评审和空岗竞聘工作。组织相关专家人才申报国家和省级资助项目。出台《专业技术人员聘期考核暂行办法》，启动《教师专业技术资格条件》修订工作。组织教师参加中央党校、国家行政学院等有关班次学习培训和相关专题培训。选聘党政领导干部和知名专家学者等校外名师担任党校兼职教师。

干部队伍建设方面：认真贯彻《党政领导干部选拔任用工作条例》《公务员职务与职级并行规定》，稳步推进干部选拔任用和职级晋升工作。加大专业型人才的引进，不断改善干部年龄结构。做好干部试用期满考核工作。组织做好选人用人“一报告两评议”工作。积极组织行政管理人员参加各类培训工作，督促处级以上干部参加年训和网上选学。加强干部监督管理，认真做好领导干部个人有关事项报告工作。做好平时考核和年度考核工作。

【师资队伍建设】

截至2019年12月，校院有专业技术人员178人，其中专职教研人员152人，在专业技术人员中占85.4%。专职教研人员中，具有正高职称的有52人，占34.2%；具有副高职称的有57人，占37.5%；具有博士、硕士学位的有128人，占84.2%。

继续做好重点学科人才引进工作。科学组织专业技术人才招聘工作，认真分析学科和教研部教师队伍现状和人才需求，坚持“公开、公平、公正”原则，做好信息发布，严格报名遴选、资格审核、面试试讲、组织考察等各个环节，研究确定共引进9名博士生。在职教师中具有博士学位的占比已经超过50%，优化了学历学位、年龄结构。安排新进博士到教务处和学员处实习锻炼和跟班听课，组织8名新入职青年教师开展专题培训，赴淮安党校进行现场教学，开展党性教育、组织调研、交流体会等活动，为青年教师了解党校、融入党校打下坚实基础。

组织开展职称评审和空岗竞聘工作。严格执行标准、严格组织流程，高质量完成了评审任务，得到省职称办和专家的一致好评。全省党校（行政学院）系统共有60人申报高级专业技术资格，其中申报教授17人、副教授28人、高级讲师15人。经评审共46人获得通过，其中教授12人、副教授22人、高级讲师12人，总通过率为76.7%。组织空岗竞聘工作，共有25人申报。

组织推荐高层次专家和申报人才项目。根据各类专家人才项目申报条件，注重抓好宣传发动，认真组织开展评审评选工作，严格规范程序，从严把握条件，坚持民主推荐、校学术委员会审议、校委会审定的原则，把好人才推荐关。推荐2名专家申报2019年文化名家暨“四个一批”人才、宣传思想文化青年英才；分别推荐5人和6人申报省社科英才和省社科优青，经评审公示，有3人被评为省社科英才、5人被评为省社科优青。做好9名省“333工程”培养对象期中绩效评价，“333工程”科研项目1项申报、4项结项，以及1项青年文化人才项目结项等工作；完成国务院特殊津贴和省“333工程”培养对象等的统计和经费发放；推荐1人申报省政府留学奖学金并获得资助。

注重加强对人才队伍的培养。积极推进干部和教师参加各类理论和业务培训，全年共组织52人次参加全国党校（行政学院）系统教师进修学院（15个班次）、浦东干部学院（2个班次）、延安干部学院（1个班次）、井冈山干部学院（1个班次）、国防大学（2个班次）的学习。组织全省党校（行政学院）系统12名第二期“三个一批”人才培养对象参加主体班学习，组织7名教师跟班听课。

【干部队伍建设】

截至2019年12月，共有管理干部（参照公务员编制）158人，其中正副处级领导干部42人，一、二、三、四级调研员54人，占管理干部总数的60.7%；45岁以下干部53人，占管理干部人数的33.5%；具有大学本科以上学历的干部152人，占管理干部总数的96.2%。

把干事创业作为第一职责，坚持德才兼备选干部。坚持好干部标准，突出德才兼备、以德为先的用人导向。根据部分领导班子和干部队伍建设需要，进一步加强管干院、机关纪委、江苏省党支部书记学院、财务处领导班子的建设，顺利完成4个处级领导职位和6个事业处级的选拔任用工作，增强了领导班子的活力和战斗力。在职务职级并行制度施行首年，完成职级套改111人次，分步逐级进行职级晋升工作，晋升职级127人次。协助省委组织部做好2名省管干部和2名校务委员的推荐工作。加大年轻干部、专业型干部的引进，不断改善干部年龄结构，严格执行公务员遴选等相关制度，公开遴选6名基层公务员，完成8名军转干部安置工作，并针对各自优势特点，充实到各行政管理部门，让干部各适其事、各展其长。在个人述职基础上，完成对19名试用任职领导干部的民主测评、试用期考核工作。

把提升素质作为第一要务，注重培训进修强素质。积极推进党员干部参加各类理论和业务培训，不断提升干部队伍的党性修养、思想觉悟和专业素养。全年共组织52人次参加全国党校（行政学院）系统教师进修学院（15个班次）、浦东干部学院（2个班次）、延安干部学院（1个班次）、井冈山干部学院（1个班次）、国防大学（2个班次）学习，3人参加主体班学习，70人参加处级干部年训，37人参加省公务员局的公务员大讲堂学习。组织38名行政管理人员赴红旗渠干部学院开展“不忘初心、牢记使命”专题教育培训。认真做好处级干部在线学习的督促管理工作，全部处级干部完成在线学习任务。完成了6人次工勤人员岗位等级申报及13人次继续教育培训等工作。

把清正廉洁作为第一准则，加强监督管理促担当。一是认真开展领导干部个人事项报告工作。严格审核、录入117份处级干部报告信息，及时做好随机抽查核实工作，按10%的比例，抽查核实13名处级干部。切实履行“凡提必审”的有关规定，对年初4名拟提拔处级干部个人事项报告进行了重点核查，并对干部任前档案进行严格审核，坚决杜绝了干部“带病提拔”的情况发生。二是继续坚持平时考核与年度考核相结合，并结合校院实际，进一步健全年度考核制度，突出考核重点内容，增加对内设机构领导班子的考核，完善考核评优的统计系数，促使行政管理队伍考核工作科学化、制度化、精细化。三是严格落实“三项机制”的政策精神，努力营造上级为下级担当、组织为干部担当、干部为事业担当的良好氛围，让具有人情味的组织关怀，成为实干者的心灵依托。四是坚持从严管理教职工出国（境），落实审批备案程序，及时做好因公护照和因私护照的借用和收缴保管工作。

【2019年度晋升职务人员情况】

姓名	原任职务	现任职务	任职时间
卜利民	办公室主任、党校工作指导处处长	办公室主任、党校工作指导处处长、二级巡视员	2019.05
王启发	学员处处长	学员处处长、二级巡视员	2019.05
沈　健	管干院党委委员、二级调研员	管干院党委委员、副院长（试用期一年）	2019.08
王　波	党群工作处一级主任科员	党群工作处副处长（试用期一年）	2019.08
杜　欣	财务处一级主任科员	财务处副处长（试用期一年）	2019.08

续 表

姓名	原任职务	现任职务	任职时间
徐跃功	继续教育学院办公室主任（七级职员）	江苏省党支部书记学院副院长（试用期一年）	2019.09
程晓澎	人事处处长、一级调研员	校务委员、人事处处长、一级调研员	2019.12
顾明进	研究生处处长、一级调研员	校务委员、研究生处处长、一级调研员	2019.12

【教研业务机构高级专业技术职务人员名单】

部门	姓名	性别	专业技术职务	研究领域
哲学教研部	刘力永	男	教授	哲学
	章　凝	男	教授	哲学
	陈　平	女	副教授	哲学
	李建柱	男	副教授	马克思主义理论
	赵楠楠	女	副教授	哲学
经济学教研部	李宗尧	男	教授	经济学
	孙耀武	男	教授	经济学
	王晓红	女	教授	经济学
	陈范红	女	副教授	现代金融学
	郁　红	女	副教授	经济政策学
	戴治平	男	副教授	经济学
	彭　飞	男	副教授	经济学
	程　超	男	副教授	金融学

续 表

部门	姓名	性别	专业技术职务	研究领域
科学社会主义教研部	王金水	男	教授	政治学
	陈传善	男	副教授	科社
	李小珊	女	教授	科社
	贺龙栋	男	副教授	科社
	李　霞	女	副教授	科社
	梅秀庭	男	副教授	国际关系
	张　昊	男	副教授	政治学理论
	郭倩倩	女	副教授	马克思主义中国化
党史党建教研部	张加华	女	教授	党史党建
	李继锋	男	教授	党史党建
	周延胜	男	教授	党史党建
	周忠丽	女	教授	党史党建
	王　科	男	副教授	党史党建
	唐金玲	女	副教授	党史党建
	谌玉洁	女	副教授	党史党建
	许　江	男	副教授	中共党史与党的建设
经济管理教研部	吴正林	男	教授	经济学
	王新军	女	教授	经济学
	王　平	女	教授	经济管理
	周晓平	女	副教授	经济管理
	邹　红	女	教授	经济管理
	刘　阳	女	教授	经济管理
	陶　锋	男	教授	管理科学
	刘　俊	女	教授	计算机
	许　卫	男	教授	经济管理
	华彦玲	女	教授	经济管理

续 表

部门	姓名	性别	专业技术职务	研究领域
	张　兵	男	副教授	计算机
	陈　娟	女	副教授	管理学
	曹永森	男	副教授	管理学
公共管理教研部	胡宗仁	男	教授	领导科学
	刘　伟	男	教授	公共管理
	杜万松	男	教授	公共管理
	仲　兵	男	教授	公共管理
	徐敏宁	男	副教授	公共管理
	方宏伟	男	副教授	法学
社会和文化教研部	华　涛	女	教授	公共管理
	许爱梅	女	副教授	英语
	黄　菡	女	教授	公共管理
	倪洪兰	女	教授	教育学
	尤　佳	男	教授	社会学
	韩　丹	男	教授	社会学
	谢孝龙	男	副教授	中文
	吴青熹	女	副教授	社会学
	柏　骏	男	副教授	社会学
	陈曙红	女	副教授	社会学
	陈　雯	女	副教授	社会学
	张玉春	女	副教授	英语
	张　慧	女	副教授	英语
	朱波涛	女	副教授	体育
	乔文华	女	副教授	英语
	傅亚东	男	副教授	英语

续 表

部门	姓名	性别	专业技术职务	研究领域
法政教研部	陈　蔚	女	教授	科社
	梁三利	男	教授	法学
	曹达全	男	教授	法学
	黄辉明	男	教授	法学
	沈林荣	男	副教授	法学
	姜晓萍	女	副教授	法学
	凌金坤	男	副教授	法学
	刘　青	男	副教授	法学
	孙曙生	男	副教授	法学
	杨　颐	男	副教授	法学
	茆　明	女	副教授	法学
	潘艳红	男	副教授	法学
	孔　慧	女	副教授	法学
	金雪花	女	副教授	法学
世界经济与政治教研部	黄瑞玲	女	教授	经济学
	王　英	女	教授	国际政治
	薛　莉	女	教授	世界经济
	黄希惠	女	教授	世界经济
	袁志田	男	教授	世界经济
	邱　芝	女	教授	国际政治
	梁曙霞	女	教授	世界经济
	张蔚菊	女	副教授	世界经济
	杨志琴	女	副教授	经济学
马克思主义学院	布成良	男	教授	政治学
	叶　凌	女	教授	马克思主义
	姜孟亚	男	教授	法学

续　表

部门	姓名	性别	专业技术职务	研究领域
	黄建军	男	副教授	政治学
	郭　滢	女	副教授	哲学
决策咨询研究中心	盛华根	男	教授	科技哲学
	田　伟	男	教授	宏观经济学
	钱一舟	女	教授	社会学
	钱寿海	男	副教授	经济管理
	袁小慧	女	副教授	经济学
	朱木斌	男	副教授	法学
校刊部	李立峰	男	教授	哲学
	彭安玉	男	教授	历史学
	刘志刚	男	副教授	计算机
	汪小燕	女	副教授	图书情报
	高　莉	女	副教授	法学
学报	沈利华	男	教授	古代文学
	黄　杰	男	教授	社会学
廉政教育研究中心	张桂珍	女	教授	政治学
	时　伟	男	副教授	政治学
	孙乐艳	女	副教授	政治学

【教研业务机构以外事业编制高级专业技术职务人员名单】

姓名	性别	部门	专业技术职务	研究领域
刘景昌	男	办公室	副研究馆员	图书情报
马　敏	男	财务处	高级经济师	财务

续 表

姓名	性别	部门	专业技术职务	研究领域
唐　雯	女	总务处	标准化中级	计量监督标准化
李　娜	女	信息管理处	高级工程师	电子工程
杨庆云	女	图书馆	副研究馆员	图书情报
丁小文	男	图书馆	研究馆员	图书情报
仲　明	男	图书馆	研究馆员	图书情报
戚晓熔	女	图书馆	副研究馆员	图书情报
王晓宁	女	图书馆	副研究馆员	图书情报
赵　霞	女	图书馆	副研究馆员	图书情报
顾丽红	女	图书馆	副研究馆员	图书情报
常　璐	女	图书馆	副研究馆员	图书情报
薛　静	女	图书馆	副研究馆员	图书情报
高　鹏	男	图书馆	副研究馆员	图书情报
周　云	女	图书馆	副教授	经济管理
金光明	男	省级机关管理干部学院	研究员级高级工程师	电子工程
周　媛	女	省级机关管理干部学院	副研究馆员	档案管理
曹　扬	男	省级机关管理干部学院	高级工程师	信息工程

【2019 年度获得专业技术资格人员列表】

姓名	职称	专　　业	晋升时间
章　凝	教授	哲学	2019.07.25
梁曙霞	教授	世界经济	2019.07.25

续　表

姓名	职称	专　　业	晋升时间
田　伟	教授	宏观经济学	2019.07.25
叶　凌	教授	马克思主义	2019.07.25
周忠丽	教授	党史党建	2019.07.25
李建柱	副教授	马克思主义理论	2019.07.25
张　昊	副教授	政治学理论	2019.07.25
程　超	副教授	金融学	2019.07.25
郭倩倩	副教授	马克思主义中国化	2019.07.25
许　江	副教授	中共党史与党的建设	2019.07.25
赵楠楠	副教授	哲学	2019.07.25
冯亚芳	讲师	区域经济学	2019.07.09
王　芳	讲师	产业经济学	2019.07.09
徐　欣	讲师	金融学	2019.07.09
曹亚娟	讲师	社会学	2019.07.10
徐龙建	讲师	科社	2019.07.15
郭　阳	讲师	历史学	2019.09.06
左丹丹	讲师	马克思主义中国化	2019.10.11
王　鑫	讲师	政治学理论	2019.10.17
王　炎	讲师	宪法与行政法	2019.12.18

【2019 年录用专业技术人员名单】

姓名	毕业院校	所学专业	录用部门
左丹丹	河海大学	马克思主义中国化	哲学教研部
冯亚芳	南开大学	区域经济学	经济学教研部

续表

姓名	毕业院校	所学专业	录用部门
徐龙建	中央党校	科社	经济学教研部
王　芳	中国财经政法大学	产业经济学	科学社会主义教研部
曹亚娟	武汉大学	社会学	经济管理教研部
王　炎	东南大学	宪法学与行政法学	社会和文化教研部
徐　欣	南京师范大学	金融学	法政教研部
王　鑫	南京大学	政治学理论	世界经济与政治教研部
郭　阳	俄罗斯南方联邦大学	历史学	廉政教育研究中心

教研部门工作

【哲学教研部】

一、教学工作

深入学习领会“用学术讲政治”的基本要求，积极参与“用学术讲政治”教学改革“一号工程”，努力把“用学术讲政治”的要求落实到教学实践中。组织教师对“用学术讲政治”的基本内涵和基本要求进行深入研讨。按照要求顺利完成全年教学计划安排和新专题的申请工作。在主体班次开设了“恩格斯《费尔巴哈和论》导读”“马克思主义基本问题”“毛泽东‘两论’导读”等7门专题课程，成功申请“习近平新时代中国特色社会主义思想的哲学思维方法”新专题。章凝教授讲授的“马克思主义基本问题”入选校院“用学术讲政治”样板课。刘力永教授、李建柱副教授和钱秋月讲师积极参与校院“不忘初心、牢记使命”主题教育宣讲团，对“‘不忘初心、牢记使命’主题教育的根本任务”专题进行了认真的备课和试讲。组织教研部全体教师观摩了周延胜教授的精品课“毛泽东延安整风三篇论著及其当代价值”和李建柱副教授在第34期县处级领导干部进修班讲授的“马克思主义基本问题”，课后认真细致地探讨了教学观摩心得体会。针对校院研究生教育新要求，修订和完善了马克思主义哲学专业硕士研究生和在职研究生培养方案和教学计划。完成了硕士研究生和在职研究生的教学任务。2016级4名硕士研究生完成毕业论文，顺利通过答辩。顺利组织完成了2016级在职研究生的毕业论文答辩工作。

二、科研工作

哲学教研部发表学术论文和理论宣传文章11篇，其中有4篇CSSCI期刊论文；完成了《回到卢卡奇：〈历史与阶级意识〉的逻辑阐释》书稿，全书22万字，入选江苏人民出版社“凤凰文库”，将由江苏人民出版社在2020年正式出版。在课题研究方面，李建柱副教授主持的“习近平意识形态治理思想内部逻辑研究”已经完成，提交国家哲学社会科学规划办申请结项；赵楠楠副教授主持的国家社科基金项目“社会悖境的逻辑机制与出路研究”在研中；刘力永教授主持的国家社会科学基金项目“斯图亚特·霍尔的当代资本主义文化批判理论研究”在研中；章凝教授主持的校重大课题“用学术讲政治的科学内涵及难点研究”顺利结项；左丹丹博士主持的江苏省研究生科研创新计划项目已经结项；张杰博士主持的“城市社区协商治理模式研究”顺利结项；赵楠楠副教授主持的“江苏大运河研究”、张炎子博士主持的“新时代党的政治建设的内涵、问题与路径研究”在研中。在决策咨询方面，李建柱副教授撰写的《强化四种思维，高质量推进我省高校思政课建设》在《研究报告》刊载并获得了省委领导的批示；张杰博士撰写的调研课题研究报告获得优秀。

三、队伍建设

章凝老师晋升为教授，李建柱老师和赵楠楠老师晋升为副教授，进一步提升了教研部人才队伍建设的质量；引进博士教师一名（左丹丹博士），从校刊部调入教师一名（张杰博士），完善了人才队伍结构；李建柱副教授、赵楠楠副教授入选第二期全省党校（行政学院）系统“三个一批”人才培养对象。邀请南京中医药大学韩许高博士来教研部进行学术交流，邀请连云港市委研究室主任、市档案馆馆长段东为全体教师做“如何写好决策咨询报告”专题报告。教师们积极参与“不忘初心、牢记使命，庆祝新中国成立70周年”文艺汇演，精彩的演出获得了好评。

四、党建工作

组织支部党员学习领会习近平新时代中国特色社会主义思想、党的十九大及十九届四中全会精神。顺利完成“不忘初心、牢记使命”主题教育活动规定的各项任务。通过重读入党志愿、重忆入党经历、重问入党初心、重温入党誓词，引导党员教师坚守初心使命，勇于奉献作为，充分发挥先锋模范作用。学习贯彻《中国共产党支部工作条例（试行）》，开展“三会一课”，通过民主生活会等形式开展批评和自我批评，进一步改进工作作风。贯彻党支部规范化建设“三项机制”，落实支部结对共建机制、党员干部“以讲促学”机制。哲学教研部和青干院是结对共建单位，刘力永教授在结对共建活动中主讲“不忘初心 加强党性修养”专题，两个支部共同学习交流了对于十九届四中全会精神的认识和理解。

回顾2019年全年的工作，虽然取得了一定的成绩，但是也存在着明显的不足：一是在教学方面，教师之间在教学质量和水平上参差不齐。章凝教授的教学水平依旧保持稳定，但是中青年教师的教学水平、教学能力与学员的要求尚存在着较大的差距。在贯彻落实“用学术讲政治”教学改革要求方面，还存在着理解不深刻、行动跟不上、落实缺乏创造性等问题。二是在科研方面，高质量论文发表数量较少，在高获奖上需要突破，在课题申请方面需要进一步挖掘潜力。三是教研部组织化程度较弱。教学科研停留在单打独斗阶段，在组织形式、组织力度和组织质量方面还有较大的改进空间。四是教研部支部建设需要进一步规范化制度化，体现创新性，进一步发挥党建引领的作用。

【经济学教研部】

一、教学工作：突出主业主课，坚持“用学术讲政治”，推动教学高质量发展

2019年，教研部完成总课时约3100课时，人均完成教学工作量350课时，圆满完成了各个板块的教学任务。

（一）积极探索“用学术讲政治”的教学规律，始终坚持“相互学习，集体备课”制度。2019年，教研部承担了2项重大教学研究课题，在主体班教学的教师全部参与。教研部全年进行10次以上的集体备课，开展了多种形式的听课活动：一是教研部内部相互听课；二是积极参与学校组织的观摩课、“青课晒”等；三是积极组织聆听学校外请专家的课；四是积极安排教师参加中央党校（行政学院）的师资培训；五是鼓励教师参加校外的教学交流。此外，为了提升省情单元的教学质量，在教务处、学员处的帮助下主动与主体班学员联系，分别围绕“三农问题”和“长三角一体化问题”等省情专题，与主体班学员进行了两次座谈交流。

（二）充分发挥学科优势，努力开发新专题，着力提升教学质量。2019年，围绕党校教学改革的新要求，在贯彻习近平新时代中国特色社会主义思想教学版块，教研部共开发或招领3个教学新专题。教研部共有6名教师承担了13个教学专题的授课任务，教学对象覆盖了所有主体班次。积极参与学校组织的名师名课活动，做到能报尽报，5名教师共申报了9门课程。有1门课参评“学习贯彻习近平新时代中国特色社会主义思想全国好课程”，1门课入选学校“用学术讲政治”样板课。

（三）夯实新人新课的基础，不断推进和提升研究生教学。努力培养新人上老课和储备新课，培养新进博士向有经验的教师学习，给新人压担子，以老带新。在做好主体班次教学的同时，做到对研究生教学与主体班教学同等看重、同时研究、同步提升：一是及时修订研究生培养方案；二是加强研究生教学质量；三是加强硕士研究生的指导和辅导；四是强化硕士研究生的科研；五是注重研究生的现场教学和实践调研。

二、科研工作：加强科研支撑，坚持“教研咨一体化”，推动科研工作稳中求进

贯彻落实“教研咨一体化”的要求，认真梳理学术研究、理论宣传和决策咨询的有效结合点，不断加快推进科研工作。

（一）主动合作办会，积极组织高层次学术论坛。与省市场经济学研究会共同承办第2期“江苏经济社会热点观察系列学术沙龙”，围绕“市场一体化与长三角一体化发展”，邀请范从来、沈和、徐康宁、蒋伏心等知名专家做主题报告，来自全省各地的100多名专家学者与会讨论。

（二）科研项目呈增长态势，发表成果质量稳步提升。2019年申请获得课题5项，其中省社科基金1项、校重大教学专项课题2项、省社科联课题1项。全年发表论文11篇，其中C刊、北图核心论文5篇，出版著作2部。1篇决策咨询报告获得省人大常委会曲福田副主任批示。

（三）学术团队氛围浓厚，扎实推进科研人才储备工作。对新进博士提要求、压担子、明任务，要求根据学科特点和专业特长，在研究过程中坚持围绕特定主题开展长期、多侧面的跟踪研究。每半个月召集新进博士研究和探讨专题。在国家课题申报前多次研究，进行思想碰撞，团队意识深入人心。1人入选江苏社科英才。

三、党建工作：全方位多形式组织学习活动

认真开展“不忘初心、牢记使

命”主题教育活动，严格落实“三会一课”制度，全力支持配合省委第七巡视组的监督检查，理论学习、支部建设和党建工作均取得良好成效，圆满完成了机关党委布置的工作任务。

（一）深学细悟习近平新时代中国特色社会主义思想和党的十九大、十九届四中全会精神。落实“两学一做”学习教育常态化制度化，坚持每周二下午党支部集中学习，充分运用“学习强国”等学习平台，采取领学、研学、督学、自学等形式开展全方位多形式的学习，时刻铭记党校姓党的基本原则。

（二）坚持问题导向，强化责任担当，认真开展“不忘初心、牢记使命”主题教育活动。党支部按照“守初心、担使命，找差距、抓落实”的总要求切实开展主题教育，围绕“十八个是否”，支部成员在民主生活会上以彻底的自我革命精神认真排查检视问题，开展了严肃的批评和自我批评，弘扬了“四慎四自”的优良作风。

（三）树立底线思维，落实“三项机制”，全面推动党支部建设工作。严格落实支部结对共建机制、党员干部“以讲促学”机制、支部工作经常性督查指导机制等“三项机制”，着力提升党支部组织力，促进党员干部懂规矩、守纪律，推动党支部强管理、促建设。

【科学社会主义教研部】

一、教学工作

2019年，科社教研部深入学习贯彻落实党的十九大以及十九届二中、三中、四中全会精神，积极开展“不忘初心、牢记使命”学习教育活动。认真领会省委十三届党代会及三次、四次全会精神，紧紧围绕“推动科学发展、建设一流党校、服务美好江苏”的主题，积极发挥本学科优势，组织本教研部教师努力开拓，积极组织集体备课，在讲好原有专题的同时，开发一系列相关新讲题。积极联系实际，组织调研交流，走近学员、走近基层，了解不同层次学员的思想脉搏、理论需求，提高教学水平。

二、科研工作

以中国特色社会主义理论体系研究为重点，集中教研部全体人员的力量，调动每位教师的科研积极性，共同探索有中国特色的社会主义经济、政治、文化的发展规律。注重科学研究的前瞻性、战略性、时代性，在重大理论和实践问题的研究上取得重要进展。在科研工作中强调“三个结合”：组织领导与发挥个人积极性相结合；基础研究和应用研究相结合；学科建设与人才梯队建设相结合。以此增强科研工作的科学性、系统性、创造性。教研部成员积极努力，获得国家社科基金课题 1 项，公开发表论文 10 余篇。

三、党建工作

进一步发挥战斗堡垒作用。以“不忘初心、牢记使命”教育活动为契机，切实改进作风，增强“四个意识”。积极制定主题教育实施方案，在实践中将主题教育与学习《习近平新时代中国特色社会主义思想学习纲要》紧密结合，开展集中读书和学习研讨，坚持目标导向、问题导向，把理论学习、发现问题、解决问题紧密结合，推动主题教育取得实效。同时按照学校的总体部署，积极参与学校组织的“不忘初心、牢记使命”主题教育宣讲活动，王金水主任、陈传善副主任积极开展“全面贯彻‘不忘初心、牢记使命’主题教育的总要求”和“习近平新时代中国特色社会主义思想学习纲要解读”两个专题的准备工作。与此同时，教研部积极组织专题学习研讨会，开展调查研究和支部结对共建活动，通过学习研讨、文章撰写、支部交流等形式，进一步强化了理论武装，掸去了思想上的灰尘，淬炼了政治上的坚定。

【党史党建教研部】

一、教学工作

围绕“用学术讲政治”组织教研部教师开展课题研究、集体备课、集体听课等教研活动。4 月 23 日下午，围绕如何利用好党性教育主题教室、进一步提高专题教学质量开展集体备课。7 月 23 日下午，教研部召开专题推进会，5 名赴中央党校观摩学习的教师分享了中央党校“用学术讲政治”样板课的听课心得，共同讨论了秋季学期本教研部“用学术讲政治”的推进计划。在部门周延胜老师获得全国党校（行政学院）系统第五届精品课奖后，请周老师分享备课感悟，并结合部门的一些专题，如“《论共产党员的修养》导读”“中国共产党的奋斗历程与启示”等进行听课，以期进一步提升本部门在主班次的教学水平。

二、科研工作

在《红旗文稿》《江苏社会科学》《学习时报》《人民论坛》《群众》《新华日报》等发表文章多篇，如《中国道路：跳出西方“国强必霸”逻辑的和平发展之路》《着力建设一支“四强”型干部队伍》《建党以来“对党忠诚”的定义与要求》《坚定不移推进党的自我革命》《初心和使命的时代内涵》《党的集中统一领导是最显著优势》《选好用好农村党组织带头人》等。郭凯老师撰写的关于江苏干部“三项机制”的研究得到郭文奇部长的批示。在专著方面，出版专著一部，参与编写《雨花英烈精神》《奇迹》等专著。承担的课题包括：省决策咨询课题“提升国有企业基层党组织组织力的对策思考”、省党校调研课题“提升城市社区基层党组织组织力的对策研究”，2019 年校重大教学专项课题“党性教育单元如何用学术讲政治”等。

三、党建工作

围绕 2019 年学校机关党委布置的重点任务推进支部建设。坚持每周二下午集中学习制度，正常开展“三会一课”，做好支部台账。上半年集中精力组织好本部门“不忘初心、牢记使命”主题教育活动，坚持按照学校的统一部署认真进行主题教育活动。认真组织本部门人员参加学校“不忘初心、牢记使命，庆祝新中国成立 70 周年”文艺汇演。认真对待省委巡视工作，按照学校统一要求，严守纪律，配合巡视组完成巡视工作。下半年，借部分教师到天津市委党校学习之机，组织部门 8 名党员参观“周恩来邓颖超纪念馆”，开展党性教育。

【经济管理教研部】

一、教学和科研工作

组织学习和推进《关于深入推进“用学术讲政治”的实施办法》，全面推进“用学术讲政治”的教学和科研实践。经济管理教研部教学和科研工作中始终围绕党的十九大、党的十九届四中全会和省十三次党代会、省十三届六中全会精神的战略部署，坚持以“两聚一高”为工作遵循，深入推进“用学术讲政治”教学改革“一号工程”，不断深化教学供给侧结构性改革，促进教学和科研的转型升级。在教学和科研工作中始终把政治纪律和政治规矩摆在首位，在为人师表、行为世范上树立更高标准，做到从严要求，必须公开私下、课堂内外、校内校外、国内国外，都始终如一地维护党和政府的形象。

不断深化教学供给侧结构性改革，根据主体班学员“三带来”材料的需求，引导教师强化问题导向、找准学术接口、构造学理框架，增强教学的学术含量和学理支撑。进一步强化经济管理教研部教学科研为党的理论总结和理论创新服务，为推动党委和政府重大决策部署服务，为提高党校教学培训质量服务的理念和意识。教研部 19 位教师全年完成教学工作 2670 课时。在各种班次任课的教师都能认真备课，使党和政府的重大决策部署和文件精神及时进课堂，注重理论联系实际，强调与学员之间的双向交流与沟通，教学质量有了明显的提高，课程的系统性、针对性以及思路与观点的可操作性都明显增强，在不少班次获得明显好评。

积极组织参与党校各项教学改革工作，组织教师积极申报教学新专题，积极参加学校组织的各种教学活动。6 月份，参与产业经济学专业硕士研究生培养方案的制定工作；10 月份，组织教师参加江苏省干部教育名师名课活动。积极组织集体试讲和备课，注重提高教师在主体班和研究生班的教学水平。12 月 12 日，组织教研部全体教师参加陈娟老师的教学公开课。积极组织教研部人员到六合和溧水等地调研，掌握一手的教学资源，提高理论与实践相结合的能力。

全年发表各类论文 18 篇，其中《群众》2 篇；撰写《研究报告》6 篇，其中 2 篇受到省领导批示。省级以上立项课题 9 项，结项 6 项。这些科研成果以习近平新时代中国特色社会主义思想为指导，围绕江苏省发展中的难点热点问题，提出解决思路和路径。

二、党建工作

充分利用每周二下午的政治学习活动，使全体教师保持清醒的政治头脑，旗帜鲜明讲政治、讲党性。经济管理教研部始终努力营造团结干事的工作氛围，不断提高教研部管理工作的公平、公开、公正，树立团队意识。积极组织集体活动，不断提高教研部的团队意识。4 月 23 日，组织全体教职工与科研处结对支部活动，到六合等地参观考察；6 月份，组织全体党员赴雨花台和党建馆等地参加重温入党誓词等主题教育活动；7 月 3 日，教研部全体成员参加庆祝新中国成立 70 周年文艺汇演；11 月 19 日下午，与科研处组织结对支部活动，学习讨论交流十九届四中全会精神；12 月 10 日，组织全体教职工到溧水李巷开展“不忘初心、牢记使命”主题教育，深切缅怀先烈，切实传承弘扬新四军抗战精神。通过活动，经济管理教研部教师的大局意识、协作精神和团队精神不断提高。

【公共管理教研部】

一、教学工作

2019 年，教研部以“用学术讲政治”为统领，继续深化教学供给侧结构性改革，以主体班教学改革为重点，带动教学工作全局，取得了较为显著的成效：（1）优化专题结构。根据形势任务需要和学科专业特色，将治理体系和治理能力现代化、中国特色社会主义行政体制等融入课程专题体系，不断对课程体系进行动态调整。（2）加强集体备课。以中央党校精品课示范为契机，聘请相关教师畅谈打磨精品课体会，并将其作为部门集体备课的重要形式，通过集体备课、共同开发专题等方式，不断提升教师的教研意识和教研能力。（3）创新教学方法。突出教学的政治导向，切实将提升干部的政治意识、政治能力作为教学方法改革的关键，将“用学术讲政治”教学改革“一号工程”落到实处。（4）强化教学研究。组织部门集体讨论教学改革专题会若干次；深化教学研究工作，组织教师撰写教学心得体会和教学研究文章，全年共发表教研文章 6 篇，为提高教育培训质量提供研究基础。

二、科研工作

2019 年，教研部不断增强科研工作的计划性和组织性，坚持科研高质量发展，努力为讲好主业主课提供研究基础：（1）鼓励教师参加学校组织的国家课题申报、开题活动和教研部组织开展的课题申报和研究工作，培养教师课题研究的意识和能力。（2）组织教师走近学员、走进改革实践。全年和主体班学员联合开展党和国家机构改革后的基层治理实践调研研讨，组织教师赴吴江、江宁、浦口等地开展调研活动，深入改革实践，为教学研究收集第一手资料。（3）与地方政府开展合作研究。组织教研部教师与省、市、县（区）各级地方政府联合开展课题研究和委托课题研究工作，为地方改革提供高质量的决策咨询成果。（4）组织开展学术交流活动。承办应急管理案例教学交流会和研究生高端学术论坛，加强与同行的学术交流。全年共有十余人次参加学术研讨会和中央党校等举办的各类专题培训。2019 年，本部门共完成省部级课题 2 项、委托课题 8 项；发表学术论文 10 余篇，其中 C 刊和中文核心期刊 5 篇；形成决策咨询报告 6 项。

三、党建工作

2019 年，教研部按照《中国共产党党校（行政学院）工作条例》的精神要求，以习近平新时代中国特色社会主义思想统领全局，认真学习贯彻《2018—2022 年全国干部教育培训规划》，认真落实履行《2018—2022 年部门建设规划》，注重以学科建设为重点，以教学、科研、人才队伍建设为抓手，不断提升部门建设水平。教研部长期承担全省范围中高级党政干部，特别是公务人员的教学培训任务，探索通过案例式、研究式、互动式、演练式等新法教学，提升公务人员的公共精神和专业素质；长期致力于总结、提炼我省各级政府治理的新经验、新方法、新成果，为地方政府的政策创新和制度创新提供理论基础和研究支撑，为全面深化地方行政改革提供政策建议和咨询意见；长期承担理论宣讲、政策宣传等政治任务，为我省打造一支高素质专业化的干部队伍履行政治责任。

【社会和文化教研部】

一、教学工作

一是围绕社会学学科特色进行师资队伍整合。2019年继续积极围绕社会学的学科特色对现有教师队伍进行整合，确立了硕士生导师组成员，并按学校要求重新制定了硕士研究生和在职研究生的培养方案和课程设置，明确并制定了社会学学位点的整改方案和具体措施。

二是积极申报主体班新专题并对现有专题进行拓展和完善。鼓励部门教师积极申报主体班新专题并组织教师分别在部门试讲，大家群策群力、献言献力，助力新专题的开发，使得申报新专题的教师们顺利通过了学校督导组的试讲。针对讲授效果有待提升的专题，组织教师进行座谈，一起寻找存在的问题、分析问题并积极提出相应的对策；对效果较好的专题，组织部门集体听课，课后开展研讨，指出有待改进的地方，并邀请督导组专家和教务处领导全程参与、给予指导。

三是认真学习贯彻党的十九届四中全会精神和《中国共产党党校（行政学院）工作条例》。组织教师认真学习贯彻十九届四中全会精神，鼓励教师紧紧围绕社会治理多出教学精品，为学校“用学术讲政治”教学改革“一号工程”贡献力量。组织教师认真学习《中国共产党党校（行政学院）工作条例》，充分动员教师开发案例课程，通过案例开发提高教师的实践敏锐度和理论掌握度，夯实教学基础，从而真正实现“用学术讲政治”。

二、科研管理

一是积极响应中央精神，努力实现科研工作高质量发展。一方面，努力提高科研工作的组织化程度，在推动教研咨一体化上求实效，在深化科研协作上探新路，切实打牢科研工作的坚实基础；另一方面，着力营造浓厚的学术氛围，引导教师把主要精力集中到正确的科研方向——“用学术讲政治”上来，鼓励生产更多高质量的学术成果。2019年共获得国家社科基金年度项目3项、省部级课题4项、校重大课题2项，共完成省部级课题7项、校重大课题2项。

二是积极承办省级学术会议，扩大在学术界的影响力。教研部和江苏社区发展研究会联合举办了“守正创新：构建社会治理新格局”理论研讨会，全国党校系统、社科院系统、党政机关和江苏若干所高校的专家学者和教研部全体教师就社会治理所取得的成就和存在的问题展开了热烈的讨论。组织教师外出参加学术会议12次，多项学术会议教研部集体参加。

三是积极响应教研咨一体化战略，努力实现科研和教学融合发展。始终坚持“党校姓党”根本原则，把深入学习、宣传、研究习近平新时代中国特色社会主义思想作为首要任务，紧紧围绕中心工作，更好服务主业主课。2019年教研部共发表理论宣传文章10篇，报送省领导以上级别的调研报告8篇，获副省级以上批示1份；围绕主体班次课程申报课题并成功结项1个，并获得省社科联应用精品工程三等奖。

三、党建工作

一是抓主体责任。秋季学期之初，经社会和文化教研部党支部支委酝酿，提名新支部书记名单，并经民主选举，全票通过，产生了以薛莉同志为支部书记的新支委班子。支部书记带领支委在思想上、政治上、行动上与校党委保持高度一致，推动班子成员积极履行“一岗双责”，明确既抓业务工作又抓党风廉政建设的双重责任。实行集体决策、民主议事、政务公开。发扬党内民主，不搞“一言堂”。凡重大事项，首先由支委会研究决定，再提交教研部全体会议讨论，集体研究决定。二是抓政治学习。组织支部党员认真学习领会习近平新时代中国特色社会主义思想，全年四次召开全体党员会议，专题学习习近平新时代中国特色社会主义思想。支部坚持学习前有部署、有安排，做到了重点突出、党员按时参加，确保了学习实效。三是开展“不忘初心、牢记使命”主题教育学习。

【法政教研部】

一、教学工作

主班次教学、在职研究生教育和融入其他教学环节工作稳步推进，质量有所提升。一是主班次教学上，除了6位教师承担主班次9个专题的教学任务外，大家对教学的重视程度有所提升。2位教师在主班次开设教学新专题，2位教师讲授老专题。二是1位教师指导的在职研究生论文获评优秀论文。三是在深化教学供给侧改革、融入学校整体教学环节上取得突破。2位教师承担校教学重大招标专题，多位教师参加各个班次的调研报告指导、读书会、评书会，下班进行教学需求调研已经成为教师的基本环节。四是邀请东大法学院教授给全体教师和硕士生做“行政法研究三位一体思维”的学术讲座。

二、科研工作

1项国家社科基金后期资助项目（黄辉明）提交结项材料。出版个人专著1部（孙曙生），发表重点核心论文1篇、核心论文3篇，撰写决策咨询成果2项。积极组织教师参与各种校内外的学术活动。如上半年4月份去东南大学法学院就模拟法庭、学科建设进行调研座谈；6月份去天津市委党校法政部听取行政处罚模拟法庭并座谈；下半年11月份与甘肃省委党校政法部进行教研交流。参与学校内包括外请的教学方面的公开课、观摩课和学术报告，派两位教师（孙曙生、金雪花）到北京和延安进行监察法和四中全会精神方面的专业学习；多位教师参加新中国成立70周年及四中全会精神等主题的国家级学术会议，并提交论文和在会上发言。硕士生公开发表学术论文8篇。

三、党建工作

支部工作与教研部的工作紧密结合，活动常态化。按照“不忘初心、牢记使命”主题教育和年中巡视期间的各项要求，党务工作（台账、“三会一课”、支部学习及记录、党费缴纳等）日益规范化，活动常规化、记录日常化。与结对支部保卫处支部的活动规范化。

【世界经济与政治教研部】

一、教学工作

聚焦“用学术讲政治”教学改革“一号工程”，努力提升部门教师“用学术讲政治”的自觉性、学术性和实践性。积极申报新专题。2019年开设了“国际格局演变走势与中国战略应对”“我国海洋安全环境与应对”等新专题。开展集体备课和集体听课。2019年组织杨志琴老师主体班获奖专题“扩大开放 增创江苏开放型经济新优势”的集体听课，组织袁志田新申领专题“增强经济形势研判能力”、新入职博士徐欣“国际金融与中国金融改革”课程的集体备课，取得较好效果。

二、科研工作

高质量的教学需要高质量的科研为支撑，“用学术讲政治”的关键是科研。教研部围绕世界经济、国际政治和政府经济学三个硕士点，以课题申报、立项和研究为抓手，遵循科研发展规律，鼓励教师运用学术研究、理论宣传和决策咨询之笔加强科学研究。2019年，新立项国家社科基金课题1项（“冷战后欧洲民族分离运动比较研究”），江苏省决策咨询研究基地课题1项（“竞争中性条件下江苏民营企业融资难融资贵问题的破解路径研究”）、江苏省金融研究院重点课题1项（“江苏金融服务民营经济的政策创新研究”）等。全年发表学术论文近20篇，其中核心期刊、CSSCI期刊和C扩10篇（其中已录用1篇），另外在《群众》《调查研究》等报刊发表了宣传类和决策咨询类文章，参编中共中央党校《改革开放40周年地区发展报告》（人民出版社出版）。

三、教研组织工作

2019年教研部组织集体备课会、集体听课会、经验分享会、专题库建设会等形式多样的教研活动。通过组织教研部活动，一方面分享了教研经验，查找了问题与不足，提高了教学和科研的针对性，另一方面提升了教研部的凝聚力，营造了良好的教研环境。2019年度教研部1人入选江苏省社科优青，1人晋级正教授。2019年度邀请复旦大学石磊教授做学术报告，协助江苏省社科院举办“全方位开放与高质量发展”学术研讨会。

【马克思主义学院】

一、教学工作

把政治学习和学术研究相结合，增强工作政治性导向。一是坚持以马克思列宁主义、毛泽东思想、邓小平理论、“三个代表”重要思想、科学发展观、习近平新时代中国特色社会主义思想为指导，增强“四个意识”，坚定“四个自信”，做到“两个维护”，围绕中央和省委决策部署开展教学科研工作。二是坚持意识形态工作责任制。意识形态领域的许多重大问题，都会在党校汇聚，守好意识形态阵地是党校人的职责。学院把党校意识形态责任制作为工作的重要抓手，教育和引导全体教师牢记“党校姓党”。要求教师为人师表，把纪律挺在前面，把讲台纪律视为“高压线”，自觉维护党校和党校教师的形象。

二、科研工作

聚焦主业，提升教师的教学科研水平。科研工作是党校立足学术界的资本，马克思主义学院重视科研，坚持理论联系实际，聚焦理论研究的热点、难点问题展开研究，取得一定成就。在 2019 年党校获批的 9 项国家社科基金项目中，我院获得 2 项，尤其是徐琛琛获得的青年基金分量更重。获省社科规划重点课题 1 项。在《中共中央党校学报》《光明日报》《学习时报》《南京政治学院学报》《新华日报》《群众》《探求》等报刊发表 13 篇科研成果。积极开展学术活动，发出党校的时代之声。马克思主义学院 2019 年承办了两次高端会议。5 月 25 日举办“马克思主义论坛”主题研讨“中国制度：理论·实践·话语体系”。9 月 7 日举办“庆祝新中国成立 70 周年学术论坛”全省法政类学会专场。来自北京、上海、浙江、山东等地的马克思主义理论研究领域的专家莅临指导，会议交流学科发展前沿动态和建设经验，在省内外产生良好声誉。中国江苏网、《扬子晚报》等进行了专题报道。叶凌、郭莹、徐琛琛等老师分别到北京、济南、杭州等地参与全国党校系统庆祝新中国成立 70 周年理论研讨会、“第 11 届中国特色社会主义论坛”及其他学术会议，了解学术前沿，开阔视野，增进理论研究的深度和广度。

三、党建工作

一是发挥党支部的战斗堡垒作用，开展“不忘初心、牢记使命”主题教育。根据机关党委统一部署，加强党支部班子建设，充分发挥党员的先锋模范作用。学院与老干部支部结对共建，讲好党课、开好民主生活会。政治学习融入日常、抓在经常，长期坚持，使理想信念教育常态化、制度化。二是开展廉政风险排查，加强党风廉政建设。通过主题教育和巡视工作，大家进一步认识到党校不是世外桃源，也存在一些风险。如在研究生论文指导、答辩过程中不能对一些不正之风听之任之，在评分、评奖、评优等工作中要拧紧世界观、人生观、价值观的“总开关”，要做到自省、自重、自励，守得住寂寞、耐得住清贫、抵得起诱惑、经得起考验。

【决策咨询研究中心】

一、围绕学校工作部署，认真开展“不忘初心、牢记使命”主题教育

根据校主题教育领导小组和机关党委的统一安排，中心在全面学习主题教育总要求的基础上，组织了4场学习会，要求每位教师结合自己的工作写学习体会。按照学校要求，中心结合工作实际，对标找差，认真查摆问题，列出了五个方面的问题清单，并进行整改。组织支部党员学习领会习近平新时代中国特色社会主义思想、党的十九大及十九届四中全会精神；与共建支部共同学习《习近平新时代中国特色社会主义思想学习纲要》，就十九届四中全会精神开展交流讨论。4月23日开展支部活动，参观王荷波纪念馆；7月5日赴雨花台革命烈士陵园开展“缅怀革命先烈、重温入党誓词”活动；7月参观校“党性教育主题教室”。全体党员参加孙文华“不忘初心、牢记使命，立足岗位重实干、对标找差勇担当”党课学习。观看电影《赵亚夫》，聆听赵亚夫所作报告。

二、加强系统内外合作，紧扣中心工作和主业主课开展调查研究

联系“不忘初心、牢记使命”主题教育，开展跨部门合作，在主体班进行问卷调查，形成《我省主题教育对标找差亟待加码》等3篇研究报告；和市县党校合作，赴宿迁、淮安进行基层调研，形成“乡村振兴”系列调研报告；积极参与校重大课题的申报，中心成功申报2项重大课题，研究取得初步成果，形成2份质量较高的研究报告；主动开展横向联系，中心活动2项智库重点课题。全年中心教师共撰写决策咨询报告5篇，发表理论论文12篇，出版专著1部。

三、积极参与学校组织的各项活动，弘扬主旋律

积极申报国家课题、全省党校系统调研课题、校重大课题，参加党建高层论坛；在学校庆祝新中国成立70周年的活动中，中心积极参与，田伟老师参加庆祝汇演的主持，中心和学员服务处联合表演大合唱《共筑中国梦》和《今天是你的生日，我的中国》，活动增强了部门凝聚力。

四、以制度建设为重点，推进决策咨询中心管理规范化

中心在决策咨询、科研、教学、行政等日常管理中，坚持制度化管理，事事有规定、件件有落实，以规则为准绳，以个人发展为目的，既突出制度，又兼顾以人为本，促进中心整体协调发展。发挥秘书在部门的日常管理中的桥梁和纽带作用。

五、组织各种形式的教研活动，努力提高主体班教学质量

中心进行了各种形式的教研活动，开展主体班新讲题集体讨论论证2次，听教师试讲1次。组织春秋两次的专题申报，组织部门教学人员逐一试讲，参加教务处的教学观摩课及研究生处的“青课晒”。

【廉政教育研究中心】

一、教学工作

1. 牢固树立“用学术讲政治”理念，持续深化教学改革

廉政教育研究中心积极申报主体班次教学新专题，在教学中十分注重突出讲政治和“用学术讲政治”的要求。在原来几个专题的基础上，完善凝练为“巩固发展反腐败斗争压倒性胜利”“学习党内重要法规，增强纪律规矩意识”两个教学专题，围绕这两个教学专题，多次开展集体备课、教学研讨、互相听课等活动。于6月17日至18日赴浙江省委党校听“坚决反腐肃贪　建设清廉浙江”专题课，开展教学交流，进一步强化“用学术讲政治”的教学理念和行动自觉，提升教学质量。围绕“中国共产党廉政建设史”积极开发新专题，鼓励青年教师走上主体班讲台。

2. 及时升级廉洁从政主题教育馆，进一步增强党性教育的针对性、实效性

为进一步做好廉洁从政主题教育馆的升级改版，廉政教育研究中心克服了人手少、任务重的困难，协调好教学、科研与教育馆改造的时间安排，六位老师分工合作、团结奋进，牺牲了无数个休息日，反复修改教育馆内容，多次向省纪委领导、学校领导、督导组专家请教，到相关纪念馆学习考察，并与浙江省委党校党史党建教研部深度交流。更新完善后的廉洁从政主题教育馆得到主体班学员和来馆参观学习的党员干部的一致好评。

3. 牢牢抓好硕士生培养质量，积极推进学科建设

廉政教育研究中心设有“当代中国政治与廉政建设”政治学二级学科硕士点，面向全国招收硕士研究生，目前已毕业两届五名硕士生，在读三届七名硕士生。为加强硕士点建设，全体教师集体指导硕士生的开题及毕业论文，不定期举办硕士生学术活动，进一步提高了硕士研究生培养质量。

二、科研工作

1. 发表高层次学术论文

2019年廉政教育研究中心全体教师在省级期刊、中文核心期刊、CSSCI期刊发表论文近20篇，其中校定核心期刊发表论文10篇，被人大复印资料等刊物全文转载1篇。

2. 加强课题申报和研究

2019年廉政教育研究中心共立项课题6项，其中中央党校（国家行政学院）重点调研课题1项、江苏省应用决策咨询课题1项、江苏省社科联决策咨询基地课题1项、校重大课题1项、各级党委政府委托课题2项。继续做好在研的国家、省级及其他课题研究工作。2项国家课题和1项中央党校（国家行政学院）重点调研课题结项。

3. 加大决策咨询服务力度

中心全体教师继续加大决策咨询服务力度，认真撰写决策咨询报告，积极参加江苏党的建设高层论坛、江苏青年智库学者沙龙、江苏智库峰会，研究、宣传、阐述党的理论、路线、方针、政策，弘扬主旋律，传播正能量，在国家社会科学基金《成果要报》上发表决策咨询报告1篇。

4. 加强人才培养力度

继续做好江苏省党校（行政学院）系统“三个一批”人才培养工作，1人获得江苏社科优青。

三、支部工作

一是组织支部党员学习领会习近平新时代中国特色社会主义思想、党的十九大精神，以及十九届三中、四中全会精神。二是开展“不忘初心、牢记使命”主题教育，通过主题教育，提高了支部党员的党性修养，进一步坚定了政治立场和政治方向。三是加强支部日常建设和对党员的教育管理监督，完善“三会一课”制度，建立健全电子和纸质台账，开展支部“民主生活会”讨论及自查自省工作，开展了深刻的批评和自我批评。四是开展支部结对共建活动。

【校刊校报】

一、坚持党校姓党，努力把党校报刊办成学习、研究、宣传习近平新时代中国特色社会主义思想的重要阵地

要求每位编辑建立起始终站在理论前沿的自觉意识，进一步增强政治敏锐性和理论敏感性，在宣传中国特色社会主义特别是习近平新时代中国特色社会主义思想方面走在前列，带头做到真学、真懂、真信、真用。坚持严格的政治标准，坚持正确的舆论导向，及时澄清模糊认识，强调运用马克思主义的立场、观点、方法来分析、研究和判断问题，组稿、约稿、审稿。建立刚性的严格制度约束，按照意识形态工作责任制的要求，确保在校刊校报的理论宣传中不出“噪音”和“杂音”，切实强化政治意识、大局意识、责任意识。对不能坚持党校姓党原则的文章、观点一票否决。坚决做到了弘扬主旋律、传播正能量。

二、坚持重抓落实、扩大影响，努力提高办刊办报质量

《唯实》杂志继续着力“四大平台”建设，社会影响不断扩大。始终坚持面向全省广大党政干部、面向广大理论工作者，努力把《唯实》杂志打造成一份具有鲜明党校特色、有相对固定读者群、形成相当社会影响力的综合性政治理论期刊，打造成深入学习中央路线方针政策和省委决策部署的思想建设平台、体现党校特色的理论宣传平台、聚焦江苏经济社会发展热点难点的问题探讨平台、全省学习型组织建设交流平台。继续做好并完成了中宣部期刊主题宣传优秀选题栏目“天翻地覆慨而慷——改革开放40年来的江苏乡村”，相关报道已经结集出版。下半年，集中围绕庆祝中华人民共和国成立70周年，开展了“壮丽70年　奋斗新时代”主题策划与宣传。同时继续聚焦深入学习习近平新时代中国特色社会主义思想、“不忘初心、牢记使命”主题教育、江苏高质量发展等重大理论与实践问题，着力策划了一系列特色专题，开设了“新时代新思想”“不忘初心、牢记使命”等专栏，为广大党政干部和理论工作者更好地学习习近平新时代中国特色社会主义思想、开展“不忘初心、牢记使命”主题教育提供了理论交流平台，吸引了许多省内党政干部和思想理论界专家成为读者和作者，刊发了一批高端、高质量的稿件。这一系列特色专栏的推出，凸显了《唯实》作为党校主办刊物的政治责任和理论责任，为广大党政干部和理论工作者深入学习党的十九大精神和习近平新时代中国特色社会主义思想提供了学习平台，产生了较好的社会影响。2019年《唯实》杂志继续在全省学习型组织建设工作要点中被列为重要工作平台。

《江苏党校报》彰显自身特色，走在全国省级党校前列。积极负责地按照学校的要求从专题策划、组稿约稿、版面设计、内容选择等方面进一步提高校报的办报质量。校报的版式、编辑都收到了较好的效果与反响。校报在内容上始终注重围绕校委、省委党校教师、学员和全省党校系统四个层面来反映党校中心工作，坚持形成江苏省委党校特色的办报风格，办报水平受到中央党校报刊社的充分肯定，被一致认为走在全国省级党校前列。

坚持注重编校质量，在稿件的初审过程中，有的稿件多次与作者沟通、核实，反复修改，从编辑的角度对稿件进行深加工，使其更符合期刊的规范。坚持论文发表的查重制度，及时发现和处理有学术不端行为或政治观点、概念错误的稿件。力求做到论点准确、证据充分、文字精炼、数据可靠、图表清晰；史料文章力争做到内容真实、史料翔实、事件有据可查。为达到内容与艺术形式的统一，每期精心设计编排。每期坚持“三审四校”等管理制度，以减少差错率，保证综合质量。

三、校“中特中心”和省基地工作稳步开展

2019年，校中国特色社会主义理论体系研究中心围绕相关重大理论宣传主题，在党报党刊保持了一定的发文频率，及时发出江苏省委党校的声音。我校教师全年以省中特中心特聘研究员、省中特中心省委党校基地和江苏省委党校中特中心名义在《人民日报》《光明日报》《经济日报》《学习时报》《红旗文稿》《新华日报》《群众》等重要党报党刊发表理论宣传文章32篇。其中以省中特中心特聘研究员、省中特中心省委党校基地名义在《人民日报》《光明日报》《经济日报》发文4篇，在省中心各基地中排名前列。一些文章被“学习强国”平台转发，被国内重要主流网站转载，产生了较好的社会反响。同时较好地完成了省委宣传部交付的2篇理论文章的写作任务，其中执笔完成省委中心组文章一篇并在《光明日报》发表。举办了两次学术会议。一次是与党建研究院和党的建设研究基地共同举办了“第八届江苏党的建设高层论坛”，一次是与河海大学基地等举办了“坚持和完善中国特色社会主义制度”理论研讨会。《学习时报》、《中国社会科学报》、《新华日报》、群众网等发布了会议消息。会议产生较大社会影响。编辑出版了“中国特色社会主义论丛”第四辑。

【江苏行政学院学报】

一、加强栏目建设，力出学术精品

深入学习贯彻党的十九大、十九届四中全会精神和习近平新时代中国特色社会主义思想，围绕民族复兴中国梦、谱写中国梦江苏篇章以及以思想的大解放引领发展的高质量、加快建设“强富美高”新江苏等重大理论和实践前沿问题，围绕“不忘初心、牢记使命”主题教育活动的研究宣传工作，结合党校自身优势，在“马克思主义中国化研究”“政治学研究”“行政学研究”“哲学研究”“文化研究”等栏目中，以面向“中国问题”为旨归、繁荣马克思主义中国化研究为宗旨，发表了一系列关于马克思主义基本原理、马克思主义中国化、中国特色社会主义理论与当代中国、中国梦的哲学文化解读、党的十九大精神及十九届历次全会精神解读等理论文章，探讨中国特色社会主义理论体系。《中国发展哲学40年：问题、理论与前景》《重思马克思对青年黑格尔派启蒙哲学的批判与超越》《中国传统价值观的人治德治礼治法治考论》《传统监察权正当性的法文化析论及其现代转化》《“亲亲相隐”的再认识》《中国第二次人口红利之窗正在开启》《新时代“幼有所育”何以实现》等多篇文章被人大复印资料全文转载，《自然权利批判与唯物史观的规范性阐释》《生态到心态的转向：费孝通晚年文化观再思考》《老龄化背景下异地养老模式类型、制约因素及其发展前景》等多篇文章被《新华文摘》《中国社会科学文摘》《高等学校文科学术文摘》等全文转载或摘编。

二、狠抓质量不放松

学报的质量是学报的生命线。学报“质量”至少应包括：

1. *政治质量*。习近平总书记对哲学社会科学的鲜明意识形态属性非常重视，学报作为党校行政学院主办的哲学社会科学综合期刊，对于意识形态方向的把握必须更加牢固准确。结合开展“不忘初心、牢记使命”主题教育活动，通过学习《习近平新时代中国特色社会主义思想学习纲要》和习近平总书记系列重要讲话精神，学报编辑部从班子成员到各责任编辑都牢固树立“四个意识”，坚定“四个自信”，做到“两个维护”，坚决在思想上政治上行动上同以习近平同志为核心的党中央保持高度一致，努力做到在组稿、编校和审稿的日常工作中旗帜鲜明讲政治，立场坚定守底线。对于涉及政治、宗教、民族等敏感方面的文章均严格审读，对有问题的稿件一律不予发表；特别注意对文章的学术争鸣与恶意评判加以区分，做到不触“红线”；凡不符合刊物宗旨的稿件不予发表。

2. 学术质量。具体来说：一是要及时反映哲学社会科学研究的动态和发展趋势，跟踪理论前沿；二是关注经济社会发展中的热点难点问题，进行专题研究；三是站在学科理论的前沿，探寻学科发展的路径、学科发展和研究的方向。根据学报的现实和学术层次状况，注重从理论应用层面上进行探索。坚持质量标准，严格控制人情稿和关系稿，杜绝学术赝品。

3. 编辑和装帧质量。刊物的整体质量除了学术质量外，还要讲究编辑和装帧质量。以编辑规范程序化来控制稿件质量。注重“三个规范”：一是学术规范；二是编校规范；三是编排规范。

三、加强内部管理，进一步提高学报团队工作效能

1. 进一步明确编辑部各岗位的职责，调整和细化专兼职编辑和编务人员的分工。

2. 进一步加强制度建设，规范学报编辑出版工作。严格执行“三审三校”等编辑部工作制度。

3. 进一步加强工作作风建设。在编辑出版各个环节，力求做到协作有序、严谨尽责。

4. 进一步提高刊物质量。加强对责任编辑的奖惩和考核力度，努力降低编校差错率，提高二次文献率。

管理服务

【概述】

2019年，校（院）加强精细化管理，服务保障迈上新台阶。优化管理服务。规范公文管理，严格起草、审签等各个环节，加强涉密文件的保密管理。建立外事常态沟通联络机制，全年共接待国（境）外考察团11批326人次。成立校内部控制领导小组，完善制度规定，我校连续五年被省财政厅评为省级部门决算先进单位。全年共完成268个班次3万余人次的培训和会议保障任务。后勤服务部门收到表扬信1050封，意见征询综合满意率达99%以上。大力提升园林校园、智慧校园、平安校园建设水平，开展安全隐患专项整治行动，清理整改校园东北角小院安全隐患，安装大门智能识别系统，出台《校园交通安全管理规定》。推进生活垃圾分类和节能降耗宣传，完成水佐岗校区改扩建工程建设资料移交及资产转固工作，我校再次获评公共机构节能示范单位。完善网络安全体系建设，我校被江苏省信息网络安全协会评为2018年“网络安全工作先进单位”。图书馆深入挖掘馆藏文献价值，积极拓展读者服务功能，组织藏彝走廊绘画纪实展、江苏红色资源绘画汇报巡回展等多项校园文化活动，不断丰富校园文化生活。

【办公室】

一、落实校委部署，圆满完成重点工作任务

服务保障四个批次主体班学员开班、毕业典礼，校委会、行政办公会等常规性会务安排，重点保障庆祝新中国成立70周年文艺汇演、江苏省第八届党建高层论坛等活动。组织召开全省党校系统办公室学习贯彻《中国共产党党校（行政学院）工作条例》培训会。积极发挥以文辅政作用，在主题教育、十三届省委第二轮巡视期间，起草实施方案、

工作报告等文稿。规范公文起草、审签等各个环节，加强涉密文件的保密管理。编辑出版《中共江苏省委党校　江苏省行政学院年鉴(2018)》。建立外事常态沟通联络机制，全年共接待国（境）外考察团11批326人次。强化新闻宣传，主题教育工作先后17次被《学习时报》、江苏卫视、《新华日报》等媒体报道，5位专家学者接受了江苏卫视主题教育专家访谈。严格落实督查督导责任，围绕校委会重大事项、协调会工作任务、校领导批示件做好跟进督查，完成省委部署的清理和调整办公用房工作、推动门户网站优化升级和主题教室改扩建工作。

二、坚持以文辅政，规范机要保密工作流程

及时登记、传阅、承办各类公文，确保公文及时准确无误地传送各领导和承办部门。2019年共收发处理各类公文930件，其中，收到中央、省委、省政府文件468件，发送公文180件，复印文件整理78份，文电204份。公文处理做到了及时、准确、安全、无失误和差错。根据校领导分工及相关处室人员的调整，及时调整我校保密委员会成员。严格执行涉密文件的管理，尤其是对中央文件，按要求把控传阅范围并及时清退，累计清退中央文件139件、电报5份。定期对全校各处室开展保密检查，根据检查情况及时查漏补缺，从未发生一起失窃、泄密事件。及时跟进退休人员，提醒收缴保密废纸，全年送省保密局销毁保密废纸1000公斤。协调推进我校安可替代工作的开展，根据上级业务指导部门要求，按时组建安可替代工程领导小组。组织主班次学员及我校处级以上干部观看纪律教育片进行涉密安保教育。省委巡视组在我校巡查期间，及时提供所需调阅的文件材料，对涉密材料，严格按照保密规定履行手续。《中华人民共和国密码法》自2020年1月1日起施行，计划2020年上半年在全校范围内开展宣传工作。

三、严守舆论阵地，发挥宣传平台功能作用

2019年，在《新华日报》刊发新闻17篇（其中图片新闻1篇），在江苏卫视“新时空”播出新闻28篇，在《学习时报》刊发新闻及理论文章16篇。在主题教育活动中，学校专门成立了宣传组，及时跟进了解《新华日报》和江苏卫视的报道方向和重点。在撰写新闻稿件时，一方面注重准确及时，另一方面注重总结党校优势特色。整个主题教育期间，共完成了30余篇新闻报道。完成《江苏党校工作快报》35期，全年发布大屏2000余条，参与《江苏年鉴》的整理校对工作，完成《2018年党校大事记》工作。

【老干部工作】

2019年，老干部工作以稳中求进为基调，紧贴校院“两聚一高”奋斗目标，扎实推进组织功能建设、日常管理教育和服务保障等工作，为校院高质量发展走在前列贡献力量。

一、筑牢党校姓党信念，强化组织功能建设

一是推进结合式管理，激发组织活力。建立在职党员与离退休支部联系机制，选派老干部处工作人员担任离退休支部联络员，协助支部书记开展工作，配合支部开展活动。

二是拓宽渠道与路径，提升组织能力。组织支部书记参加全省离退休支部书记轮训、校委理论中心组学习扩大会等，逐步提升支部书记开展党务工作的能力。紧扣“不忘初心、牢记使命”主题教育系列活动，组织支部班子成员参加校院赴雨花台革命烈士纪念馆举办的“缅怀革命先烈、重温入党誓词”活动，参观校党性教育主题教室，召开校院离退休年度重点工作部署会、支部书记工作例会、重大活动任务动员会等，提升落实“三会一课”制度能力。

三是开展主题活动，激励增添正能量。以庆祝新中国成立70周年为契机，积极开展“增添正能量 共筑中国梦”系列活动。分批组织离退休老同志开展春、秋季参观考察活动，见证新中国成立70年新成就。参加校院“庆祝中华人民共和国成立70周年”文艺汇演活动，为离休老同志集中颁发“庆祝中华人民共和国成立70周年纪念章”。扎实做好全国全省离退休干部“双先”评选推荐工作，我校离休干部陆九云同志被评为“全国离退休干部先进个人”。

二、探索开放式组织生活，激发学习教育新活力

一是典型引导鲜活。在校园网、《江苏党校报·夕阳红专版》和微信等平台，大力宣传全国离退休干部先进个人陆九云同志先进事迹，黄馥真和余钟波夫妇扶贫助学鲜活事例，罗建、隋月娟发挥党校人文化优势在六朝博物馆志愿讲解典型案例等，用身边人身边事教育引导老同志坚定政治信念、坚守初心使命。

二是活动形式多样。举办“校院离退休老领导迎新春座谈会”和“2019 年校院老同志迎新春团拜会”，常务副校院长通报校院 2018 年度工作情况和 2019 年规划设想，听取离退休干部对校院工作的意见建议。以新中国成立 70 周年为契机开展系列活动，在原有活动兴趣小组的基础上，增设旗袍秀、书画学习组，组织参加省老年体协组织的乒乓球、掼蛋、书画展和健步走大联动以及文体展示交流活动，全面活跃离退休老同志的精神文化生活。老干部处被省老年体协评为“优秀组织奖”。

三是平台载体丰富。针对居住分散化、生活社会化、流动常态化特征，建立了各工作部微信群，定期发放学习资料，让老同志们知上情；利用校园网、《江苏党校报·夕阳红专版》、微信群等，及时发布校院动态，让老同志们知校情；鼓励激励离退休人员下载登录“学习强国”平台，争取日日学、经常学、时刻学，使政治学习成为习惯。

三、点滴关怀入情入心，推进精细化服务保障

一是精心开展走访慰问。重大节日期间，校院领导带队走访慰问老同志 20 余人次。日常组织上门慰问高龄、体弱、多病、行动不便、生病住院老同志 100 多人次，遗属 13 人次。先后 2 次组织人员前往苏州、常州、扬州看望慰问异地安置离退休老同志。为 80、90、100 岁老同志上门祝寿送福，把校委的关心关爱传递给每一位离退休人员。

二是精准落实各类待遇。全面落实离休人员“三项保障机制”，不断提高他们的生活待遇。组织离退休人员参加校院重大活动、重要会议，传达学习文件，通报校院情况，精准落实政治待遇。鼓励支持老同志参加老年大学学习，给予一定的学费补助，培育老有所乐、老有所学的兴趣。

三是坚持日常服务保障。加强沟通协调，按时、足额完成离退休人员医药费的报销，给予大病补助 5 人。组织 315 名离退休老同志进行年度健康体检，及时跟踪复检复查，掌握翔实情况，确保体检工作圆满完成。分上下半年，多批次安排车辆保障离休老同志和退休厅局级干部疗养工作。配合人事处，扎实开展 2014 年 10 月以后退休人员养老金发放前的数据校核工作。逐一核实离退休人员信息，汇编离退休人员名册，推进精细化管理。

【财务工作】

2019 年，财务处围绕中心，服务大局，紧扣校院“两聚一高”的战略部署，提高政治站位，坚持问题导向，扎实做好资金保障工作，推进财务管理全面提升，确保重点工作任务和项目的顺利实施。

一、预决算管理

完成 2018 年度部门决算、2020 年度部门预算和 2020—2022 中期财政规划编报工作。完成省财政厅和审计厅要求的校院 2018 年度预算执行数据上报、2018 部门决算网上公开工作、2019 年度省级部门预算。2019 年决算收支盘子为 29393.03 万元。全年完成非税收入上缴财政专户 2660.26 万元。完成经营收入 1827.25 万元。校院连续五年被评为省级决算先进单位。

二、严控经费管理

“三公”经费 2019 年决算支出总额 189.2 万元，比上年实际支出减少 10.14 万元，减幅 5.36%；比本年预算支出减少 46.07 万元，减幅 24.35%。会议费 2019 年决算支出 66.64 万元，较上年决算减少 19.13 万元，减幅 22.3%；培训费支出 17.77 万元，较上年减少 5.07 万元，减幅 22.2%。完成省纪委、省财政厅八项规定执行情况，招待费清查，“三公”两费对比清查等专项检查上报工作。

三、绩效管理和监督

我校 2019 年本年基本支出完成率 99.73%，项目支出完成率 75.23%，整体预算完成率 88.67%（包含往年结转数）。组织并完成 2020 年我校各项目经费预算绩效目标、指标制定上报工作，初步建立起一套符合我校实际的预算项目评估体系和绩效考核办法。注重加强对考核指标的实时监督和控制，扎实做好财政预算绩效管理，切实维护好教职工权益。适应新政府会计制度改革要求，积极推进财务信息化建设，正式启用新政府会计制度，保证了用友新版财务软件的运行，进一步提高我校核算、预算和项目管理水平。

四、政府采购

2019年我校政府采购安排共计1993.34万元，其中一般公共预算资金1976万元，其他资金17.14万元。全年共完成各类采购任务425项，金额1823.22万元。

五、其他重要财务事项

主体班次专项全部由财政拨款保障，预算3330万元。完成财政电子票据改革，实现通过微信、支付宝收取学员学杂费。完成青干院并账、新校区6.95亿元资产移交、教育厅教育经费统计上报工作。配合上级督查部门做好审计、巡视和整改。

【后勤管理】

2019年，我校切实加强管理，强化保障，提升服务，顺利完成教学培训等各项服务保障工作。

一、节能改造、维修、保养、校院绿化美化

全年主要完成了229个工程项目，其中40个专项维修工程，189个小型零星维修工程，完成工程费用结算约201万元。维修项目主要有办公用房改造、主题教室升级改造、学校东北角小平房和小二楼拆除及外围墙压顶整修、硕研楼卫生间拆除改造、道路沟井盖及地沟盖板更换、玻璃更换等，通过改造、维修，有效保障了校园设施设备的正常运转。同时，注重规划设计，打造精致景观，不断提升校园绿化品位，为建设园林式校园不断助推加力。对东大门银杏大道的42棵银杏树木全部进行更换，栽种名贵苗木高杆月季66棵等。全年累计完成苗木种植补种3万余棵，移栽大树115棵，盆花更换约3.8万盆。

二、资产管理

通过不断完善资产管理制度，细化资产处置流程，圆满完成了年度各项固定资产申报、配置、调剂、维护和管理工作。完成了新校区改扩建工程建设资料移交及资产转固工作，其中移交设备类资料126项，合同类资料52项，各楼宇建筑、结构、给排水、电气、暖通、智能化等6大项设计蓝图及施工资料共1938份，专项工程验收资料154册。由省机关事务管理局房建中心向我校交付的新校区改扩建工程资产总额636 676 359.75元；新校区未入固定资产的康尼公司大楼、后勤服务中心、印刷厂等合计资产总额27 903 164.30元，这次转固新增资产总额为721 735 379.70元。采购办公电脑90台、打印机30台、各类空调设备17部，按照以旧换新要求，旧品回收率达90%以上。完成了校本级办公及辅助用房面积重新核定上报工作。完成了全校350余间办公及服务用房定位、测量、绘图、核定工作，其中，核定我校办公及辅助用房使用面积24 586平方米、建筑面积33 816平方米、技术用房面积33 108平方米。完成了校园东北角小院住房清理等工作。

三、餐饮物资采购

着力加强制度建设和供货商管理，定期组织市场调研，按时组织定价调价，及时配合两大餐厅进行主副食品采购验收，有效保证了两大餐厅主副食品供应和食品卫生安全。采购中心全年共采购主副食品13 005 203.72元，其中，为总务处职工餐厅采购主副食品3 729 018.10元，为培训服务保障处学员餐厅采购主副食品9 276 185.62元。

四、公务用车和会务、考察保障

签订安全行车责任书，加强安全行车警示教育，提高驾驶员安全意识。重点抓好安全行车，严格落实公务用车管理和使用规定，完善车辆使用登记制度，严格审批手续，严格控制运行费用，不断推进我校公务用车平台信息化、标识化管理，目前公务用车全部安装GPS定位系统，实行网络平台派车，统一调度使用。

五、教职工健康咨询

全方位为主体班次、各种培训班等班次学员及全校教职员工进行卫生医疗保障。注重医疗保健指导，敦促大家养成良好的工作、生活习惯，提高预防疾病意识，促进全体教职工的身心健康发展。组织完成了多批次特约人员的疗养工作，完成了2019年度全校教职工集中健康体检工作，完成了2019年度重大疾病补助以及2020年度全校医疗卡年审工作。

六、餐饮保障和文印服务

不断提升餐饮服务保障满意度，坚持以质量为导向、以服务为引领、以健康为关键、以营养美味为标准订制食谱。同时，针对教职工和学员提出的合理化建议和意见，及时调整菜肴结构，提高菜肴加工水平。适时增加新品种，菜肴的口味和质量比往年有所提升。专门引进面点骨干，提升面点制作水平，加强新品的开发，晚上面食明档做到每天不重样，丰富了服务内容。坚持精打细算、开源节流、微利创收，自制了糕点、卤菜等 20 余种食品，腌制了 4200 斤小菜和 2500 斤咸货。大力开展节约一滴水、一度电、一方气、一粒米、一滴油“五节约”活动，从成本核算、采购计划、原料质量、加工制作、库存管理层层把关，各个环节责任到人，各部门密切配合，各楼层菜肴相互调剂，有效减少浪费。

2019 年，文印业务营业额为 210 万元，实现净利润 40 万元。因价格调整，营业额和净利润较 2018 年有所下降。

【培训服务保障工作】

2019 年，保障处坚持以习近平新时代中国特色社会主义思想为指导，认真贯彻落实校委年度工作的总要求，积极开展“不忘初心、牢记使命”主题教育，着力推进精细化管理。完成全年主体班次保障任务；完成 6 期全省高校哲学社会科学骨干研修班、2 期全省乡镇人大负责人研修班等培训保障任务；完成 10 批次外事班次的培训保障任务；完成 9 期 6416 人的省级机关处级干部年训的保障任务；完成省委学习会、省级机关党的十九届四中全会精神宣讲报告会、江苏高质量发展总结表彰大会、省级机关公务员大讲堂、市场监管局大讲堂等 200 余次校内外重要会议班次的保障工作。全年共计完成 268 班次（会议）13 万余人次的保障任务。

一、狠抓精细化管理，服务保障水平显著提升

保障处把“不忘初心、牢记使

命”主题教育与推进精细化管理服务有机结合，把执行意识与能力培养融入其中，从思想上真正确立精细化理念，切实增强贯彻精细化管理的思想自觉和行动自觉，有针对性地提前制定切实可行的保障方案，精细化服务理念得到加强，精细化服务水平明显提高。

一是落实服务标准，提升学员住宿舒适度。二是推出“管家式”服务，使得学员在校生活有家的感觉，加大推进贴心服务的力度，及时解决学员的需求。三是及时听取学员对伙食的反馈，收集意见建议，调整菜肴品种和口味，力争符合学员低油低盐低糖的需求，切实提高学员自助餐厅的餐饮保障水平。四是规范餐饮管理，提供精细化服务。为了确保食品安全，加强厨房内部管理，培训服务保障处餐饮监管团队与大厦服务团队共同推进厨房管理常教育、常规范、常整理、常维护、常分类、常清洁的“六常”管理法，并专门成立了“六常管理”工作小组，具体负责“六常”的监督管理与日常工作的执行和实施。

在2019年全年主体班的服务保障工作中，意见征询表综合满意率达99%以上。学员们纷纷通过留言条、微信及表扬信等方式对党校的服务表示了充分的肯定和感谢。

二、抓日常监管检查，促团队协调配合持续顺畅

为确保各项服务保障工作扎实有序开展，保障处和两个团队的工作人员自觉遵守各项规章制度，所有人员按照服务保障精细化的标准和流程狠抓落实，对每一个服务环节、每一项具体服务任务，坚持用制度管人管事，牢固树立精细化的服务保障理念，提高监管水平。

一是加强监管人员队伍建设，确保监管能力不断提高。始终把党性教育贯穿于后勤服务保障的全过程，充分发挥励学大厦餐饮部“党员示范岗”、物业管理科“党员示范岗”带动引领作用，开展“四亮”活动，员工的职业道德水平有了明显提高。保障处要求两大服务团队高度重视一线员工的素质建设，加强员工培训，重点以岗位技能、星级酒店服务质量标准为内容，把培训考勤、学习效果列入对员工的评估及工资晋级的依据。通过多渠道组织专业技术人员进行技能培训，积极开展技能大练兵、技能竞赛等活动，提升两大服务团队整体服务水平。

二是注重本职工作研究，确保监管工作落实力度。房务方面，除客房卫生的定期检查外，尤其加强对学员公寓和硕研楼的检查，并认真核实大厦服务团队上报的维修房，提高客房的利用率。餐饮方面，坚持不懈抓好饮食卫生，把好源头关，采购员严格验货程序，发现问题及时退换货。卫生监管员每天坚持到前后场巡查，发现不足及时指出。2019年物价上涨明显，尤其是下半年，部分原料上涨100%以上，大厦管理科和服务团队统一思想，多头并进，齐抓共管，进一步做好成本管控。物业监管方面，物管科定期召开两大团队工程部门工作交流和安全分析会，进一步做好协调、沟通和业务指导工作，分析工作中存在的不足和问题，定期和不定期组织进行设备安全专项巡检，完善各类设备设施的运行、维护、日常维修等管理制度。

三是注重保障工作总结，确保监管质量持续提高。每次重大任务保障和阶段性工作结束后，保障处组织有关人员进行小结，总结亮点，查找不足，积累经验，固化保障标准和保障要求。每周召开例会，听取各科室上周工作完成情况和本周工作计划，点评工作中存在的问题和需要把握的工作重点，提高各科室负责人发现问题、处理问题的能力。严格执行三方办公会制度。定期召开三方办公会，讲评服务情况，对阶段服务工作综合考核评分，对下阶段服务保障工作提出具体要求。

三、抓制度规范落实，促安全工作警钟长鸣

安全工作是做好培训服务保障工作的底线。在严峻的安全形势下，保障处和两大服务团队一起，加大抓安全工作的力度，筑牢安全防线。

一是进一步树立安全意识，时刻绷紧安全这根弦。保障处定期召集两大服务团队进行安全形势分析，排查安全隐患，加大经常性防范安全风险的教育和落实安全工作的力度，牢固树立抓安全工作的意识。

二是常态化开展安全监督检查工作。加强对校园设施的检查巡视力度，及时发现和排除安全隐患，对重点设备、故障率高的设备跟踪检查，责任到人，确保校园电力、锅炉、空调、电梯、楼宇智控系统等重点设备的正常使用和安全管理，及时更换存在隐患的设备。

三是做好饮食安全风险分析及防范。从菜肴品种选定、相关原料索证，再到加工储存，不放松每个环节的安全卫生检查，确保食品安全无事故。

四是坚持预案演练，提升应急

处置能力。进一步落实安全防范措施，加强宣传教育，开展安全技能培训，各对口科室组织两大服务团队根据制定的各类应急预案，经常演练，发现问题及时调整和完善，确保遇到突发情况时能及时正确处置。

【信息化建设及应用】

2019 年信息管理处深入开展“不忘初心、牢记使命”主题教育，聚焦主业、聚力安全，推动党校信息化高质量发展。

一、坚持正确舆论导向，切实发挥思想引领作用

2019 年对党校门户网站进行了优化升级，更加突出党中央精神的“最新置顶”，大力宣传学校重要学术活动、重要工作部署、重要改革创新。充分发挥党校门户网站、微信公众号和校内宣传信息屏的宣传作用，唱响新时代主旋律，激发新时代正能量。

二、坚持教学需求导向，努力创新教学应用系统

一是对多媒体教室实施更新改造，真正实现了教学系统的显示效果显著提升、扩音效果显著提升、视频采集效果显著提升。

二是对报告厅的显示屏实施更新改造。在报告厅新建一套约 33 平方米的主屏和约 7 平方米的双耳屏。对于各类教学活动开展提供了良好的信息化保障。

三是对教学应用系统实施更新改造。对教学应用系统实施结构性更新与优化。在软件应用上对系统代码、功能和业务逻辑进行分析梳理，架构新的应用平台，开发新的教务应用系统，具备新的教学计划、教学排课、教室安排与教学评价等模块，教学教务已经向智能化迈进。同时，对桌面云系统进行重新架构，科学优化虚拟配置，更新系统应用，在云端架设了“主体班学员应用系统”和移动端的“江苏学习秘书”，大大方便了学员使用和班主任的管理，学习结束后产生的数据为干部教育培训大数据分析提供了基础数据。

三、坚持风险意识导向，夯实筑牢网络安全堤坝

一是完善安全体系架构。针对我校的网络拓扑结构，实施安全加固。

二是实施安全等级保护。按照信息安全管理要求，对于涉密系统实现分级保护，对于非涉密系统进行等级保护。2019 年我校被江苏省信息网络安全协会评为“网络安全工作先进单位”。

四、坚持管理工作精细化，扎实落实服务保障工作

全年除保障 40 多个班次的主体班的正常教学活动外，还完成了 9 期省级机关处级干部年训专题轮训班、4 期“新任省管干部任职培训班专题培训班”重大教学保障任务，完成了“不忘初心、牢记使命，庆祝新中国成立 70 周年”文艺汇演等重大活动，以及省委学习会、省党史学会庆祝新中国成立 70 周年学术研讨会等重大会议保障任务。

由我处录制编辑并制作的周延胜老师的“毛泽东延安整风三篇论著及其当代价值”课程获全国党校（行政学院）系统第五届精品课奖。

【安全保卫】

2019 年，保卫处在校委和分管校长的领导下，在全处人员的共同努力下，完成了全年工作任务。校园秩序良好，安全无事故。

一、抓好支部建设，以党建促工作

按照机关党委的要求，认真组织支部党员学习和开展活动。坚持每周二下午政治学习制度，采取集中学习和个人自学相结合的方式，在完成规定学习任务的同时，还结合处室工作开展互动。深入学习习近平新时代中国特色社会主义思想、党的十九届四中全会精神、《党校工作条例》；参加“不忘初心、牢记使命”主题教育活动；和法政教研部结成学习对子，开展学习互动；组织全体党员去六合竹镇党性教育基地接受教育。支部成员参加机关党委组织的各项活动，认真落实活动安排。通过政治理论的学习，全处同志增强“四个意识”、坚定“四个自信”、做到“两个维护”，自觉在思想上政治上行动上同以习近平同志为核心的党中央保持高度一致。

二、解决历史遗留问题，消除安全隐患

在校委的统一领导和部署下，保卫处和相关部门配合，采取强有力措施，彻底清退了校东北片区小平房中的住户；整治了康尼公司人员、车辆随意进出校园的现象；清除了校外人员在校内长期停放的车辆。这三个历史遗留的老大难问题因存在时间长，情况复杂，解决难度非常之大。但在校委的坚强领导和大力支持下，保卫处克服了重重困难，动脑筋想办法，坚决彻底地完成了任务。这些历史遗留问题的解决，净化了校园环境，弘扬了正气，消除了安全隐患。

三、排查整治隐患，落实消防安全

“3·21”响水爆炸事故后，我校组织了三个月的安全隐患排查整治行动。通过召开安全形势分析会，各部门自查自纠、即查即改和我处的巡查检查、督促整改，安全隐患整治行动成效明显。完成了励学大厦、学员公寓消防改造，整治了电动自行车在办公场所充电和乱停放现象，没收违规使用的大功率电器17件。查出的51个隐患点中，通过整治排除或可以管控的隐患有40个，有整治方案且隐患可控的有4个，尚未排除的隐患有7个。下半年，组织开展“119”消防宣传教育周系列活动，通过展板展示、授课、灭火演练，训练了义务消防员和重要岗位员工的火情处置技能，宣传了消防知识，增强了教职工的消防意识，落实了消防安全。

四、抓交通设施建设，确保交通安全

8月组织重划校园交通标线，增添交通标识标志，解决了标线模糊不清、标识标志设置不合理的问题；建设大门智能识别系统，解决了人员、车辆随意进出校门的问题和车子多车位少的矛盾；出台《校园交通安全管理规定》，为加强校园交通安全打好设施和制度基础。为配合大门智能识别系统建设，对所有进出校园的教职工、学员、外聘人员等人员、车辆信息进行重新采集、登记，建设了人员车辆信息管理系统，确保校园大门智能识别系统作用的发挥。加强了校园停车管理，引导教职工车辆停放地下车库，严格管控车辆在校园内乱停乱放，维护了良好的校园环境秩序。

五、抓队伍建设，培养安保精兵

2019 年学校分配了 1 名士官给我处，安保队伍更换了 1 名保安主管，招聘了 3 名退伍军人大学生任保安，调整了 2 名不宜在党校工作的保安人员。保卫处人少事多，在业务上要求大家一专多能，工作上分工不分家。要求管理人员做到“忠诚、担当、奉献、清廉”；凡涉及经费使用、工程招投标的，都严格依程序、依法、依规操作；遵守纪律，不徇私情，坚持原则，按章办事，公私分明，清正廉洁。要求保安队伍“纪律严明，服务良好，不怕吃苦”。下大力气治理安保队伍懒散无为、有纪不依、执纪不严、不思进取的问题。努力培养爱党校、护党校、为党校的保卫队伍。

六、强化管理，做好日常工作

开好每周一的处务工作会和每月一次的安保联席会议。落实好晚上和节假日值班，坚持工作日管理人员定岗值勤，重要活动管理人员全部上阵。做好重要领导来校、重要会议、重大活动、主体班报到、节假日等安全保障。通过工作时间长一点、巡查次数多一点、安全多讲一点，来抓好日常安全管理。确保全年数万名学员、上万辆车次、13 万平方米建筑和设备的安全，确保日常工作有条不紊，安全无差错。

【图书馆】

2019 年，图书馆以“不忘初心、牢记使命”主题教育为抓手，坚持传承夯基础、创新促转型、文化拓空间，着力完善数字图书馆平台，充分拓展图书馆功能，服务干部教育培训事业。

一、传承守正，挖掘馆藏文献价值，夯实馆藏建设之基础

文献资源建设是图书馆的基础，夯实文献资源建设始终是图书馆的工作之重。一是初步实现馆藏文献分级分类管理的目标。对民国文献以及红色文献资源进行了全面梳理和查找，继 2018 年设立古籍文献室后又设立了专门的民国文献室，初步实现了馆藏文献分类珍藏和管理，为下一步推进古籍修复、展示、研究、利用工作以及民国文献的专项研究，形成我馆的特殊馆藏成果做好了基础性工作。二是实质性推进了特色数据库建设。我馆专题数据库“党的建设理论与实践研究暨江苏红色文化资源数据库”项目进入数据加工阶段，共完成57 000余条数据的加工，特色数据库建设有了实质性的推进。

二、创新服务，加速服务转型，拓展读者服务之功能

为确保高质量服务，适应新时代党校干部教育培训的需要，不断丰富服务内容，创新服务方式。一是重需求，资源建设优结构。根据师生阅读方式的较大变化，大幅度提高电子文献资源在资源建设中的占比，电子文献资源占比从2017年的45.38%提升到2019年的54.86%，实现了较大幅度的增长和改变。常态化开展“读者荐购”、“先用后藏”、读者参与购书等活动，提高了图书资源的效用价值。二是重推广，移动馆藏强普及。阅读移动化的实现，真正从传统的“书本位”转向了“人本位”。2019年，我馆移动图书馆总访问量达516万次，中国知网数据库使用总次数更是突破千万。三是重共享，交流方式求共振。与常州市委党校、盐城市委党校、淮安市委党校等图书馆积极开展专题数据库建设的馆际交流。下半年借助组织召开全省党校系统图书馆协作会议暨江苏省党校文献情报学会第七届会员代表大会，顺利完成了学会换届，开展了工作交流和研讨。四是重精细，质量管理抓规范。积极落实校委关于精细化管理的要求，借助校内控机构设立的契机，下半年着手规范馆内各项工作，完善了文献资源采购中的评估流程及合同签订的规范、安全管理方面的专人专责等制度，完善了图书馆绩效评估，等等。

三、聚焦主业，注重文化交流，不负文化阵地之使命

聚焦党校主课主业，拓展文化服务空间，不负文化阵地之使命。一是以特别形式聚焦党校主课主业。依托“小文工作室”，以绘画的表现形式记录江苏红色资源，以巡回展的方式扩大党校文化教育的影响力。3月组织了“‘一带一路’视域下藏彝走廊绘画纪实”展览，9月组织了“不忘初心、牢记使命——江苏红色资源绘画汇报巡回展”，10—11月分别赴盐城市委党校、南京市委党校及东南大学、南京医科大学等高等院校巡回展览，观展超过7000人次。二是注重文化交流的价值。通过主动承办、联合举办以及积极协办的方式，继续引进较高层次书画作品进校园，为校园文化建设添姿增彩。4月与黄埔书画研究院共同举办了“纪念4·23世界读书日&南京解放日图片展”；9月协助由省党史学会、省委党史工办、省委党校联合举办的“庆祝中华人民共和国成立70周年书画摄影展”在我校的举办；11月与江苏省委党史工办联合举办“近现代中华文化名人造像系列——文化之光·邢小方油画展”。此外，经校院领导批准，由丁小文副馆长收集整理全部史料的“康藏轺征——国民政府代表刘曼卿史料特展”，由中国藏学研究中心、中国西藏文化发展基金会主办，西藏文化博物馆承办，江苏省委党校协办，在北京开展。三是注重文化教育的凝聚力量。积极与信息管理处、教材中心联合组团参加校“不忘初心、牢记使命，庆祝新中国成立70周年”文艺汇演，通过排练、彩排和演出等环节的通力合作，增强了三个部门的团结协作，也增强了部门内部的凝聚力。

2019年书画展名录

日期	展览名称	主展人
3月7日	“一带一路”视域下藏彝走廊绘画纪实	丁小文
4月23日	纪念4·23世界读书日&南京解放日图片展	图书馆
6月11日	大美中国　冠世运河	李晓东、蒋柏林
9月9日	不忘初心、牢记使命——江苏红色资源绘画汇报巡回展	丁小文
10月10日	红旗漫卷百花开——李绍斌金色重阳书画展	李绍斌
11月19日	近现代中华文化名人造像系列——文化之光·邢小方油画展	邢小方

2019年数字图书馆访问量统计

移动图书馆App总用户数：3 715；访问量：5 165 745

图书馆网站总访问量：73 356；主要数据库访问量如下：

数据库名称	访问形式	访问量
CNKI中国知识资源总库	浏览	183 638
	下载	196 647
人民数据库	全文浏览	371 180
读秀知识库	系统访问	267 689
中宏领导决策数据库	浏览	69 314
	下载	5 225
百链云图书馆	系统访问	133 896
万方数据知识服务平台	浏览	34 400
	下载	18 704
中国共产党思想理论资源数据库	登录	23 632
龙源电子期刊阅览室	浏览	96 451
人大复印报刊资料数据库	浏览	44 433
	下载	19 839
EBSCO－Host综合学科全文数据库	检索	7 818
	下载	807
Springer Link期刊论文数据库	浏览下载	226
国务院发展研究中心信息网	点击	3 006

2019年纸质书刊统计数据

馆藏地	种	册
图书总库	212 342	400 578
省情书库	3 814	4 118
工具书库	7 423	7 504
教员书库	882	1 198
外文书库	1 643	1 833

续 表

馆藏地	种	册
期刊总库	2 840	57 806
港台书库	74	79
古籍书库	853	938
学员宿舍	599	1 927

【教材工作】

2019年，教材中心紧紧围绕我校的工作大局，以教材保障、图书销售为工作主线，在校委的正确领导下，在全校各部门的密切配合和大力支持下，在教材中心全体同志的共同努力下，较好地完成了全年的工作任务。

一、工作完成情况

（一）全年经营情况分析

截至2019年11月底，教材中心完成商品销售收入192万元，实现商品销售利润58万元。其中主体班收入103万元，继教院班收入12万元，研究生班收入33万元，图书批零收入37万元，两院等销售收入7万元。

（二）完成各类班次的教材保障工作

一是完成4批26个主体班、4期新任省管班、4期人大班、9期哲社班，共计3393人次的教材采购和配送工作。二是完成二期研究生班100余种12000余册的教材采购工作，按照研究生处教学计划安排，按时分发到位。三是完成继教院、管干院102个班次7000余名学员的教材征订及学习用品的配送工作。四是完成学员处组织的学员读书、品书活动的图书征订和配送工作。

（三）做好图书零售工作

书店上半年从中央党校、国家行政学院、凤凰国际书城等采集图书5923种21746册，销售图书8413册。在“4·23世界读书日”来临之际，举办了“新时代 新悦读——庆祝中华人民共和国成立70周年”专题书展活动。

（四）做好新书店改造工作

2019 年 6 月，经校领导研究决定，将会议中心一层的“江苏时代先锋展馆”交付教材中心，作为书店使用。暑假期间，教材中心积极做好书店的装修、物品采购、搬迁及新书采集等工作，确保了秋季学期新书店投入使用。

二、主要成效和特点

（一）努力工作、规范经营

能够按照需求方的要求做好教材、图书征订工作，为全校各类班次、教职工、学员的教材、图书保障工作做出了努力。一是认真做好图书清退和采集工作，确保图书的针对性、可读性和新颖性。二是做好同供需方的协调、沟通，交接清楚，避免工作中出现死角和疏忽。三是费用结算及时准确，不拖付不欠收，杜绝坏账死账的出现。四是规范经营。教材中心是个经营实体，与外单位和校内相关部门有不少经营往来。在日常经营过程中，严格遵守相关法律法规，严格遵守中央八项规定和省委十项规定，严格遵守学校的账务纪律，严格执行校领导的指示精神，规范经营、守法经营、严控成本、严格把关。

（二）营造环境、提升服务

以书店升级改造为契机，在积极做好新书店装修、物品采购、搬迁的同时，努力在提升内涵上下功夫。在图书采集方面，继续保持与中共中央党校出版社、国家行政学院出版社、凤凰国际书城等供货商的密切联系，多次到图书展销会现场采集新书，充分利用好网购平台，广泛收集新书信息，多渠道确保图书采集的针对性、及时性、新颖性。努力营造良好的购书环境，规范营业员的行为举止，为读者提供良好的购书平台。为丰富校园文化，认真做好“4·23 世界读书日”专题书展活动，积极配合学员处做好“励学读书会”“励学品书会”活动。

【省级机关管理干部学院（国培中心）】

2019 年，管干院在党校校委的领导下，认真贯彻落实校委指示精神，坚持以深入学习习近平新时代中国特色社会主义思想及党的十九大、十九届四中全会精神为指导，以巩固“不忘初心、牢记使命”主题教育成果为抓手，以围绕抓稳定、促发展这条主线，勤奋开拓、踏实工作，在事业的各个方面取得了一定的成绩，初步实现了校委的要求和发展的目标。

一、强化学习，凝聚人心，增强工作责任心和使命感

2019年学院党委十分注重教工政治学习和思想教育工作，除了严格按照机关党委统一部署，组织教工积极参加校院组织的各类政治学习和活动外，充分利用每周二下午学习时间，安排各支部认真组织教工学习和领会习近平新时代中国特色社会主义思想及党的十九大、十九届四中全会精神。全年在院领导带领下学习热情高涨，全院大多数党员“学习强国”成绩稳居全党校前50名。同时以巩固“不忘初心、牢记使命”主题教育活动成果为抓手，通过组织全院党员职工去浦口区汤泉街道开展特色党日活动，不断提升职工的政治理论水平和党员修养。针对学院事业转型发展期间出现的少数教工思想不稳定的现象，党委通过及时开展政治学习和党员谈心交流活动，进一步统一思想、凝聚人心，增强教工的工作责任心和使命感。

二、精心组织，务实工作，努力实现对外培训高质量

2019年，对外培训中心共组织承办了以辽宁省委党校异地教学班、高校党政干部进修班、江苏电信公司主题教育研修班等为主的18个各类干部培训班，培训学员1169人，在取得良好社会效益的同时创造了120万元的经济效益，努力向高质量培训目标又迈出了可喜的一步。一是现场教学基地教学质量不断提升，教学吸引力不断增强。坚持从严从实，进一步拓展突出江苏特色、江苏精神的现场教学基地。在各地市委市政府和市委党校的支持下，精选经济强、百姓富、环境美、社会文明程度高的产业园、规划馆、试验区、居民社区等教学点，促进干部交流，使学员在知识上“充电”、能力上“加油”。二是精准把握培训需求，做好教学策划，在党的基本理论教育、党性教育、专业化能力培训、知识培训等方面逐步形成有理论、有实效的培训内容体系。三是进行师资队伍建设，加大名师培养吸收力度。四是创新教学模式，融合课堂教学、现场教学、体验教学，进行立体化、多层次、多维度的学习实践，力求学以致用、知行合一。

三、周密安排，热忱服务，不断打造人事考试好品牌

随着学院学历教育的逐渐淡出，我院人事考试工作将成为主业之一。受省考试中心委托，2019 年我院承担国家级、省级人事考试考务工作 16 项，共组织纸质考试 12 项 1633 场次 48031 科次，机考 4 项 75 场次 3283 科次。其中纸质考试有 2019 年度咨询工程师（投资）职业资格考试 224 场次 6684 科次，上半年翻译专业资格（水平）考试 470 场次 13966 科次，助理社会工作师、社会工作师职业水平考试 24 场次 660 科次，文物保护工程专业人员资格考试 699 场次 20729 科次，出版专业职业资格考试 74 场次 2154 科次，注册设备监理师执业资格考试 20 场次 530 科次，社会工作师职业水平考试 9 场次 243 科次，注册城乡规划师职业资格考试 18 场次 461 科次，注册安全工程师考试 63 场次 1737 科次，注册测绘师资格考试 18 场次 470 科次，全国审计考试 10 场次 296 科次，全国统计考试 4 场次 101 科次。培训处坚持做好相关人事考试报名、发证、收费等一站式服务工作，热忱为考生提供力所能及的服务和帮助，受到广泛好评。另外，我院组织人员积极参加并圆满完成了中央国家机关、江苏省考试录用公务员笔试和 2019 年省属事业单位公开招聘工作人员笔试巡考工作，承办组织 2019 年江苏省民政厅直属事业单位公开招聘人员笔试考试。

四、强化服务，规范管理，认真做好学历教育后续工作

根据校领导提出的要善始善终做好我院学历教育毕业生后续工作的要求，教务处一直努力做好毕业学生的人性化服务工作，对毕业证遗失、当兵政审的学生等，我院认真进行学籍查验、审核工作，开具学历证明，写好政审评语；切实做好日常的学籍管理、咨询、服务工作，努力做好成人学历教育收尾后工作。

五、科学谋划，注重实效，继续提高行政后勤保障力

学院行政后勤工作事多繁杂，一些历史遗留问题更显棘手，但院领导和相关处室人员不畏艰难，科学谋划，勤奋工作，积极为学院事业发展创造良好的氛围和条件。省委巡视组在省委党校政治巡视期间，我院按时准确上报材料、组织人员谈话，认真及时地做好配合工作。

根据事业发展要求，时刻树立“勤俭办学”理念，经费开支严格把关，“三公经费”从严控制，检查维修细致到位，杜绝“滴、漏、跑、冒”等浪费现象的发生。

六、加强管理，规范办学，国培中心工作稳步推进

网络教育管理工作的优劣关系党校的声誉，因此国培中心严格网络教育过程细节管理，做到每项工作有条不紊，保证教学质量。国培中心2019年招收四川农业大学远程网络教育学员243名。对现代远程网络教育工作，把好入学和考试环节，使每名学员树立正确的学习观念，养成良好的学习习惯。

【青年管理干部学院】

2019年青干院坚持以习近平新时代中国特色社会主义思想为指导，全面推进学院各项建设，以改革创新的精神继续推进向干部培训方面的转型发展，认真做好普高和成高的收尾工作。

一、党建工作

一是深入开展习近平新时代中国特色社会主义思想和党的十九届四中全会精神学习。教育党员牢固树立“四个意识”，坚定“四个自信”，做到“两个维护”。针对教育培训工作特点，坚持党校姓党，牢牢守住意识形态主阵地。以“不忘初心、牢记使命”主题教育为抓手，深入开展党内学习教育，严格落实主题教育实施方案，院党委安排了三次党委中心组集体学习交流会，两次与党校哲学教研部党支部开展“联合支部共建共学”活动。开展党委成员谈心活动，督促班主任把好课堂意识形态关，确保培训不出政治性问题。

二是抓好支部监督管理工作。党支部日常学习制度化，党员管理规范化。把从严治党要求贯穿到党员教育、管理和监督的各个环节。针对学院近年来失联的学生党员进行及时跟进，确认其党籍关系，做到一个不落下，切实发挥党委政治功能，注重政治引领，严明组织纪律。认真落实“三会一课”、民主生活会和组织生活会、谈心谈话和请示报告等组织生活制度。

三是加强廉政建设。把党风廉政建设和反腐败工作与培训、教学等工作同部署、同推进、同考核。全年，院党委会专题研究部署党风廉政建设和反腐败工作两次，落实“一岗双责”。党委副书记作为第一责任人，形成一级抓一级、层层抓落实的责任链条，确保管党治党政治责任全覆盖、无盲区。严格落实廉政建设管理，学院全面清理固定资产，登记造册；整改办公用房超面积问题，做到不留死角；完成食堂账户并入翠园后勤服务中心账户前的审计工作；等等。

二、外培工作

学院党委创新思维，从讲政治的高度，全力推进培训体系建设攻坚计划，坚持与时俱进，用全新的标准谋划和推动学院的教育培训工作。整合培训资源，完善办学条件，确保平稳发展，推进水平提升。与全国各省市兄弟党校、干部学院加强联系，实现现场教学资源共享、培训对象相互融合。全年共举办各类专题培训班 19 期，包括 7 期党性教育班、6 期国企中层干部及党支部书记培训班、2 期招商引资项目建设研修提升班、1 期习近平思想理论研修班、2 期处级干部理论学习班、1 期科级干部提升班，全年累计培训 1 065 人次。

三、成高工作

顺利完成年度教学考务工作及招生计划，严抓教学管理和质量，对全省 6 个成高合作教学点进行实地检查，对存在的问题限时整改，规范新生入学注册、课程统考、成绩登记、毕业生电子注册等工作。目前在籍学生数 2539 名，其中 2018 级 1646 名，2019 级 893 名。2019 年春夏两季共毕业学生 922 名，其中春季毕业 548 名，夏季毕业 374 名，毕业率达到 88.18%。2019 年全年共组织 2 次成高统考，其中 6 月份参加考试 1495 人次，通过率达 76.05%，12 月参加考试 1088 人次。

四、综合管理

一是严抓队伍建设，提升内在动力。学院党委建立了“培训者之培训”工作计划，提高教职工队伍的思想素质和班主任接班带班能力。积极组织外培班主任成立说课小组，积极开展集体备课，在备课中积极探索案例式、研讨式、现场式等教学方法。坚持每周一备课、每周五“说课”制度，全年共开展 26 次试讲、10 次集体备课、1 次院领导评教、1 次院领导现场评讲，说课小组成员已能独立完成南京的 6 个教学点的现场教学工作。

二是优化服务流程，规范管理秩序。2019 年，学院小账并入大账，实现了萃园后勤服务中心的平稳接管；加强厨房工作管理，重视食品卫生，提高餐饮质量，为培训班学员和教职工提供可口佳肴；认真协助落实市政天然气管网等基础设施校园内部改造项目的施工管理；完善教学楼电梯运行使用的后续维护管理；积极配合市政部门做好校园内楼房外立面出新工程等，进一步改善办学条件。

三是做好宣传报道，提升校园品位。2019 年全年学院网站刊登新闻稿 18 篇、简讯 7 条、新闻图片 56 张，在党校网站发布新闻稿 25 篇。优化校园整体布局，提升校园环境文化品位，体现智慧、绿色、书香、平安的校园特色。

【中共江苏省委党校昆山分校、江苏省行政学院昆山分院】

2019 年，聚焦政治过硬，突出政治训练，将习近平新时代中国特色社会主义思想作为培训的核心内容和首要任务，把提高政治觉悟、政治能力贯穿办学全过程，把对党忠诚作为根本，坚持抓好马克思列宁主义、毛泽东思想和中国特色社会主义理论体系教育，强化理想信念教育。通过优化市委中心组专题学习会暨领导干部“菜单式”选学安排，举办“一把手”新时代新担当新作为专题培训班、新提拔干部政治能力和履职能力提升专题培训班、新党员标准化培训班等，旗帜鲜明讲马克思主义、中国特色社会主义、共产主义，旗帜鲜明讲党章党规、党的优良传统，引导党员干部不断坚定“四个自信”，增强“四个意识”，做到“两个维护”。

一、干部培训

围绕昆山高质量发展，举办了昆山市规划建设班、全市应急管理系统安全生产能力提升培训班、青年干部乡村振兴培训班等 80 多期培训班，累计培训 1.5 万人次。擦亮中组部全国党员教育培训示范基地、中国浦东干部学院昆山分院、省委党校昆山分校等“金字招牌”，承办中组部培训示范班1期，148人次；承接省委党校各类专题培训班24期，1396人次；承接中浦院主体班次18期，836人次。加强与中联部、商务部等国家部委合作，积极开展涉外及对口支援培训工作，举办突尼斯中国发展经验研讨班，贵州铜仁、新疆阿图什等地合作培训班。延伸教学资源，承办外省市各类培训班110期，6385人次，办学影响力不断扩大，努力打造全国干部教育培训“大课堂”。

二、科研咨政

依托中国浦东干部学院品牌优势，成功举办“中浦·长三角一体化发展论坛”，国家发改委、经济日报社、长三角区域合作办公室以及苏浙沪皖等省市有关领导、专家云集昆山，为昆山对接融入长三角一体化发展把脉问诊、建言献策。参加中央党校举办的实学思想家故里行活动启动仪式，配合宣传部举办“走进顾炎武故乡——江苏昆山”活动，不断挖掘弘扬顾炎武思想的时代价值，为昆山发展提供更丰富的精神滋养。紧扣市委市政府重大决策部署和群众关注的热点难点问题进行研究，《勇于在没有人走的地方闯出新路》《昆山改革发展经验的启示》等成果分别发表于《新华日报》和《群众》，《创新社区治理模式的昆山实践——以淀山湖镇淀湖社区为例》被省人民政府研究室《调查研究报告》采纳并印发，一批科研成果荣获省市优秀决策咨询奖项。

三、改革创新

加强与组织部、宣传部、人社局等干部教育培训相关部门的沟通协作，通盘考虑、统筹规划全年培训班次，增强培训计划性和工作前瞻性。制定可操作、规范化培训流程导图，优化培训体系，提升培训精细化、精准化水平，使班次设置更科学、课程安排更合理、目标管理更有效。推动合作办学，构建更加开放的培训体系，抢抓“一带一路”、长三角一体化等国家战略机遇，加强与北京师范大学、长三角地区党校和干部学院合作，为全市干部教育培训聚合更多优质资源。加大“新时代‘昆山之路’新征程研究”“顾炎武思想对新时代增强党员干部修养的启示”等课程应用力度，培育有昆山特色的精品课程；围绕新时代昆山最新实践成果，深度挖掘现场教学资源，持续建设新的现场教学点；创新教学方式，加大研讨式、案例式、情景模拟式等教学方式的应用，着力增强干部教育培训实效。

四、教学保障

通过公务员、事业单位招考引进紧缺师资 2 名，充实党校教师队伍；实施“人才强校”战略，纵深推进“四个一”工程，加强各岗位业务轮训，打造政治强、业务精、作风好的高素质党校队伍。开展“内强素质、外树形象”系列活动，教育引导教师明大德、守公德、严私德。树立正确选人用人导向，真正把政治上靠得住、工作上有本事、作风上过得硬、群众信得过的干部选拔推荐出来。2019 年有 1 名同志提拔为副科级干部，4 名年轻同志被充实到中层管理岗位历练，强化了干部梯队建设。市重点工程项目文体大楼建设有条不紊推进，校园道路、绿化改造与文化提升工程圆满完成，校园环境面貌焕然一新。完善智慧党校平台，提升信息化水平，促推办学便捷高效。严格落实安全生产“一岗双责”要求，绷紧安全生产之弦，提高安全生产工作的主动性。

机关党建

【概述】

2019年，省委党校机关党建工作在省级机关工委和校委的正确领导下，在全校各党支部和党员干部的支持配合下进行。认真学习贯彻习近平新时代中国特色社会主义思想、党的十九大及十九届四中全会精神，贯彻落实习近平总书记在中央和国家机关党的建设工作会议上重要讲话精神，按照校委关于“聚焦主业主课、聚力改革创新，推动高质量办学走在前列”的要求，协助开展“不忘初心、牢记使命”主题教育，举办庆祝新中国成立70周年活动，迎接配合省委巡视组政治巡视，全面加强我校机关党的政治、思想、组织、作风、制度等建设，推动我校机关党建工作整体进步、提质增效，在围绕党校中心工作、服务党校工作大局上付出新努力、做出新成绩。一是聚焦学习新思想新精神，把学思践悟工作落细落实。二是聚焦践行初心使命，把主题教育工作落细落实。三是聚焦庆贺国庆主题，把举办文艺汇演工作落细落实。四是聚焦提升组织力战斗力，把强基固本工作落细落实。五是聚焦打造战斗堡垒，把加强党支部规范化建设“三项机制”落细落实。六是聚焦问题导向，把配合省委政治巡视与抓好上轮巡视反馈意见整改的工作落细落实。

【机关党的建设工作】

一、聚焦学习新思想新精神，把学思践悟工作落细落实

按照省委和校委的部署要求，把学习贯彻习近平新时代中国特色社会主义思想和党的十九届四中全会精神作为党员教职工理论武装的聚焦点、机关党建工作的头等事。在学习贯彻工作上，主要是抓好“三个深度融合”，即与服务校委中心组学习深度融合，与抓好支部学习深度融合，与抓好“学习强国”平台学习深度融合，全方位多形式常态化开展学习，促进党员教职工学思践悟新思想新精神、学懂弄通做实新思想新精神。一是履行学习秘书职责，搞好学习保障。校委中心组围绕“不忘初心、牢记使命”主题教育、党的十九届四中全会精神、《中国共产党纪律处分条例》、《中共中央关于加强党的政治建设的意见》、意识形态工作责任制等专题召开学习会19次，机关党委认真履行校委中心组学习秘书职责，做到年度有计划、月度有安排，会前有方案、会中有记录、会后有报道。按照省学习型党组织建设工作协调小组办公室通知要求，起草报送我校学习型党组织建设2018年度工作总结、2019年度工作计划。按照我校关于开展政治生态评估的通知要求，起草并报送自查材料。二是坚持学习制度，常态化开展学习。坚持每月统筹安排支部学习工作机制，坚持每周二下午支部学习制度，围绕中央最新精神、省委最新要求、校委最新意见，聚焦学习贯彻新思想和全会精神，布置学习专题，更新学习内容，推动支部理论学习常态化制度化。三是借助学习平台，推动全员学习。大力推广使用“学习强国”学习平台，推动在职党支部下载安装全覆盖、在职党员学习使用全覆盖。以学习贯彻新思想和全会精神为重中之重，在职党员全员学习、天天学习的浓厚氛围初步形成。党外人士、离退休老干部“学习强国”学习管理群也在依规有序创建、按需分步推行。同时，根据省委省级机关工委通知精神，组织党员干部、党外知识分子参加省级机关工委举办的报告会、文艺演出、培训班，组织各党支部开展微信工作群集中清理规范工作，加强管理监督，依纪依规办群，确保微信工作群健康有序运行。在全校党员中开展“第二届百万党员学宪法学党章考法律活动”。向省级机关工委填报2019年省级机关作风建设满意度评议服务对象数据库。

二、聚焦践行初心使命，把主题教育工作落细落实

作为校主题教育领导小组重要成员单位，按照工作部署、职责分工，协助校委抓好“不忘初心、牢记使命”主题教育相关工作事项落实。一是抓实学习教育。拟定校委领导班子“七个一”工作方案、校委中心组学习教育计划等，为在职党员配发《习近平新时代中国特色社会主义思想学习纲要》，为处级以上干部配发《习近平关于“不忘初心、牢记使命”论述摘编》等学习材料。在校园网发布通知，要求各支部制定每周学习计划，采取党员个人自学、支委领读领学、结对支部研学、党员“以讲促学”等形式，抓好校院《实施方案》规定的学习内容的落实。二是抓实党性活动。充分发挥我校党性教育主题教室功能，在全校党员中开展“四重四亮”活动，分六批次组织各党支部党员干部到校党性教育主题教室，重读入党志愿、重温入党誓词、重忆入党经历、重问入党初心，党员亮身份、服务亮承诺、工作亮标准、担当亮作为，争当新时代奋斗者。组织全体党员干部赴雨花台革命烈士陵园开展“缅怀革命先烈、重温入党誓词”主题教育。三是抓实宣讲组织。根据学校安排，确定宣讲团队，设计宣讲专题，分开展“不忘初心、牢记使命”主题教育的重大意义、总要求、根本任务、目标任务等5个专题，组织校主题教育宣讲组成员试讲，扎实做好全省面上宣讲工作。四是抓实调查研究、问题整改。先后两次随同校领导深入市县党校听意见、查实情，广泛征求意见建议，普遍开展谈心谈话，实事求是检视自身差距，努力把问题找实、把根源找深，对查摆出的机关党建问题与不足，机关党委一项一项进行研究，一条一条制定整改措施，一阶段一阶段深入推进，问题整改工作取得了初步成效。

三、聚焦庆贺国庆主题，把举办文艺汇演工作落细落实

在校委领导下，聚焦庆祝新中国成立70周年这个主题，牵头组织、参与组织庆祝新中国成立70周年文艺汇演等庆祝活动。一是在7月3日牵头组织“不忘初心、牢记使命，庆祝新中国成立70周年”文艺汇演。拟定工作方案，细化日程安排，把握时间节点，倒排工作计划，及时召开协调会，审定参演节目单，对参演节目进行预审，组织不带妆、带妆彩排，落细文艺汇演工作清单。本次文艺汇演，共有26个参演部门、32个歌舞器乐类节目参加演出，分“初心”“爱国”“筑梦”三个篇章，以音乐、舞蹈、诗歌等多种形式呈现，参演节目精彩，现场气氛热烈，展现了我校教职工团结向上的精神风貌，起到了凝聚人心、鼓舞斗志的良好效果。二是在9月29日参与组织“我和我的祖国——庆祝中华人民共和国成立70周年”文艺演出。组织校合唱队排练、彩排，参与做好协调保障，为文艺演出取得成功增光添彩。三是组织处级以上干部、主体班次学员等近500人，参观“礼赞新中国 奋进新时代——江苏省庆祝中华人民共和国成立70周年成就展”，把热情讴歌党、礼赞新中国的氛围搞得浓浓的。

四、聚焦提升组织力战斗力，把强基固本工作落细落实

围绕机关党组织职能定位，以提升组织力为重点，着力夯实党组织建设基础，提升党组织战斗力。一是组织党务干部专题培训。11月下旬组织机关党委委员、机关纪委委员、各党支部书记和部分支委，赴上海、嘉兴、昆山开展“不忘初心、牢记使命，做好新时代党务工作”专题教育培训，加强党性教育，提升党务能力，收到了良好教育效果，达到了预期培训目的。加强党支部信息员队伍建设，推动党支部信息使用机关党建信息化工作平台，加载工作台账，不断提升机关党建工作科学化规范化信息化水平。二是积极审慎发展党员。加强入党积极分子培养培训，安排党员发展对象参加培训，严把党员入口关，按照“成熟一个，发展一个”的原则，2019年发展新党员8名。三是严肃党内政治生活。认真组织开展支部组织生活会和民主评议党员工作，积极开展谈心谈话、批评与自我批评。安排机关党委委员、机关纪委委员分别到相关党支部督查指导。四是组织述职考评。组织党支部书记述职，召开《中国共产党支部工作条例（试行）》学习汇报会，推动党支部熟悉掌握支部工作条例，进一步提高党支部工作效能。五是选优配强党务干部。2019年机关党委充实1名工作人员，党务干部队伍不断壮大。根据我校处室人员变动情况，对部分党支部及时进行改选调整。六是开展校地党组织共建。继续与宁海路街道康藏路社区、三步两桥社区党组织共建，慰问帮扶困难党员群众，安排教师送党课进社区，开展党员到社区服务活动。机关党委被宁海路街道评为2019年优秀结对共建单位党组织。

五、聚焦打造战斗堡垒，把加强党支部规范化建设“三项机制”落细落实

2018年，机关党委围绕加强党支部规范化建设，积极探索创新，制定出台了支部结对共建机制、党员干部“以讲促学”机制、支部工作经常性督查指导机制等“三项机制”。2019年，机关党委要求各党支部结合自身实际积极开展结对共建活动，同时也加强了对“三项机制”执行情况的督促检查，在推动党组织建设全面进步、全面过硬上取得新进展。一是结对开展活动。各结对共建党支部围绕重大学习主题、重要节庆，联合组织开展主题党日活动。在庆祝新中国成立70周年文艺汇演中，各结对共建支部协力合作，共同申报、排练、演出节目，促进了支部之间、党员之间的互动交流，增强了推动高质量办学的凝聚力和向心力。二是结对研学互学。在主题教育中围绕学习《习近平新时代中国特色社会主义思想学习纲要》，十九届四中全会后围绕学习全会精神和《中共中央关于坚持和完善中国特色社会主义制度 推进国家治理体系和治理能力现代化若干重大问题的决定》，各在职党支部之间普遍开展结对研学互学活动，通过共学共建共享，互动共进、双向受益、共同提高。三是以讲促学助学。充分发挥教研部门理论优势、教师理论研究特长，提高支部学习的组织化程度，通过上专题党课、“微党课”、辅导授课、研讨交流等方式，不断深化拓展学习效果，促进党员、干部真学真懂真信真用。四是加强督学督导。切实执行机关党委委员联系党支部机制，党支部每次组织生活会，机关党委委员、机关纪委委员都会到相关党支部加强联系指导。同时安排机关党委委员分别带队到支部检查学习台账、工作台账，督促党支部健全台账资料、执行“三会一课”制度。

为进一步加强我校党支部标准化规范化建设，充分发挥党支部战斗堡垒作用，机关党委初步制订了省委党校加强党支部标准化规范化建设的意见、省委党校党支部工作量化考核评价办法，坚持定性考核与定量考核、平时考核与年度考核相结合，使党支部工作抓有标准、干有导向、评有机制。

六、聚焦问题导向，把配合省委政治巡视与抓好上轮巡视反馈意见整改的工作落细落实

强化目标导向、问题导向、实践导向，以高度的政治责任感，全力以赴配合省委第七巡视组对我校开展的政治巡视，抓好上轮巡视反馈意见整改。一是全力以赴配合省委政治巡视。按照省委巡视组要求，整理报送2016年以来校委中心组学习台账资料、机关党委总结要点、制度文件材料，通知各支部整理并提供2016年以来支部学习、支部活动、“三会一课”等台账资料。起草并上报2016年以来校委开展党建工作情况汇报材料。配合巡视工作安排，落实巡视谈话、巡视走访、巡视调研等工作，确保巡视工作圆满完成。二是扎实抓好上轮巡视反馈意见整改。对照《关于省级机关党建工作巡视反馈意见整改工作方案》，逐条梳理存在的问题，列出问题清单，提出整改措施。特别是针对支部学习形式单一、针对性不强，支部工作开展不平衡等问题，发挥党校特色优势，建立健全机制制度，推出加强党支部建设的“三项机制”。切实抓好整改，对已经完成的整改任务，适时组织“回头看”，巩固整改成果；对还没有完全彻底解决的问题，加强督促检查，确保按时整改到位；对需要较长时间整改的事项，坚持一抓到底，务求取得实效。

【机关党委委员会名单】

书　记：陈开颜

副书记：孙云峰

委　员：周文筠　程晓澎　布成良　张加华　孙文华　朱学兵　吴　飚

【纪检监察工作】

坚持党校姓党，严肃党内政治生活。严守党的政治纪律和政治规矩，坚决维护以习近平同志为核心的党中央权威和集中统一领导，严明课堂及外出讲课纪律，深入推进“用学术讲政治”教学改革“一号工程”，切实做到学术研究无禁区、讲坛论坛有纪律、公开言论守规矩。严格执行《关于新形势下党内政治生活的若干准则》，认真落实校委民主生活会、支部组织生活会和民主评议党员制度，积极开展谈心谈话、批评与自我批评。严格执行校委、校委主要负责人落实党风廉政建设双报告、述责述廉和廉政谈话等制度。

做好校委民主生活会各项工作。机关纪委承担2018年度校委民主生活会和“不忘初心、牢记使命”主题教育校委专题民主生活会组织协调工作，制定方案，协调安排领导班子成员谈心谈话，组织召开教职工座谈会，网上征求意见并收集汇总；会前向上级有关部门报送召开会议请示件，收集编印班子及成员对照检查材料，进行会务筹备；会后向上级部门报告会议召开情况，并向处级以上干部进行通报。

广泛开展党风廉政教育。落实召开警示教育大会制度、3月份党风廉政宣传教育制度、每周二支部集中学习制度，学党章党规党纪，学习习近平新时代中国特色社会主义思想、《中共中央关于加强党的政治建设的意见》，学习十九届中央纪委三次全会及省纪委十三届四次全会精神，认真贯彻中央和省委关于党风廉政建设一系列重要指示。先后邀请省纪委副书记、省监委副主任黄继鹏，省委省级机关纪监工委书记王爱平作廉政报告。组织全校教职工观看警示教育片《必须坚守共产党人“赶考”初心》等，为全校党员印发《孤岛32年》《学习亚夫精神》等党性教育片二维码。落实元旦、春节、劳动节、国庆节等重要节日关口廉洁短信提醒和廉政风险重点部门主要负责人电话友情提示，编印4期《党员干部违法违纪典型案例》，运用校园网、校园微信公众号、手机短信等平台载体，及时转发中央纪委监委和省纪委监委的要论要言、通知通报、典型案例。

践行“两个责任”，强化责任担当。校委班子把落实党风廉政建设主体责任作为重大政治任务，切实担负起统一领导、直接主抓、全面落实之责任。校委定期研究党风廉政建设，重要情况随时听取汇报。常务副校长与班子成员、班子成员与分管部门主要负责人年初签订《党风廉政建设责任状》，印发《责任分解表》，压紧压实党风廉政建设主体责任。2019年上传校委班子和班子成员个人履行全面从严治党“两个责任”情况172条至“履责记实信息平台”。在2018年印发校院《廉政风险防范手册》的基础上，进一步梳理排查校院和处室可能存在的风险点，强化风险防范。加强对干部任用、招生招聘、重大项目工程招标、重要事项决策、研究生和主体班学员入学和毕业考试等事项的监督，对来电、来函、来人查询党校学历进行查核并回复137件。

落实“三从严”要求，严格执纪问责。深入开展形式主义、官僚主义集中整治。校领导带头转变作风，改进文风会风，把开展集中整治活动作为“不忘初心、牢记使命”主题教育的重要任务。认真落实中央“八项规定”和《实施细则》精神。印发《关于进一步纠正“四风”、加强作风建设的实施办法》。坚持抓早抓小、防微杜渐，充分运用监督执纪“四种形态”，依纪、依规、严格、及时处理来信、来访。2019年，查处信访件15件，其中了结13件，给予党纪处分1人，政务处分1人，诫勉谈话2人，不予承认党员身份1人。

做好十三届省委第七巡视组巡视我校的配合协调工作。2019年9月24日至11月15日，省委第七巡视组对我校进行政治巡视，校委以高度的政治责任感，全力以赴做好巡视的配合协调。工作中自觉落实巡视工作要求，配合巡视工作安排，切实做好配合协调、后勤保障等工作，严守工作纪律，加强请示汇报，自觉接受监督，畅通巡视组与干部群众的联系通道，确保巡视工作圆满完成。2019年12月26日，省委第七巡视组向省委党校反馈巡视情况。

不断加强内控建设，有效防范风险。4月份专门召开校委会研究内控工作，成立领导小组，下设办公室，配备专人负责日常内部控制工作。制定《内部控制建设领导小组办公室工作职责》《合同管理规定》《内部控制管理规定（试行）》，规范《合同管理登记表》和《委托培训协议书》，完善“法人授权委托书”。在政府招标采购、工程维修维护、资产报废处置、合同签订管理、大额资金使用等方面主动与相关部门沟通协调，严格按政策把控，谨防各类风险发生。

强化纪检自身建设，提升纪检干部履职本领。严格落实省纪委监委“能力建设提升年”的要求，持续深化“打铁必须自身硬”专项行动，选派3名同志参加省纪监工委组织的三期理论与业务培训班，增加2名同志加强纪检和内控建设。机关纪委定期召开会议，传达学习上级有关文件精神和领导讲话，通报校党风廉政建设形势，开展研讨交流，提升履职能力本领。

【机关纪委委员会名单】

书　记：周文筠
副书记：戴伯成

委　员：王丽金　吴正林　吴伯旺
　　　　张桂珍　周文筠　施开军
　　　　戴伯成

【工会工作】

2019 年，在上级工会和校委的正确领导下，校院工会工作坚持以党的十九大精神为指引，全面落实上级工会和校院工作的安排部署，依照《工会法》，扎实推进自身建设，积极协助机关党委抓好职工队伍建设，建立健全激励、关爱和帮扶机制，落实激励、关爱和帮扶措施，积极开展丰富多彩的活动，激发全校教职工干事创业的热情和激情，体现机关党组织、工会组织服务群众、凝聚人心、促进和谐的作用。

（一）开展慰问关爱工作。常态化开展党员会员日常慰问工作，对生病住院的教职员工，组织看望慰问，按照规定发放慰问金。开展 2019 年元旦春节期间关怀慰问生活困难党员、职工活动。为 69 名重病和生活困难党员非党员教职工发放慰问金。加强与省级机关事务管理局下属第一幼儿园和实验幼儿园联络，先后为 11 名教职工子女办理了入托入园。积极参加省直机关在职职工第五期医疗特困互助活动，及时向省直机关工会申报重大疾病医疗补助金，同时申请省级机关“关爱月月送”关爱资金。

（二）落实相关福利规定。认真落实上级部门关于工会会员集体福利规定，为 420 多名在职教职工购置、发放生日蛋糕卡，协同总务处、机关纪委做好元旦、春节、端午节教职工福利慰问品的采购、发放。

切实改进慰问品的发放方式。经与财务、纪检等部门两轮商议，确定京东网上商城为我校2019年中秋、2020年春节职工福利物品采购商，采取网上商城自行购买的形式发放慰问品，颇受教职工欢迎。

（三）组织开展“精准扶贫·慈善一日捐”活动。根据省委宣传部、省级机关工委、省慈善总会等部门通知要求，认真组织开展“精准扶贫·慈善一日捐”活动。我校教职员工充分发扬扶贫济困、乐善好施的传统美德，积极响应，奉献爱心，共有421人参加捐款，共募集善款93650元，用实际行动助力全省脱贫攻坚。

（四）组织开展三八妇女节学习观摩活动。组织女职工赴江苏广电石湫影视基地学习观摩影视文化，全校共有68名教职工参加本次活动。

（五）组织广播操培训，推广广播操健身活动。对各处室推荐的领操人员进行集中培训，以点带面，推动广播操健身活动逐步展开，促进教职员工加强健身、增强体魄。

涉外培训交流

【2019 年出访培训交流情况】

全年共自组或参团 6 批 47 人次出国学习研修交流，分别是我校自组的赴希腊、土耳其学习交流团，赴韩国学习研修团，赴俄罗斯、芬兰学习交流团，赴英国学习研修团，赴奥地利、德国学习交流团，以及参团省委组织部组织的赴英国专题研究班。其中，南京、徐州、常州、盐城、连云港等 5 家市委党校及昆山分校派员参团出访。

【2019 年来访考察培训情况】

全年共接待阿拉伯国家左翼政党干部考察团、澳门班（涉密）、第四批老挝干部考察团、澳门优秀人才培训班、澳门青少年参访团、柬埔寨青年政治精英培训班、孟加拉人民联盟干部考察团、澳门妇女联合总会负责人研习班、突尼斯国家行政学院代表团、第四期老挝高级干部考察团、乌兹别克斯坦青年政治精英代表团等 11 批团队 326 人次。

涉外班次情况

班次	参培人数
澳门工会联合总会社团负责人研习班	28
第四批老挝干部考察团	30
2019 年越共高级干部考察团	23
澳门优秀人才培训班	22
柬埔寨青年政治精英代表团	25
孟加拉人民联盟干部考察团	21
澳门社团负责人培训班	14
突尼斯国家行政学院代表团	2
第四期老挝高级干部研修班	25
乌兹别克斯坦青年政治精英培训班	7

业务指导

【概述】

2019年，工作指导处在校委的领导下，以习近平新时代中国特色社会主义思想为指导，深入学习贯彻党的十九届四中全会精神和《中国共产党党校（行政学院）工作条例》（以下简称《条例》），坚持统筹协调、上下联动、分类指导的思路，因地制宜推进对教学、科研、师资等的统筹，着力在主业主课、科研咨询、人才队伍等方面加强指导与交流，凝聚系统力量，共享优质资源，努力推动全省党校高质量办学走在前列。

【调查研究】

工作指导处坚持问题导向，把调查研究作为“谋事之基、成事之道”，科学研判全省党校（行政学院）系统面临的形势和任务。一年来，围绕系统建设与发展等相关问题开展调研，特别注重加强对制约全省党校改革发展、市县党校自身建设发展等重要问题开展专题调研。通过各类调研，对市县党校发展情况基本做到理清现状、摸清实情、查清底数，为校委科学决策提供有效参考。

7月，工作指导处配合校“不忘初心、牢记使命”主题教育领导小组办公室，协调安排校委班子赴市县党校专题调研工作。在明确调研主题、细化调研内容、改进调研方式等各个方面，工作指导处都紧紧围绕市县党校关心关注关切的重点难点疑点问题制定调研工作方案。在校领导分别带队至南京、南通、无锡、扬州、泰州、连云港等17家市县党校开展专题调研后，工作指导处认真梳理调研情况，客观总结调研问题，深入分析意见建议，明确提出整改措施，把调研工作的落脚点真正落实在帮助解决市县党校实际困难和关键问题上，并最终形成校领导赴市县党校专题调研报告。10月至11月，配合省委组织部干部教育处，对县级党校分类建设开展了前期调研，制定《全省县级党校建设情况调查表》，对全省89家县级党校开展问卷调查，从党委办党校主体责任落实情况、基础设施建设、队伍建设、干部教育培训、科研资政、经费情况、区域情况等七个方面进行了全面调研、详细梳理、数据汇总。6月，对市县党校师资队伍情况进行调查摸底，重点对专职教师人数以及高级职称人数进行统计分析，为人事处组织开展全省党校系统教师高级专业技术资格评审提供参考。12月，对全省市县党校近三年、近五年的新任校长数量和师资队伍情况进行统计，为党校教师进修学院举办新任校长培训班、教学骨干研修班提供依据。

【教学指导】

根据前期调研情况和校委会部署，工作指导处将改进举措上升到制度层面，切实加强和改进业务指导工作，增强全省党校系统整体优势，进一步提高新时代全省党校系统工作科学化、制度化、规范化水平。研究起草了《中共江苏省委党校（江苏省行政学院）加强和改进业务指导工作的意见》，着力从工作目标、工作原则、工作任务、工作机制四个方面全面加强和改进业务指导工作。

12月，工作指导处组织召开全省党校系统办公室、业务指导工作暨通讯员培训会议。副校长钱学伟，二级巡视员兼办公室主任、工作指导处处长卜利民出席并讲话。各设区市市委党校办公室主任、工作指导处处长和通讯员，部分县（市、区）委党校负责人、办公室主任，以及省委党校办公室、工作指导处全体人员参加了会议。会议认真学习贯彻《条例》新精神、新要求，进一步明确工作方向，理清工作思路，助力全省党校系统高质量办学取得新成效、迈上新台阶。下一步，工作指导处将协同办公室组织召开全省党校系统校长会议，为全省党校系统进一步学习贯彻《条例》、推动高质量发展走在前列打牢基础。

【科研协调】

工作指导处积极推进“用学术讲政治”教学改革“一号工程”和教研咨一体化，跟进指导市县党校做好主业主课的规划设计与实施。2019年秋季学期，将主体班次教学计划在原先印发至13家设区市市委党校的基础上，增印发至全省89家县级党校，做到市县党校全覆盖。立足提升县级党校现场教学培训水平，4月，工作指导处协调部分主体班次学员首次赴金湖县开展现场教学。11月，工作指导处把一年一度的科研协作会作为凝聚党校系统教学与科研合力的有效平台，在会议之后向13家设区市市委党校转发《关于深入推进“用学术讲政治”的实施办法（试行）》《推动科研高质量发展实施办法》《全省党校系统课题管理办法》，进一步推进市县党校学习贯彻有关文件精神，鼓励市县党校之间相互分享经验、交流工作成果，增强全省党校系统上下、横向之间协作的主动性和自觉性。

【共建共享】

广泛征集市县党校在学习宣传贯彻落实习近平新时代中国特色社会主义思想和党的十九大、十九届四中全会精神，以及教学培训、科研咨询、管理服务等方面的典型经验和有效做法，以校园网“市县党校动态”专栏、《江苏党校行政学院工作通讯》为依托，集中进行宣传报道和深度推广。全年共审核市县党校上传的信息200多条，审编通过100多条；共编印《工作通讯》12期。

协助信息管理处、图书馆召开2019年全省党校系统信息化与图书馆协作会暨江苏省党校文献情报学会第七届会员代表大会，切实加强了全省党校系统信息化和图书馆协作交流，全面推动了全省党校系统“智慧校园”和“书香校园”建设。积极筹备组织江苏红色资源绘画巡展工作，已在南京、盐城等设区市市委党校展出。配合信息管理处，协调改版后的校院网站“市县校院”栏目VPN系统全省市县党校重新注册登录工作，全面保障市县党校信息共享、互通有无。

奖励表彰

【2019年度考核优秀等次人员名单】

荣立三等功人员

王洪兵　刘元月　孙堂林　李宗尧　陈朝阳　徐跃功　谢九华
薛　莹

2019年度考核优秀人员

马亭亭　马　敏　王洪兵　王　洋　王晓红　王　琴　王　瑾
孔　敏　艾黎明　田　伟　召　丹　刘力永　刘　丰　刘元月
刘　伟　刘军宁　刘　阳　刘丽娜　刘　琳　汤　敏　许地明
孙堂林　孙　超　孙耀武　严　建　李小红　李光瑞　李宗尧
李建荣　李　茜　李　娜　李　峰　杨军红　杨述源　杨健雄
吴正林　吴正根　吴青熹　吴　骏　宋靖凤　张加华　张　璐
陆　欣　陈明宏　陈　娟　陈朝阳　武　星　林可旺　金雪花
周文筠　周玉顺　周延胜　郑朝林　胡宗仁　胡　斐　袁小慧
顾晓燕　钱秋月　徐军平　徐岑琛　徐晓林　徐　峰　高　叶
高　莉　郭倩倩　唐永举　黄其兵　黄　杰　黄　菡　曹　扬
戚晓熔　崇维祥　梁　慧　焦君毅　游立凡　谢九华　谢汝欢
缪　清　薛　莉　薛　莹　戴伯成　濮慧蕾

援疆、扶贫、挂职、科技镇长团优秀人员

马贞俊　孙维新　周晓平　徐跃功

【2019年度主体班次优秀教学奖获奖名单】

一、优秀教学奖获奖名单

1. 特别奖

章　凝　胡宗仁　王新军

2. 一等奖

胡宗仁　章　凝　王新军

3. 二等奖

彭　飞　梁三利　孙耀武　张加华　周延胜　杨志琴

4. 三等奖

谢孝龙　陈　蔚　吴正林　李建柱　王晓红　田　伟　孙曙生

刘　伟　王金水

5. 青年教师优秀教学奖

梅秀庭　武　星

二、优秀教学组织奖获奖名单

党史党建教研部

经济学教研部

社会和文化教研部

【2019年度优秀科研奖获奖名单】

一、优秀学术研究成果奖

1. 一等奖

王晓红　《长三角城市群形成与扩展的效率研究》（中国社会科学出版社，2019.5）

王金水　《以数据治理推动政府治理创新：困境辨识、行动框架与实现路径》（《当代世界与社会主义》，2019.5）

2. 二等奖

陈　雯　《流动的孩子们：新生代农民工生命历程异化与代际传递研究》（《中国社会科学内部文稿》，2019.1）

李小珊　《列宁社会主义监督思想及其价值意蕴研究》（上海三联书店，2019.10）

刘志刚　《中国文化对外话语体系与传播策略研究》（中国社会科学出版社，2019.11）

田　伟　《晋升激励及其发展绩效研究》（江苏人民出版社，2018.12）

3. 三等奖

孙　超　《中国俄苏国际问题研究的学术演进和智识革新（1978—2018）》（《俄罗斯东欧中亚研究》，2019.2）

袁小慧　《建国70年中国全要素生产率的演化趋势与结构分解》（《南京社会科学》，2019.7）

倪洪兰　《“政治两面人”的生成逻辑与消弭路径——基于人格心理学视角的阐释》（《江苏行政学院学报》，2019.6）

许爱梅　《坠落的人：后“9·11”时代的价值追问》（《江苏行政学院学报》，2019.4）

黄瑞玲　《市场分割提升了工业企业的增加值率吗？——来自中国工业企业的经验证据》（《世界经济与政治论坛》，2019.6）

谌玉洁　《嵌入性视角下农村基层党组织提升治理能力的困境及应对策略》（《中共福建省委党校学报》，2019.4）

二、优秀理论宣传成果奖

1. 一等奖

李立峰　《党内政治文化建设的三个维度》（《光明日报》，2019.5）

陈　蔚　《坚定制度自信的纲领性文献》（《经济日报》，2019.12）

2. 二等奖

许　江　《中国道路：跳出西方“国强必霸”逻辑的和平发展之路》（《红旗文稿》，2019.1）

陈建科　《环境保护法的价值取向》（《学习时报》，2019.8）

3. 三等奖

黄建军　《推进党内政治生态建设》（《新华日报》，2019.7）

徐岑琛　《村民议事协商的四重价值》（《学习时报》，2019.9）

王　瑾　《首部纪律处分条例是如何出台的》（《学习时报》，2019.3）

三、优秀决策咨询成果奖

1. 一等奖

时　伟　《关于适应互联网发展　加快完善网络立法的建议》（国家社会科学基金项目《成果要报》，2019.3）

2. 二等奖

吴青熹　《培养“扎根型书记”　推进江苏乡村振兴》（《研究报告》，2019.9）

郭　凯　《以系统化思维推动容错纠错机制更好落地见效》（《研究报告》，2019.1）

3. 三等奖

刘　青　《关于规范地方立法的思考》（江苏人大调研，2019.6）

王新军　《完善江苏农业社会化服务体系建设的建议》（《江苏社科基金成果专刊》，2019.1）

黄建军　《江苏容错纠错机制的实践探索与完善建议》（《决策参阅》，2019.8）

四、优秀编辑奖

二等奖

黄　杰　刘志刚

五、优秀科研组织奖

马克思主义学院

社会和文化教研部

党史党建教研部

【2019 年度研究生优秀教学奖获奖名单】

一、在职研究生优秀教学奖

1. 一等奖

孙耀武　黄希惠

2. 二等奖

孙曙生　许爱梅　陈范红

3. 三等奖

许　江　徐敏宁　华彦玲　郭　滢　周忠丽

二、优秀硕士研究生导师

李宗尧　王　英　胡宗仁